HANS-PETER HUTTER
JUDITH LANGASCH

SIND WIR NOCH ZU RETTEN?

Plastik, Feinstaub & Co. – was wir über Umwelteinflüsse und ihre Gesundheitsrisiken wissen sollten

HANS-PETER HUTTER
JUDITH LANGASCH

SIND WIR NOCH ZU RETTEN?

Plastik, Feinstaub & Co. – was wir über Umwelteinflüsse und ihre Gesundheitsrisiken wissen sollten

Orac

Für unsere Zukunft

Inhalt

Vorwort

„Sind wir noch zu retten?“ Zugegeben, das klingt etwas dramatisch. Wenn wir genauer hinsehen und Sie vielleicht ein paar Seiten weiterblättern, werden Sie aber merken: Vor unseren Augen spielt sich tatsächlich ein Drama ab. Wir leben in einer industrialisierten, globalisierten Welt, die wir uns möglichst bequem, möglichst einfach eingerichtet haben, mit zahlreichen Errungenschaften, die uns unseren Alltag erleichtern. Zumindest scheinbar. Denn bei vielen chemischen Stoffen, vielen groß gefeierten Erfindungen, vielen technologischen Fortschritten beginnt die Fassade zu bröckeln. Seien es Dieselmotoren, die uns mobil machen, Pestizide, die die Ernte möglichst ertragreich machen und vor „Schädlingen“ schützen sollen, oder Chemikalien, die Plastik zu einem überall einsetzbaren Wunderstoff machen – unter dem Deckmantel des Fortschritts wurden die Schattenseiten gerne ignoriert. Dass diese Stoffe gesundheitliche Auswirkungen haben können, ist ein unangenehmer Nebeneffekt, über den man lieber hinwegsieht. Dass wir die Augen so lange vor den Kollateralschäden verschlossen haben, gipfelt nun nicht zuletzt in der Klimakrise. Es scheint also, als schlage die Umwelt zurück. Demnach ist die Frage „Sind wir noch zu retten?“ eine, die gestellt werden muss. Und sie wirft vor allem die Frage nach dem „Wie?“ auf.

Alle Themen, die Sie in diesem Buch finden, gehören in den Forschungs- und Aufgabenbereich der Umweltmedizin/Umwelthygiene. Begriffe, mit denen viele auf den ersten Blick wenig anfangen können. Tatsächlich sind aber alle Lebenssituationen Gegenstand umwelthygienischer bzw. umweltmedizinischer Forschung, und deren Ergebnisse haben unser Leben beeinflusst und beeinflussen es noch immer. Einiges davon haben wir aufgegriffen. Dieses Buch soll ein Wegweiser und eine Orientierung sein, und vor allem Antworten auf Fragen bieten, die sich im Alltag unweigerlich stellen, wenn man ein bisschen genauer hinsieht.

Wir haben uns im Sommer 2019 dazu entschlossen, viele dieser Fragen, die uns im Alltag gestellt werden, zusammenfassen – seien es Fragen, die von besorgten Verbraucherinnen oder Verbrauchern an Hans-Peter Hutter als Mediziner gestellt werden oder an Judith Langasch als Journalistin. Denn die Nachrichtenlage ist beinahe unüberschaubar, zu jeder Studie, die veröffentlicht wird, gibt es eine Studie, die anscheinend das Gegenteil belegt. Diese Fragen verständlich zu beantworten ist darum wichtiger als je zuvor, denn nur so können wir uns selbst retten.

In diesem Buch haben wir den aktuellen Stand der Wissenschaft abgebildet, aber klar ist, wenn Sie dieses Buch aus dem Regal nehmen, dann wird bereits weiter geforscht und weiter veröffentlicht worden sein. Das soll Sie an dieser Stelle nicht weiter verunsichern, denn: Ja, es wird neue Studien geben, die neue Ergebnisse und Erkenntnisse bringen. Viele der in diesem Buch getroffenen Aussagen sind jedoch grundlegend und werden sich durch neue Forschung nicht von heute auf morgen ändern.

Geschrieben haben wir dieses Buch letztlich während der Corona-Krise. Einer Zeit, in der die meisten dieser Themen in den Hintergrund rückten und von der weltweiten gesundheitlichen und wirtschaftlichen Krise überschattet wurden. Obwohl diese Pandemie ja ebenfalls eine Konsequenz des Raubbaus an der Natur und der Störung des ökologischen Gleichgewichts ist. Öfters haben wir uns gefragt: Ist das der richtige Zeitpunkt? Werden diese Themen jemals wieder die angemessene Aufmerksamkeit bekommen? Wir sind überzeugt: Ja, denn es muss sein. Die Corona-Krise wird vorbeigehen, und dann stehen wir vor denselben Problemen wie zuvor. Mit einem einzigen Unterschied: Wir haben Zeit verloren. Denn bei einigen dieser Themen drängt die Zeit, manche Verluste und Schäden sind auch gar nicht mehr rückgängig zu machen, wir können nur weitere verhindern oder die Konsequenzen der eingetretenen abmildern. Letztlich geht es um unser aller Gesundheit, um Ihre, um unsere, um die Ihrer Eltern, Ihrer Kinder, Ihrer Freunde. Wir alle wollen ein Leben führen, das möglichst wenig von Krankheiten beeinträchtigt wird. Und dazu können Sie selbst einiges beitragen.

Und auch, wenn das alles sehr ernst klingt: Dies soll kein „schweres" Buch sein. Es soll nicht belasten, manches ist provokant, manches wird Sie vielleicht zum Schmunzeln bringen, anderes wird Sie zum Weiterdenken anregen und vielleicht sogar dazu führen, neue Verhaltensweisen zu erproben. Und wir können jetzt schon versprechen: Manche Fakten werden im Gespräch mit anderen zu hitzigen Diskussionen führen. Lassen Sie sich darauf ein!

Hans-Peter Hutter & Judith Langasch, 31. 12. 2020

1

PLASTIK UND MIKRO-PLASTIK

Leicht, bunt, billig – und schädlich?

Kunststoffe sind allgegenwärtig in der Arbeitswelt, im Haushalt, im Auto, bis hin zur Medizin. Überall sind sie nützlich und haben offensichtliche Vorteile. Bei den Nachteilen schauen wir aber gerne weg.

INTRO

Es fühlt sich etwas anders an, denke ich mir, als ich die Äpfel aus dem Sackerl nehme, das ein großer „Bioplastik"-Aufdruck ziert. Die Zeiten des herkömmlichen Plastiksackerls sind vorbei, verschiedenste Varianten von Papier oder eben Bioplastik warten nun im Supermarkt darauf, als Transportmittel für Obst und Gemüse verwendet zu werden. Ist das so viel besser als herkömmliches Plastik? Fakt ist: Während ich die Lebensmittel ausräume, auspacke und in den Kühlschrank verfrachte, wächst der Müllberg, darunter unzählige Plastikverpackungen – der Mistkübel ist praktisch wieder voll. Ein bisschen schlechtes Gewissen plagt den umweltbewussten Menschen da ja schon, aber mal ehrlich: Wer im herkömmlichen Supermarkt einkauft, hat praktisch keine Chance, verpackungsarm heimzugehen. Weiter geht's: Das Mineralwasser in den Abstellraum – zugegebenermaßen: Auch das in der Plastikflasche. Hier ist der Gewichtsfaktor entscheidend, mehrere Glasflaschen hätten den Heimweg beschwerlicher gemacht.

Die nächste Plastikverpackung wartet darauf, verstaut zu werden: Es ist das Waschmittel. Nachdem ich zumindest den Wäscheberg im Badezimmer selbst bezwingen kann, kommt es auch gleich zum Einsatz. Hemden, Blusen, Sportgewand, die Trommel wird vollgestopft, bei 30 Grad beginnt sich die Ladung zu drehen. Und damit werden tausende Mikrofasern aus den Stoffen freigesetzt und gelangen damit in unsere Abwässer, letztlich in die Meere – und gesellen sich zu weiteren zwölf Millionen Tonnen Plastik, die dort schon schwimmen. Wussten Sie nicht? Will man vielleicht auch gar nicht so genau wissen.

Während sich die Wäsche weiterdreht, ist Zeit für ein bisschen Entspannung in der Sonne. Ich verteile die Sonnencreme auf meiner Haut und halte kurz inne. Gut möglich, dass ich gerade Mikroplastik auf meinem gesamten Körper verteile. Ebenso, wenn ich Nagellack oder Lippenstift auftrage – hier isst man das Mikroplastik praktisch auf. Und zwar ganz freiwillig. Mikroplastik in der Natur ist also die eine Sache, Mikroplastik im eigenen Körper eine andere. Sieht es in unseren Blutbahnen also ein bisschen aus wie in den Weltmeeren? Und wenn ja, was bedeutet das eigentlich? Ein nicht besonders angenehmer Gedanke. Ich greife zum Handy und wähle. „Hutter hier!", sagt der Mediziner, der keine einzige Nummer im Telefon speichert und sich komplett auf sein Zahlengedächtnis verlässt – er hat auch meine erkannt.

1 PLASTIK

Zunächst einmal: Was ist dieses Plastik eigentlich, von dem wir praktisch komplett umgeben sind?

Kunststoffe – also das, was wir gemeinhin als Plastik bezeichnen – bestehen aus (halb-)synthetisch erzeugten Polymeren mit organischen Gruppen. Das klingt jetzt zugegebenermaßen ein bisschen kompliziert, darum belassen wir es bei dieser Erklärung.

Was Kunststoff aber vor allem für die Industrie so besonders macht, sind seine technischen Eigenschaften (Formbarkeit, Härte, Elastizität, Bruchfestigkeit, Temperatur-, Wärmeformbeständigkeit und chemische Beständigkeit), die sich durch die Auswahl von Ausgangsmaterial, Herstellungsverfahren und Beimischung von Zusatzstoffen nach Belieben verändern lassen – und damit ist mit Plastik praktisch alles möglich.

Ist Plastik eigentlich gleich Plastik, oder gibt es Kunststoff von der gefährlicheren und der ungefährlicheren Sorte?

Tatsächlich gibt es zwischen den Kunststoffen durchaus Unterschiede: Polyvinylchlorid, den meisten besser bekannt als PVC, ist aufgrund seiner gesundheits- und umweltschädigenden Wirkung sicher ein klassisches Beispiel für einen sehr problematischen Kunststoff. Demgegenüber ist Polyethylen als eher unproblematisch anzusehen. Generell ist eine einfache Klassifizierung aber eher schwierig und von den Folgen auf Gesundheit und Ökosysteme abhängig. So kann etwa Kunststoffen, bei deren Herstellung die ArbeitnehmerInnen schutzlos bestimmten Schadstoffen ausgesetzt sind, sicher kein gutes Zeugnis ausgestellt werden. Das gilt auch für jegliche Kunststoffprodukte, die in großen Mengen produziert werden und dann als Müll hunderte Jahre in der Umwelt verbleiben.

Jetzt wirst du vielleicht sagen: Aber gerade im Medizinbereich werden viele Kunststoffprodukte verwendet. Stimmt. Beim Einsatz in der Medizin geht es einerseits um die Sicherheit der PatientInnen, andererseits um den Umweltschutz und Ressourcenschonung, was ebenfalls zentral im Sinne eines ganzheitlichen Gesundheitsschutzes ist. Das zu gewichten ist häufig sehr schwierig. Plastikprodukte werden aber auch in Krankenhäusern viel zu oft unreflektiert eingesetzt.

Allgemein geht es weniger darum, Plastik komplett zu verbannen, als darum, zu überlegen, wo man es tatsächlich braucht und welche Art von Plastik man wofür verwendet – aber auch, auf welche Kunststoffe und Zusätze wir vielleicht verzichten können.

„Kunststoffe stellen ein Risiko für Umwelt und Gesundheit dar."

Folglich gibt es keine einfache Lösung. Man kann nicht sagen, dass Plastik nur Vorteile oder Nachteile hat – es liegt definitiv am Blickwinkel. Ja, Kunststoffe erleichtern den Alltag, teilweise aus Bequemlichkeit, teilweise aus funktioneller Nützlichkeit. Auf der anderen Seite verursachen sie eine Menge an Problemen und stellen ein Risiko für Umwelt und Gesundheit dar.

Jetzt habe ich das Handy samt Hülle in der einen Hand, den Kugelschreiber in der anderen und neben mir liegen noch die Kopfhörer. Das kann doch nicht alles gefährlich sein? Welche Stoffe sind es denn genau, die das Plastik „ungesund" machen, und wie nehmen wir sie auf?

Abgesehen von PVC ist oft gar nicht der Kunststoff selbst gesundheitsbedenklich oder sogar gesundheitsschädlich, sondern vielmehr das, was wir dem Kunststoff beimengen. Das sind bestimmte UV-Stabilisatoren, Farbstoffe, Weichmacher oder Flammschutzmittel. Problematisch ist jedenfalls, dass es in jeder dieser Gruppen von Zusatzstoffen eine fast unüberschaubare Anzahl an Stoffen gibt, die hinsichtlich ihrer chronischen Wirkungen praktisch kaum untersucht sind. Und all diese Zusatzstoffe bleiben häufig nicht einfach im Kunststoff, sondern werden wieder freigesetzt und gehen somit in die Raumluft, den Hausstaub oder sogar in Lebensmittel über.

Nehmen wir einmal die Weichmacher, so genannte Phthalate: Sie lagern sich bei der Verarbeitung zwischen den Molekülketten des Polymers an und lockern so deren Gefüge auf – sie machen das Plastik damit biegsam und weich. Sie sind aber nicht chemisch gebunden, daher können Phthalatmoleküle an die Oberfläche der Kunststoffpartikel gelangen und von dort auf andere Materialien oder Oberflächen übergehen, wie z. B. von der Verpackung auf das Lebensmittel.

Diese Zusatzstoffe können aber auch durch Speichel aus dem Material (z. B. aus Spielzeug oder aus dem berühmten angeknabberten Denker-Kugelschreiber) gelöst werden, oder sie können durch Wärme oder bei Materialermüdung aus dem Material abdampfen, verdunsten und eingeatmet werden.

„Es gibt eine fast unüberschaubare Anzahl an Zusatzstoffen, die hinsichtlich ihrer chronischen Wirkungen praktisch kaum untersucht sind."

Sie können aber auch, über die Haut aufgenommen, direkt in die Blutbahn gelangen, etwa über Infusionsschläuche. So ist es auch nicht weiter verwunderlich, dass im Rahmen etlicher wissenschaftlicher Studien diese Stoffe oder deren Abbauprodukte (Metaboliten) in Blut und Harn der Bevölkerung nachgewiesen wurden.

Einige dieser Stoffe werden rasch und unverändert ausgeschieden, andere werden verstoffwechselt und es entstehen andere Stoffe (Metaboliten), manche wiederum werden im Organismus abgelagert, deswegen kann man auch nicht alle Kunststoffarten über einen Kamm scheren.

Demnach muss jeder von uns schon unzählige Plastikpartikel im Körper haben. Und wie beeinflussen die jetzt unsere Gesundheit?

Aufgrund der Vielfalt an chemischen Stoffen, die etwa als Zusatzstoffe eingesetzt und aufgenommen werden können, sind natürlich auch die gesundheitlichen Folgen vielfältig. Es wurden bereits verschiedene Effekte auf praktisch alle Organsysteme beobachtet. Bekannt sind Wirkungen auf das Hormonsystem und die Fortpflanzungsfähigkeit sowie auf das Nervensystem und die Atemwege; aber auch Stoffe, die Krebs verursachen können, finden sich unter diesen Chemikalien.

Abseits von gesundheitlichen Effekten durch direkten Kontakt mit den entsprechenden Konsumgütern, die häufig in der Öffentlichkeit thematisiert werden, sind andere Folgen weniger bekannt oder werden schlicht vernachlässigt, sprich: Die Gesundheit von ArbeiterInnen, die in der Erdölförderung oder in der Herstellung von Kunststoffprodukten etwa in asiatischen oder afrikanischen Produktionsstätten beschäftigt sind, interessiert bei uns kaum jemanden. Angesichts der mangelhaften Arbeitsschutzbestimmungen (falls überhaupt vorhanden) und den daraus resultierenden, für uns unvorstellbaren, unwürdigen Arbeitsbedingungen muss man davon ausgehen, dass es beim Umgang mit Kunststoffprodukten im Produktionsprozess zu sehr hohen Belastungen etwa mit gesundheitsschädlichen Chemikalien kommt. Beispielsweise ist zur PVC-Herstellung Vinylchlorid notwendig – diese Chemikalie gilt als krebserregend.

Gerade der Weichmacher Bisphenol A ist in Verruf geraten – der Chemikalie wird nachgesagt, sie sei krebserregend und hormonschädigend. In Babyprodukten, wie Schnullern oder Fläschchen, ist Bisphenol A mittlerweile verboten – in anderen Produkten aber nicht. Wie ist das möglich?

Die chemische Verbindung mit dem Kürzel BPA wird zur Herstellung von Kunststoffen wie Polycarbonaten und Epoxidharzen verwendet, aus denen vor allem Behälter und Flaschen für Lebensmittel und Getränke hergestellt werden oder auch Innenbeschichtungen von Getränke- und Konservendosen. Eine weitere BPA-Quelle sind Thermopapiere, auf die z. B. Kassenbons gedruckt werden.

„Es wurden bereits verschiedene Effekte auf praktisch alle Organsysteme beobachtet."

Und diese Industriechemikalie kann durchaus in manchen Lebensmitteln nachgewiesen werden. Denn BPA kann aus Innenbeschichtungen von Konservendosen in die Nahrung übergehen, indem der Weichmacher durch eine chemische Reaktion mit Wasser aus der gebundenen Form wieder herausgelöst und freigesetzt wird.

BPA ist zwar nur gering akut giftig und wird relativ rasch wieder ausgeschieden, dennoch ist davon auszugehen, dass in unseren Körpern ein konstanter „Spiegel" besteht, da immer wieder „neues" BPA aufgenommen wird, und damit ist es sehr wohl bedenklich, denn Bisphenol A ist eine hormonaktive Chemikalie („endokriner Disruptor"). Die Chemikalie beeinflusst das Hormonsystem von Tieren und Menschen, indem sie sich an die natürlichen Andockstellen (Rezeptoren) von natürlichen Hormonen bindet. Und damit wird es gefährlich: BPA verstärkt die Wirkung weiblicher Sexualhormone und schwächt die Wirkung männlicher Sexualhormone ab – das bringt wiederum den Hormonhaushalt durcheinander und beeinflusst so die Fortpflanzungsfähigkeit. Auch eine Hemmung der Schilddrüsenhormone und ein Zusammenhang mit dem Auftreten von Diabetes wurden beobachtet. Zuletzt deuten auch zahlreiche tierexperimentelle Studien darauf hin, dass bereits niedrige BPA-Konzentrationen das Verhalten, Lernvermögen und bestimmte Hirnstrukturen verändern, speziell bei den Nachkommen der Tiere, die dem Stoff ausgesetzt waren.

„BPA bringt den Hormonhaushalt durcheinander und beeinflusst so die Fortpflanzungsfähigkeit."

Wenn man sich also die bisher vorliegenden Studien über die Gesundheitseffekte von Bisphenol A ansieht, gibt es zahlreiche Hinweise auf mögliche Risiken für die menschliche Gesundheit. Eines muss man aber auch sagen: Bei einigen Aspekten der Risikobewertung bestehen zurzeit noch deutliche Wissenslücken und Unsicherheiten. Es ist deshalb jedenfalls gerechtfertigt, Vorsorgemaßnahmen für zumindest jene Bevölkerungsgruppen zu fordern, die aufgrund ihrer Empfindlichkeit am ehesten gefährdet sind, um sie diesem Stoff möglichst wenig auszusetzen. Und das sind auf jeden Fall auch Babys und Kinder. Denn Kinder haben im Verhältnis zu ihrem Körpergewicht eine größere Hautoberfläche sowie eine intensivere Atmung. Außerdem haben sie oft intensiveren Kontakt mit Produkten als Erwachsene, sie stecken etwa viele Gegenstände in den Mund oder knuddeln ihre Spielzeuge stundenlang. Nicht zuletzt krabbeln Kleinkinder am Boden herum und nehmen auch so deutlich mehr Hausstaub auf, an dem sich wiederum Bisphenol A angelagert haben kann.

Und obwohl die Europäische Behörde für Lebensmittelsicherheit (EFSA) Bisphenol A für unbedenklich hält, sogar für Kinder und Säuglinge, hat die EU basierend auf dem Vorsorgeprinzip dennoch entschieden, BPA in Babyfläschchen zu verbieten.

DEEP DIVE: GESUNDHEITSPROBLEM WEICHMACHER

„Weichmacher" sind eine viel genutzte Industriechemikalie und halten Kunststoffprodukte „geschmeidig". Zu den wichtigsten beziehungsweise am häufigsten eingesetzten Phthalaten zählen Di-2-ethylhexyl-Phthalat (DEHP), Di-isonyl-Phthalat (DINP) und Di-butyl-Phthalat (DBP). Diese Substanzen finden sich unter anderem in Bodenbelägen, Tapeten, Folien, Beschichtungen, Kabeln, Kfz-Bauteilen, Lacken, Textilien wie Duschvorhängen, aber auch in Spielzeug, Kosmetika und in Medizinprodukten wie z. B. Infusionsschläuchen. Wesentlich dabei ist, dass die Stoffe während der gesamten Lebenszeit der entsprechenden Produkte freigesetzt werden können.

Da sie heute überall aufzufinden sind und über viele Pfade (Nahrungsmittel, Luft, Wasser, Hausstaub – speziell bei Kindern durch den Hand-Mund-Kontakt von Bedeutung) aufgenommen werden können, ist es schwer, die Gesamtbelastung gegenüber dieser Substanzgruppe abzuschätzen. Seitdem spezifische Stoffwechselprodukte dieser Substanzen im Harn bestimmt werden können, ist jedoch bekannt, dass die durchschnittliche tägliche Aufnahme etwa von DEHP höher ist als bisher angenommen. Für spezielle Bevölkerungsgruppen (Kinder!) liegt diese sogar *über* der zulässigen Grenze.

Obwohl Umweltschutzorganisationen immer wieder vor diesen Chemikalien gewarnt hatten, wurde viele Jahre lang die Gefährlichkeit von Phthalaten unterschätzt. Immer mehr Studien beobachten neben einem fruchtbarkeitsschädigenden auch ein hormonschädigendes Potenzial bei diesen Stoffen. Es gibt Hinweise auf Beeinträchtigung der Samenqualität bei Männern durch Phthalate und vorzeitige Geschlechtsreife bei Mädchen. Außerdem können die Chemikalien die Plazentaschranke passieren und bereits das Kind im Mutterleib beeinträchtigen.

Andere Studien wiederum belegten Einflüsse auf die Lungenfunktion und geben Hinweise auf entzündliche Effekte bei der Einatmung. So zeigte sich u.a. ein deutlicher Zusammenhang zwischen Phthalat-Konzentrationen im Hausstaub aus Kinderzimmern und dem Auftreten von Asthma, Ekzemen und Katarrhen der Nasenschleimhaut bei den betroffenen Kindern.

Anzumerken ist aber, dass nur einige Phthalate hinsichtlich ihrer toxikologischen Eigenschaften umfassend untersucht sind. Auch aus diesem Grund sollten diese Stoffe so weit als möglich vermieden werden.

Warum kann man nun nicht einfach sagen: Auf diese Chemikalie müssen wir verzichten, sie ist zu gefährlich? Wie kann es sein, dass die Beurteilung von „Plastik-Chemikalien" so schwammig und scheinbar nicht eindeutig ist?

Eines der vorrangigen und schwierigsten Probleme ist die Beurteilung der (gleichzeitigen) Einwirkung vieler chemischer Stoffe in zumeist sehr geringen Mengen, die aus vielen Quellen stammen können. Wir nehmen im Alltag praktisch einen Cocktail aus den unterschiedlichsten Chemikalien zu uns, denn Menschen sind meist nicht nur einem (dominanten) Schadstoff ausgesetzt, sondern höchstkomplexen Substanzgemischen mit unterschiedlichen oder ähnlichen Wirkungsweisen.

Und hier konnte schon vor Jahren gezeigt werden, dass beim Einwirken von mehr als zehn Stoffen in geringerer, „unschädlicher" Konzentration, also unter jener Schwelle, wo Effekte zu sehen sind, andere, durchaus relevante Wirkungen auftreten („Cocktaileffekt"), das heißt, sie verstärken ihre Wirkung gegenseitig.[1]

Nun ist es aber so, dass Chemikalien in der Regel nur als Einzelsubstanz toxikologisch geprüft werden, was die Beantwortung der Frage, welcher Stoff für welche Gesundheitsfolgen verantwortlich ist, bei gleichzeitiger Einwirkung vieler dieser Stoffe sehr schwierig oder fast unmöglich macht.

Außerdem ist bei vielen Chemikalien die Datenlage zu gesundheitlichen Effekten bei einer langfristigen, dauerhaften Belastung spärlich. Das ist zumindest für WissenschaftlerInnen wenig überraschend, denn es gibt erhebliche methodische Probleme bei der Erforschung eines Gefährdungspotenzials für die Bevölkerung. Tierexperimentelle Untersuchungen oder Zellversuche können beispielsweise die Anfälligkeit für Erkrankungen beim Menschen nur begrenzt abbilden.[2] Tierversuche können auch keinen Aufschluss über Beeinträchtigungen des Wohlbefindens geben, die beim Menschen aber sehr wohl von Bedeutung sein können.

Wenn nun ein Stoff als gefährlich beurteilt und deshalb verboten wird, dann wird er von der Industrie natürlich durch chemisch ähnliche Stoffe ersetzt, damit weiterhin die gewünschte Funktion erhalten wird. Doch über diese Ersatzstoffe weiß man oft noch deutlich weniger. Es vergeht dann wieder Zeit, bis erkannt wird, dass auch diese Ersatzstoffe gesundheitlich bedenklich sind (Beispiel: Bisphenol A wird durch andere Bisphenole ersetzt).

Außerdem darf man nicht vergessen, dass selbst lange, nachdem verbotene Substanzen durch neue ersetzt wurden, die früher verwendeten noch immer in die Umwelt zirkulieren können, wenn es sich um schwer abbaubare Stoffe handelt. Solche Stoffe können noch Jahrzehnte in der Umwelt, aber auch im menschlichen Gewebe nachgewiesen werden. Oft zeigt es sich also, dass wir im Streben, uns das Leben leichter zu machen und rasch Erfolge zu erzielen, unseren Nachkommen eine Bürde auferlegen. Nicht nur im Ressourcenverbrauch leben wir auf Kosten zukünftiger Generationen.

DEEP DIVE: WIRKUNG VON PLASTIK-CHEMIKALIEN AUF KINDER

Nicht erst, wenn Kinder am Boden krabbeln, nehmen sie Schadstoffe auf. Die Belastung kann schon viel früher beginnen. Mit Zunahme vorliegender Forschungsergebnisse rücken speziell hormonähnlich wirkende Chemikalien stärker in den Vordergrund. Insbesondere, wenn ein Stoff die Plazentaschranke passiert, können solche Substanzen schon während der Schwangerschaft in das ungeborene Kind praktisch eingeschwemmt werden. Eine Reihe von Studien belegt, dass bereits diese chemischen Belastungen während der Schwangerschaft Auswirkungen auf die Gesundheit des Kindes haben können. Der Grund: Der menschliche Organismus reagiert während der embryonalen und fötalen Phasen besonders empfindlich auf Störungen des Hormonhaushalts.

So wurde etwa ein Zusammenhang zwischen mütterlicher Phthalat-Exposition und einem anti-androgenen Index (verminderter Abstand zwischen Anus und den Genitalien) bei männlichen Neugeborenen beobachtet. Es konnte auch gezeigt werden, dass männliche Babys und Kleinkinder ein erhöhtes Risiko für Hodenhochstand (Kryptorchismus) und einen kleineren Penis haben, wenn die Mutter vor der Geburt Weichmachern ausgesetzt war.[3]

Eine kindliche, nachgeburtliche Exposition kann u.a. auch zu Fortpflanzungsstörungen (z.B. verminderte Spermienzahl) führen. Außerdem werden diese hormonell wirksamen Chemikalien mit Schilddrüsenerkrankungen, Diabetes, metabolischem Syndrom und Übergewicht in Verbindung gebracht.

Im Zuge der deutschen Kinder-Umwelt-Survey wurde für einige hormonell wirksame oder vermutlich hormonell wirksame Substanzen bei Kindern (3 bis 14 Jahre) nachgewiesen, dass die Belastung bei Kindern in Deutschland jedenfalls zu hoch ist.

DAS BIOLOGISCH ABBAUBARE PLASTIKSACKERL

Biologisch abbaubare und kompostierbare Kunststoffe werden häufig als mögliche Lösung für die Ansammlung von Plastikmüll angesehen. Am Markt gibt es derzeit viele Materialien, und das macht es für die KonsumentInnen schwer, sich zu orientieren.

So sind beispielsweise sogenannte „biobasierte" Kunststoffe ganz oder auch nur zu einem Teil aus Biomasse hergestellte Kunststoffe (z. B. Mais, Zuckerrohr). Diese müssen nicht zwingend auch biologisch abbaubar sein. Hingegen bestehen „biologisch abbaubare" Plastiksackerl aus Kunststoffen, die sich quasi selbst zersetzen. Diese können aus pflanzlichen Rohstoffen sein, aber genauso auch aus erdölbasierten Polymeren.

In dieser Kategorie wird noch zusätzlich unterschieden zwischen **„biologisch abbaubarem"** und **„kompostierbarem"** Kunststoff. **Kompostierbar** heißt, dass der jeweilige Kunststoff durch Mikroorganismen überwiegend in Wasser, Kohlendioxid und Biomasse „zerlegt" wird. Das geschieht allerdings in einem kontrollierten Prozess mit definiertem Zeitrahmen.

Bei **biologisch abbaubaren** Kunststoffen läuft der Abbau vergleichbar ab. Er könnte zwar auch in der freien Natur von alleine stattfinden, würde dafür aber deutlich länger dauern.

Wenig berauschend sind sogenannte **„oxo-abbaubare"** Kunststoffe. Diese Materialien werden zwar verhältnismäßig schneller abgebaut (sie enthalten Metallionen, die oxidiert werden). Es ist aber schwierig zu berechnen, wie lange ein oxo-abbaubares Plastiksackerl tatsächlich braucht, bis es abgebaut ist. Unter ungünstigen Bedingungen zerfällt es gar nicht oder nur in kleine Mikroplastikfragmente, die sich dann kaum weiter zersetzen. Daher finden sich auch immer mehr Stimmen, die ein generelles Verbot solcher Kunststoffe befürworten.

Zusammenfassend kann man, wenn überhaupt, nur schwer Vorteile finden, die diese „Bio-Sackerl" haben. Nur eines ist sicher: Wir müssen unseren Verbrauch an Einwegsackerln dringend reduzieren bzw. vermeiden: Immer eigene Taschen oder alte Sackerl mitnehmen. Wenn doch einmal ein neues Sackerl nötig ist – egal, ob aus Plastik oder Papier: dieses so oft wie möglich wieder benutzen.

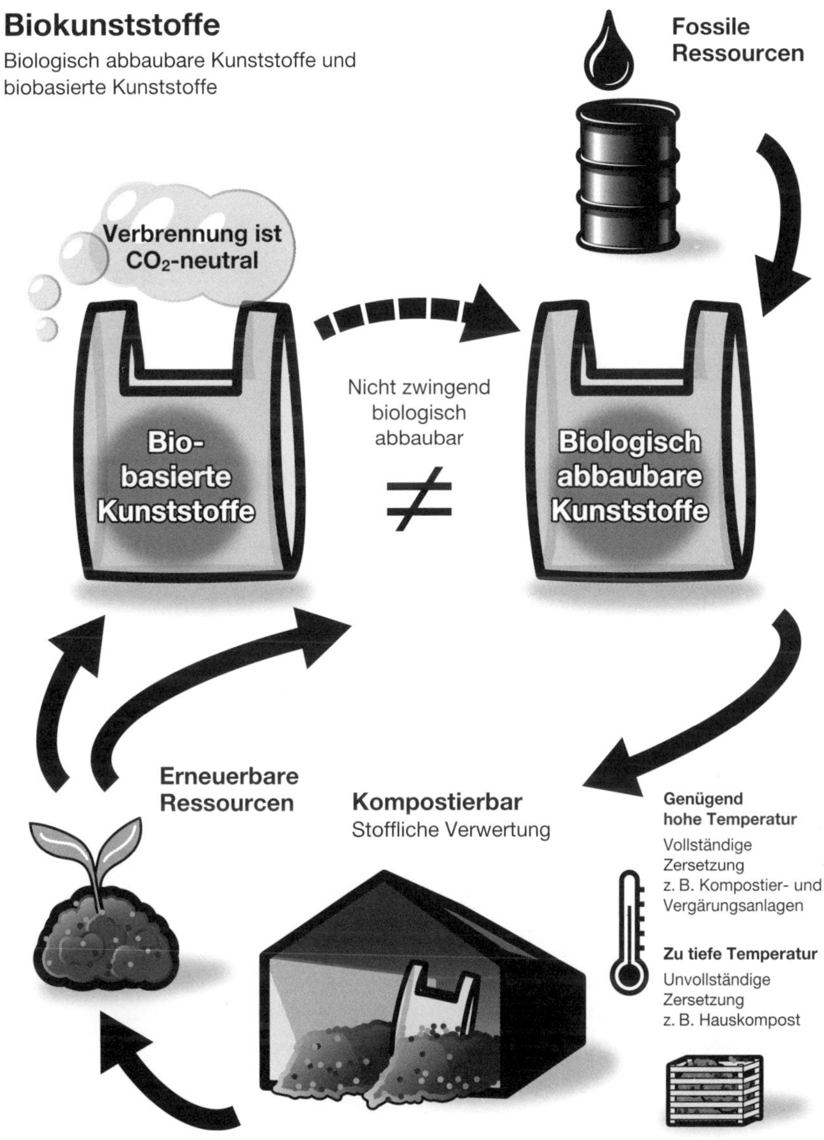
Biokunststoffe
Biologisch abbaubare Kunststoffe und biobasierte Kunststoffe
Fossile Ressourcen
Verbrennung ist CO_2-neutral
Bio-basierte Kunststoffe
Nicht zwingend biologisch abbaubar
≠
Biologisch abbaubare Kunststoffe
Erneuerbare Ressourcen
Kompostierbar
Stoffliche Verwertung
Genügend hohe Temperatur
Vollständige Zersetzung z. B. Kompostier- und Vergärungsanlagen
Zu tiefe Temperatur
Unvollständige Zersetzung z. B. Hauskompost

Aber auf Plastik zu verzichten ist in etwa so, als würde ich sagen, ich verzichte auf Strom – das ist schlicht nicht möglich. Können wir uns trotzdem schützen oder sollten wir mit bestimmten Plastikarten jedenfalls nicht mehr in Berührung kommen?

Das ist schwer zu sagen, weil man ja nie sicher sein kann, was bzw. welche Additive in welchem Kunststoffprodukt eigentlich genau enthalten sind – schon aufgrund der oft fraglichen Herkunft der Produkte.

Dennoch kann man nach einer einfachen Regel die Produkte auswählen: Je mehr ein Kunststoff „kann", also je mehr Eigenschaften diesem zugeschrieben werden, wie z. B. farbenfroh, UV-beständig, beduftet etc. zu sein, desto mehr Zusatzstoffe werden vermutlich auch eingesetzt worden sein, um diese Eigenschaften „herbeizuzaubern". Desto größer ist daher aber auch deren potenzielle Gefährlichkeit.

Eine weitere einfache Probe ist, daran zu riechen: Wenn ein Produkt chemisch oder auffällig riecht, ist davon auszugehen, dass aus dem Kunststoff diverse flüchtige Substanzen ausgasen und die Qualität nicht wirklich geprüft wurde.

„Rund 400 Millionen Tonnen Kunststoff werden weltweit pro Jahr produziert."

Viele andere Substanzen sind aber praktisch nicht zu riechen, wie etwa Weichmacher. Hier ist es ratsam, auf Hinweise wie etwa „phthalatfrei" zu achten. Vorsichtiger sollte man generell mit Gegenständen sein, also auch mit diversen Kunststoffprodukten, wenn wir mit ihnen im Alltag häufiger, intensiver und/oder über eine längere Zeit Kontakt haben. Das betrifft etwa kindernahe Produkte (z. B. Spielzeug).

Jeder kann aber auch bei den Herstellern nachfragen, ob etwa diverse Additive in ihren Kunststoffen eingesetzt werden. Diese sind auskunftspflichtig, wenn das Produkt mehr als ein Gramm pro Kilogramm des Schadstoffes aufweist. Laut Europäischem Gerichtshof gilt diese 0,1-Prozent-Grenze bei Erzeugnissen, wenn sie aus mehreren Teilen zusammengesetzt sind, auch für die Einzelkomponenten.

Generell weniger Plastikprodukte zu verwenden bzw. zu kaufen ist aber natürlich immer der sicherste Weg.

Auf all diese Chemikalien möchte ich in Wahrheit meinem Körper zuliebe verzichten, aber das ist wohl nicht der einzige Grund, warum man seinen Plastikkonsum im Auge behalten sollte, oder?

Keineswegs, denn Fakt ist: Die Rohstoff- und Ressourcenverschwendung sowie die anwachsende Verunreinigung aller Umweltmedien mit Kunststoffrückständen und Mikroplastik einzudämmen ist von stark wachsender Dringlichkeit. Man kann sich kaum vorstellen, dass rund 400 Millionen Tonnen Kunststoff weltweit pro Jahr produziert werden. Auf Verpackungen entfällt mehr als ein Drittel aller hergestellten Kunststoffe. Und die Produktionsmenge wächst noch immer – und ein großer Teil dieser Produktion landet im Müll.

„Auch verbotene Stoffe können oft noch Jahrzehnte in der Umwelt, aber auch im menschlichen Gewebe nachgewiesen werden."

Für ein Kilo Polyethylen benötigt man rund zehn Liter Wasser, und natürlich Erdöl, einen wertvollen Rohstoff, den wir für unnötige Produkte unseren Nachkommen entziehen, denn Erdöl wächst nicht nach. Immerhin acht Prozent des jährlich geförderten Erdöls gehen in die Plastikproduktion. Allein für die Herstellung von rund 16,4 Milliarden Plastikflaschen für Deutschland sind pro Jahr 665.000 Tonnen Rohöl erforderlich, das muss man sich mal vor Augen halten. Und in Österreich finden immerhin 1,5 Milliarden Plastikflaschen jährlich ihren Weg auf den Markt. Ein Ersatz dieser durch Mehrweg-Pfandflaschen würde eine Plastikreduktion um 45.000 Tonnen ausmachen – pro Jahr.

Betrachtet man nun die umweltschädigenden Folgen von Erdölproduktion und -transport wie etwa Tankerunglücke oder Ölverschmutzungen durch „havarierte" Bohrinseln, Plattformen (Brent Spar) oder die Leckagen in Pipelines (z. B. Nigeria), die Gesundheitsprobleme der Bevölkerung in den Ölfördergebieten und so weiter, kann man wohl schon sagen, dass es eine Menge (ökologischer und gesundheitlicher) Gründe gibt, sich einzuschränken.

Aber das ist nur der Anfang, es geht ja an den Arbeitsplätzen in der Kunststoffproduktion weiter. Stichwort: Chemische Belastungen in den Fabriken.

Und zum Schluss: Ein erheblicher, sehr großer Teil des erzeugten Plastiks landet nach sehr kurzer Nutzungs- bzw. Verwendungszeit (Plastiktrinkflasche) nagelneu in der Umwelt. Vor allem in Ländern ohne bzw. mit mangelhaftem Recycling und Abfallbehandlung sind diese Folgen augenscheinlich in der Natur abgebildet, wo es dann möglicherweise hunderte Jahre dauert, bis der Plastikmüll abgebaut ist. Und nicht nur, dass wild deponierter und nicht recycelter Müll jährlich riesige Mengen an Treibhausgasen produziert, ist auch ein anderes Problem augenscheinlich: Mikroplastik.

DEEP DIVE: PLASTIK-FASTEN IN EINER PLASTIKWELT

Inspiriert vom sehenswerten Dokumentarfilm „Plastic Planet" (Regie: Werner Boote) hat eine fünfköpfige Familie aus der Steiermark im privaten Haushalt monatelang radikal auf Kunststoffe verzichtet. Umweltmediziner der MedUni Wien haben sie dabei im Rahmen einer Interventionsstudie begleitet.

Familie K. hat Mitte November 2009 begonnen, sich von Kunststoffen im eigenen Haus zu befreien, ein weltweit bisher einzigartiges Experiment. Alle Kunststoffprodukte des täglichen Lebens wurden, soweit möglich, durch entsprechende kunststofffreie Produkte ersetzt – bis hin zu Zahnbürsten aus Holz mit Tierhaarborsten. Zugleich wurde akribisch darauf geachtet, Lebensmittel nur dann zu essen, wenn sie vorher nicht oder kaum mit Kunststoff in Berührung gekommen waren. Schon das war eine große Herausforderung beim Einkaufen. Daran kann man sehen, wie facettenreich die Kunststoffproblematik unseren Alltag durchdringt.

Diese Human-Biomonitoring-Studie sollte klären, ob sich durch einen radikalen Verzicht die innere Belastung, speziell an Phthalaten, verändert. Dazu wurden zu Beginn des Experiments und nach einer zweimonatigen Phase mit intensiver privater Kunststoffvermeidung – in Arbeit und Schule war das nur in weitaus geringerem Ausmaß möglich – 14 gesundheitsrelevante Weichmacher im Morgenharn gemessen.[4]

Das Fazit: Selbst wenn auf privater Ebene jeder mögliche Kontakt mit Kunststoffen vermieden oder zumindest minimiert wird, bleibt eine bestimmte innere Belastung bestehen. Experiment und Studienergebnisse zeigen, dass wir alleine praktisch chancenlos sind, dieser Belastung gänzlich zu entkommen. Ein Freibrief zur hemmungslosen Kunststoffverwendung ist das allerdings nicht: Die

Familie hat bereits vor ihrem „Plastikfasten" gesundheitsbewusst gelebt, weshalb die Belastung durch Kunststoffe schon im Vorfeld unterdurchschnittlich war. Neben weiteren gesellschaftlichen Anstrengungen braucht es dringend auch energische politische Rahmenbedingungen, um Plastik und bestimmte Zusatzstoffe zu vermeiden. Kunststoffvermeidung ist daher vor allem ein Beitrag zum Ressourcen- und zum Umweltschutz.

2 MIKROPLASTIK

Im Scheinwerferlicht steht in den letzten Jahren aber immer mehr das Mikroplastik. Eine neue Studie besagt, dass allein in den oberen Wasserschichten des Atlantiks 21 Millionen Tonnen Mikroplastik schwimmen. Das kann man sich eigentlich gar nicht vorstellen. Was versteht man überhaupt unter Mikroplastik?

Von Mikroplastik (MP) spricht man, wenn es um Kunststoffpartikel geht, die kleiner als fünf Millimeter sind. Partikel, die kleiner als ein Mikrometer (= ein Tausendstel Millimeter) sind, gelten als Sub-Mikroplastik, wenn sie kleiner als 100 Nanometer sind, werden sie als Nanoplastik bezeichnet

Zu unterscheiden ist das **primäre** Mikroplastik, also eigens hergestelltes Mikroplastik in mikroskopischer Größe – etwa für Kosmetika, Wasch- und Reinigungsmittel –, von **sekundärem** Mikroplastik. Diese Art von Teilchen entsteht u.a. durch Zersetzung und Zerteilung größerer Kunststoffteile.

„Mikroplastik kann auch mit Schadstoffen belastet sein."

„Ausgangsmaterial" kann natürlich alles Mögliche sein, da Kunststoffprodukte allgegenwärtig in unserem Umfeld sind: Lebensmittelverpackungen, Bekleidung, Sportausrüstungen, Farben, Kabelummantelungen, Tapeten, Duschvorhänge, Spielzeug – die Liste scheint endlos. Alles, was ungeordnet und nicht sachgemäß entsorgt wird, gelangt in die Natur, wird dort durch „Wind und Wetter" zerkleinert und verteilt. Außerdem können Mikrokunststoffteilchen als Fasern aus Kleidungsstücken ausgewaschen oder im Straßenverkehr von Autoreifen abgerieben werden. Es handelt sich um Abbaureste von Plastikgegenständen aller Art, die in die Umwelt gelangen.

Und Mikroplastik kann auch mit Schadstoffen belastet sein, darunter eben die bereits erwähnten Zusatzstoffe wie Weichmacher, Flammschutzmittel, Farben, optische Aufheller, Stabilisatoren bis hin zu Duftstoffen. Aber es können sich natürlich auch Schadstoffe, die sich bereits in der Umwelt befinden, an diese Partikel anlagern, wie etwa Schwermetalle.

Plastikteilchen im Größenvergleich

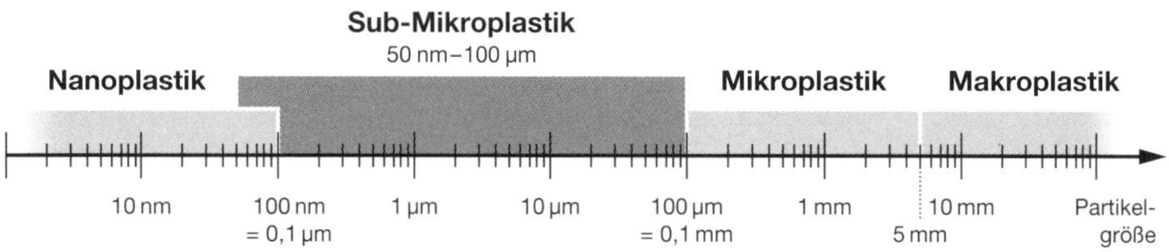

Wird nicht viel Plastik einfach weggeworfen und ist damit auch Quelle von Mikroplastik?

Wissenschaftlichen Schätzungen zufolge wurden bisher mehr als acht Milliarden Tonnen Plastik produziert.[5] Nur ein vergleichsweise kleiner Teil wird wiederaufbereitet oder verbrannt, fast 80 Prozent finden sich auf Müllhalden oder in den Weltmeeren. Das sind noch eher bekannte Fakten.

Was aber seltener den Weg in die Öffentlichkeit findet, ist die steigende Tendenz zu achtlosem Wegwerfen oder Liegenlassen von Abfällen in der Natur oder im öffentlichen Raum. Das betrifft Getränkedosen, Plastikflaschen, Take-Away-Verpackungen oder Zigarettenstummel. Mengenmäßig dominieren häufig Plastikverpackungen und speziell Plastikflaschen. Dieses sogenannte „Littering" findet vor allem auf öffentlichen Plätzen oder Treffpunkten, entlang stark befahrener Straßen, in der Nähe von Take-Away-Restaurants oder Tankstellen und nicht zuletzt in Naturerholungsgebieten mit vielen Besucheraktivitäten statt.

„Die Weltgesundheitsorganisation geht davon aus, dass bis zu zwei Drittel aller Zigarettenstummel irgendwo in der Umwelt landen."

Nicht sachgerecht entsorgte Zigarettenstummel sind dabei immer noch eines der größten Probleme. Das lässt sich leicht darstellen: Rund 4,5 Billionen (als Zahl: 4.500.000.000.000) Zigaretten werden jährlich weltweit nicht ordnungsgemäß entsorgt – geraucht werden 5,6 Billionen. Die Weltgesundheitsorganisation geht davon aus, dass bis zu zwei Drittel aller Zigarettenstummel irgendwo in der Umwelt landen. Von zwölf Milliarden verkauften Zigaretten in Österreich (2019) finden sich also acht Milliarden Stummel pro Jahr in der Umwelt wieder. Sie sind damit das am häufigsten achtlos weggeworfene „Ding". Doch aufgrund ihrer Kleinheit werden sie nach wie vor nicht als wirklich gravierender Müll wahrgenommen – und schon gar nicht als Mikroplastikquelle. Ganz zu Unrecht: Sie bestehen großteils aus dem Kunststoff Celluloseacetat, dessen biologischer Abbau sich nur langsam vollzieht. So kann es bis zu zehn Jahre dauern, bis sich ein Zigarettenfilter vollständig zersetzt hat.

Alle weggeworfenen Plastikteile zusammen enden dann irgendwann, ins Kleinste zerrieben, als diffuse Partikel-Einträge in unseren Ökosystemen.

Und alles, was in so kleiner Form in die Umwelt gelangt, landet letztendlich auch wieder in unseren Körpern. Mit Mikroplastik ist das wohl nichts anderes. Aber als gesundheitliches Risiko für den Menschen gilt Mikroplastik bis jetzt doch noch nicht?

Offen gesagt ist bisher noch nicht klar, ob, und wenn ja, wie gefährlich Mikroplastik wirklich ist. Die toxikologischen Wirkungen wurden bisher kaum untersucht. Sicher ist aber: Mikroplastikpartikel sind immer als Fremdkörper zu begreifen, weshalb sie auch immer Entzündungsreaktionen auslösen können. Das konnte an verschiedenen Meeresorganismen (z. B. Muscheln) beobachtet werden. Insgesamt muss man aber sagen, dass das Wissen über die Wirkung von Mikroplastik bisher überwiegend aus Zell- und tierexperimentellen Studien stammt. An Mikroplastik können sich aber auch Weichmacher, Flammschutzmittel oder andere Problemstoffe anhaften – und einige dieser Substanzen können hormonell wirksam sein, andere wirken auf das Nervensystem, manche gelten als krebserregend.

Den größten Anteil des Mikroplastiks nehmen wir oral über die Nahrung auf. Wobei Fische und andere Meerestiere, die ihrerseits bereits Plastikpartikel aufgenommen haben, als die wesentlichsten Quellen gelten. Schließlich sind aquatische Ökosysteme und speziell die Weltmeere praktisch Sammelbecken für Kunststoffabfälle. Auch Hausstaub scheint eine besonders relevante Aufnahmequelle zu sein: Dieser besteht aus einer Mischung aus feinsten Partikeln wie Rußteilchen, Sandkörnchen oder Textilfasern und nicht zuletzt auch aus Mikroplastik.

Dass wir also Mikroplastik aufnehmen, ist bekannt und plausibel. Und natürlich auch, dass wir es wieder ausscheiden: In einer kleinen Pilotstudie haben österreichische ForscherInnen Mikroplastik im Darm von Menschen nachgewiesen. Die Kunststoffpartikel wurden in Stuhlproben von allen acht StudienteilnehmerInnen gefunden. Durchschnittlich fanden sich 20 Mikroplastik-Teilchen pro 10 Gramm Stuhl in der Größe von 50 bis 500 Mikrometer, v.a. aus Polypropylen und Polyethylenterephthalat (PET).

Eine genaue Quantifizierung der Menge, also beispielsweise wie viel Gramm jemand pro Tag aufnimmt, ist nur mittels grober Annahmen wie Ausmaß von Fischverzehr etc. möglich. So schätzten australische ForscherInnen die täglich Mikroplastikaufnahme über Nahrung, Trinkwasser und Atemluft auf bis zu fünf Gramm pro Woche.

„Förderlich für unsere Gesundheit ist aufgenommenes Mikroplastik sicher nicht.“

Bei größeren Partikeln ist davon auszugehen, dass sie über den Verdaungstrakt ausgeschieden werden. Bei kleineren Partikeln besteht hingegen die Gefahr, dass diese im Darmgewebe eingelagert werden, aber auch in den Atemwegen oder im Lungengewebe – so, wie es mit Rußpartikeln passiert. Zu solchen ultrafeinen Partikeln in der Atemluft und deren Weg und Wirken in unserem Organismus gibt es eine Fülle an wissenschaftlichen Erkenntnissen. Allesamt wenig erfreulich.

Im Moment lässt sich seriös und fundiert nicht zuverlässig abschätzen, welches Risiko davon ausgeht. Aber eines kann man getrost sagen: Förderlich für unsere Gesundheit ist aufgenommenes Mikroplastik sicher nicht.

Man liest auch immer wieder, dass – eigentlich wenig verwunderlich – Mikroplastik-Rückstände im Trinkwasser gefunden werden. Einerseits heißt es von der WHO, dass das ungefährlich sei, andererseits gibt es bislang nur wenige Studien dazu. Wie kann man sich da also sicher sein?

Die WHO stellte 2019 fest, dass Mikroplastik im Trinkwasser, „basierend auf den begrenzt verfügbaren Informationen“, auf dem jetzigen Niveau kein Gesundheitsrisiko darzustellen scheine. Diese Aussage ist sicher kein beruhigendes Zeugnis für gänzliche Harmlosigkeit. Sie ist vielmehr in Relation zu anderen Risiken zu sehen, die weltweit die Gesundheit der Bevölkerung durch verschmutztes Trinkwasser bedrohen.

So sind andere Trinkwasser-Verunreinigungen, wie etwa chemische oder mikrobielle Verunreinigungen, global gesehen selbstverständlich wesentlich bedeutsamer, was das Erkrankungsrisiko betrifft, als die Aufnahme von Mikroplastik. Gerade in Ländern des Globalen Südens stehen Probleme im Vordergrund, überhaupt an einigermaßen reines Trinkwasser zu kommen. Immerhin haben nach wie vor rund zwei Milliarden Menschen keinen Zugang zu sauberem Wasser.

Insgesamt bedeutet das jedoch nicht, dass Mikropartikel im Trinkwasser als harmlos und als völlig irrelevant für die Gesundheit zu bezeichnen wären. Es zeigt allerdings auf, dass Vorkommen und Verbreitung von Mikroplastik gerade im Trinkwasser im Zusammenhang mit gesundheitlichen Effekten noch viel genauer untersucht werden müssen. Speziell ist die Frage zu klären, wie diese Partikel überhaupt ins Trinkwasser gelangen, damit möglichst rasch Abwehrmaßnahmen definiert und umgesetzt werden können.

Ich bin offen gesagt kein großer Fisch-Fan, aber nach allem, was du erzählst, heißt das eigentlich: Wenn man Mikroplastik vermeiden will, sollte man Fisch von der Speisekarte streichen, oder sehe ich das falsch?

Der Verzehr eines einzelnen Fisches ist sicher kein Problem. Was die Teilchen und damit verbundene Stoffe betrifft, ist diese einzelne Quelle mengenmäßig mit großer Wahrscheinlichkeit unproblematisch. Das Problem ist allerdings: Es werden laufend neue Quellen entdeckt. Plastik wird in Oberflächengewässern wie etwa in der Donau nachgewiesen, aber auch im Leitungswasser, in Mineralwässern sowie in verschiedenen Tierarten (Muscheln, Fische, Vögel), andere Forscher wiederum haben Mikroplastik in Salz, Bier oder Honig nachgewiesen. Angesichts dieser zahlreichen möglichen Aufnahmequellen könnten die aufgenommenen Plastikteilchen eine Menge erreichen, die dann möglicherweise doch ein gewisses Gesundheitsrisiko darstellen. Derzeit kann man dazu allerdings – leider – noch wenig sagen.

Das klingt alles danach, als würde die Beseitigung von Mikroplastik momentan – aus rein gesundheitlicher Sicht gesehen – nicht unbedingt auf Platz 1 unserer Prioritätenliste stehen?

Primär ist die Gefahr von Mikroplastik tatsächlich eher eine Gefahr für Ökosysteme, erst nachrangig besteht eine Gefahr direkt für die menschliche Gesundheit. Und diese Gefahren gehen nicht nur von Mikroplastik aus, sondern auch von „Makroplastik".

Jedes Jahr landen rund zehn Millionen Tonnen Plastikmüll in den Weltmeeren. Im Nordpazifik treibt seit Jahrzehnten ein Müllstrudel in der Größe Zentraleuropas. Bedrohlich für kleinste, kleine und große Meeresbewohner. Über 800 Spezies sind von marinen Abfällen betroffen.[6] Selbst Strände unbewohnter Inseln vermüllen. Und noch immer ist vieles nur in Ansätzen erforscht, vieles unbekannt, aber plausibel. So ist der Einfluss von Plastik auf das Klima noch ungeklärt. Inwiefern etwa die immer größere Menge an Mikroplastikteilchen in den Meeren zentrale biologische Prozesse stört, wodurch die Rolle der Ozeane als Kohlenstoffsenke beeinträchtigt werden könnte.

„Im Nordpazifik treibt seit Jahrzehnten ein Müllstrudel in der Größe Zentraleuropas."

Dennoch sind die Folgen auf Ökosysteme im Wasser besser beforscht als die Folgen der Mikroplastikverschmutzung in Ökosystemen in festen Böden. Die Folgen des Mikroplastik-Eintrages in die Bodenstruktur und Lebensgemeinschaften (von Mikroorganismen bis hin zu Regenwürmern) sind praktisch unbekannt. Dabei können die Mikroplastik-Einträge in den Böden je nach Umgebung deutlich stärker sein als beispielsweise im Meer.

Man muss sich Kunststoffe und ihre Metamorphose ansehen. Wir wissen, dass es eine völlig unkontrollierte Freisetzung von Kunststoffen gibt. Daher gilt es, die maßlose Verwendung von Plastik zu hinterfragen und auch die Sinnfrage stellen – ob man Plastikprodukte nicht einsparen und durch andere Materialien ersetzen kann, die nicht diese gravierenden ökologischen Probleme mit sich bringen. Vor allem muss man sich darüber Gedanken machen, wie die vielerorts völlig desolate „Entsorgung" endlich deutlich kontrollierter vollzogen werden kann. Und zwar rasch. Und hier ist ebenso die Politik gefragt, die Rahmenbedingungen schaffen muss. Angefangen bei der klaren Kennzeichnung von Ein- und Mehrwegprodukten, Mindestmehrwegquoten, bis hin zum Verbot von Mikroplastik in Kosmetika und Reinigungsprodukten.

Fazit: Sind wir noch zu retten?

Wir Menschen vorerst einmal schon. Aber andere Lebewesen – speziell in unseren Weltmeeren, von der Muschel bis zur Meeresschildkröte – sind es wohl nicht mehr, wenn es so weitergeht.

Heißt also: Bequemlichkeit hin oder her. Wo man im Alltag Kunststoffe einsparen kann, sollte man das unbedingt machen. Auf ein Plastiksackerl kann jeder verzichten. Ganz ehrlich, öfter mal ein Stoffsackerl dabeizuhaben, das ist wirklich keine Einschränkung.

„Ganz ehrlich, öfter mal ein Stoffsackerl dabeizuhaben, das ist wirklich keine Einschränkung."

WAS TUN?

PLASTIK IM ALLTAG VERMEIDEN

- [x] Plastik beim Einkauf vermeiden (z. B. Obst und Gemüse lose kaufen, „Unverpackt"-Läden unterstützen etc.)
- [x] Gehen Sie mit Stoffsackerl/Rucksack/Korb etc. einkaufen, anstatt Plastiksackerl zu kaufen (auch im Urlaub).
- [ ] Auch Verpackungen aus „Bioplastik" vermeiden
- [ ] Generell langlebige, hochwertige Produkte bevorzugen (z. B. Möbel, Textilien etc.)
- [ ] Plastikfreies Spielzeug verwenden und schenken
- [ ] Kreative, abfallfreie Geschenkverpackungen – oder Zeitungspapier verwenden
- [ ] Mehrwegglasflaschen statt PET-Flaschen und andere Mehrwegprodukte
- [ ] Leitungswasser trinken (und Geld und Müll sparen)
- [ ] Verwenden Sie Kosmetika/Peelings ohne Mikroplastik (Einkaufsratgeber verschiedener Organisationen helfen dabei)
- [ ] Feste Seife statt Flüssigseife und Duschgel in Plastikverpackungen
- [ ] Bevorzugen Sie Textilien aus Naturfasern.
- [ ] Statt „to go"-Bechern sollten Sie sich lieber ein paar Minuten bewusst Zeit nehmen und den Kaffee/Tee in Ruhe – und zwar in der Tasse – genießen.
- [ ] Reparieren statt wegwerfen
- [ ] Richtige, ordnungsgemäße Entsorgung von Kunststoff

2

PESTIZIDE

... in aller Munde

Pestizid-Rückstände in Lebensmitteln sind häufig Thema, wenn es um den Konsum von Obst und Gemüse geht. Soll man dann überhaupt noch Gemüse essen? Für wen sind Pestizide gefährlich? Wird das persönliche Risiko überschätzt? Oder schützen uns ohnedies die Grenzwerte?

INTRO

„Verzeihung, bitte!" Möglichst höflich versuche ich mir den Weg zu den Obstregalen zu bahnen, konkreter: zu den Äpfeln. Und die Auswahl ist enorm. Aus Italien oder Österreich – wohl keine Frage. Aus der Steiermark oder aus Niederösterreich – für die Weinviertlerin ebenfalls keine schwierige Entscheidung. Doch jetzt wird es herausfordernder: Bio oder nicht bio? Selbstverständlich bio, werden Sie vielleicht sagen, denn da wird auf den Einsatz von Pestiziden verzichtet. Doch dieses Angebot lässt mich vermuten: Viele entscheiden sich für „nicht bio" – und das kann ja nicht gefährlich sein, sonst würde es nicht bei uns im Supermarkt liegen, oder doch?

Ein kurzer Rempler, und die giftgrünen Granny Smith vor meinen Augen reißen mich aus meinen Gedanken, denn ein älterer Herr neben mir hat soeben seine Entscheidung getroffen. Und zwar: nicht bio. Gut, warum auch nicht. Bio hat schließlich seinen Preis. Bei mir landen trotzdem die niederösterreichischen Äpfel aus Bio-Landwirtschaft im Wagerl. Sicherheitshalber.

Doch wenn sich dieser Gedanke einmal im Gehirn eingenistet hat, dann ist er gar nicht mehr so einfach loszuwerden. Bei den Backwaren wird er gleich wieder unangenehm präsent. Auch hier: Roggenbrot oder Bio-Roggenbrot pur? Beim Käseregal dasselbe Bild: Gouda oder Bio-Gouda? Und natürlich auch beim Kaffee. Ich ziehe meine Entscheidung durch – und die macht sich beim Bezahlen an der Kassa ebenfalls durchaus unangenehm bemerkbar.

Während ich auf die Straßenbahn warte und das Gras sehe, das sich seinen Weg durch die Spalten neben den Schienen bahnt, wird mir bewusst: Auch hier waren wir jahrelang von Pestiziden umgeben. Es ist noch nicht lange her, dass sich etwa die Stadt Wien oder auch die Wiener Linien beim Kampf gegen das Unkraut auch gegen den Einsatz von Pestiziden entschieden haben. Das bedeutet aber andersrum: Jahrelang waren wir dem Pestizideinsatz in der Öffentlichkeit ausgeliefert. Und beim Blick in meine Einkaufstasche frage ich mich: Warum lässt man die Entscheidung über bio oder nicht bio überhaupt bei den KonsumentInnen? Gibt es also Lebensmittel, die sicherer sind als andere? Ich merke, wie bei all diesen Gedanken ein wenig Ärger in mir aufsteigt: Ein wenig zu heftig klopfe ich an die Bürotür von Hans-Peter Hutter – mit vielen Fragen und Bio-Frühstück im Gepäck.

Das Wort Pestizide setzt sich aus dem lateinischen Wort „pestis“ für Seuche und „caedere“ für töten zusammen. Das gibt schon klare Hinweise. Aber was sind Pestizide überhaupt und wofür sind sie da?

Einfach gesagt werden Pestizide eingesetzt, um Pflanzen vor Schaderregern zu schützen. Die Weltgesundheitsorganisation definiert sie genauer als „Stoff oder Stoffgemisch mit chemischen oder biologischen Inhaltsstoffen, welches zur Abwehr, Vernichtung oder Bekämpfung von Schädlingen oder zur Regulierung des Pflanzenwachstums dient“.

Dabei ist es wichtig, zwischen Pestiziden und den eigentlich eingesetzten Wirkstoffen zu unterscheiden: Wirkstoffe sind vorwiegend chemische Verbindungen, die gegen „Schaderreger“ auf Pflanzen oder Pflanzenprodukten wirken. Pestizide hingegen sind „handelsübliche Zubereitungen“, also Gemische aus einem oder mehreren Wirkstoffen. Darin können allerdings zusätzlich weitere Hilfsstoffe enthalten sein, die etwa garantieren sollen, dass die Pestizide z. B. gut auszubringen und lagerstabil sind. Der Großteil der zugelassenen Pestizide enthält nur einen Wirkstoff, bis zu vier Wirkstoffe sind derzeit am Markt.

„Weil sie unter dem Namen ‚Pflanzenschutzmittel‘ verkauft werden, vergisst man oft, dass sie eigentlich zum Abtöten von Lebewesen entwickelt wurden.“

Der Oberbegriff „Pestizide“ umfasst dabei verschiedene Produkte wie etwa Insektizide (Mittel gegen Insekten und deren Entwicklungsstadien), Fungizide (Mittel gegen Pilze) und Herbizide (Mittel gegen „Unkräuter“/Beikräuter).

Weil sie unter dem Namen „Pflanzenschutzmittel“ verkauft werden, vergisst man oft, dass sie eigentlich zum Abtöten von Lebewesen – etwa von Insekten – entwickelt wurden, die sich von Getreide, Obst und Gemüse ernähren. Da diese Insekten aber auch von anderen gefressen werden – Stichwort Nützlinge –, führt das letztlich auch zum Tod ihrer natürlichen Feinde oder anderer Lebewesen, wie etwa unserer Bienen, und als Konsequenz davon zum Aussterben vieler Pflanzenarten.

Welche sind die gängigsten Pestizide, die letztendlich auch auf unsere Teller gelangen?

Wenn man sich die Verkaufszahlen ansieht, so sind es ganz klar Fungizide – gefolgt von Herbiziden, die mengenmäßig am häufigsten gehandelt werden. Was dann tatsächlich auf unseren Tellern landet, ist natürlich abhängig davon, was wir essen, denn es sind ja unterschiedliche Wirkstoffe, die etwa beim Weizen- oder Obstanbau verwendet werden.

Insgesamt sind allein in Europa rund 280 Wirkstoffe zugelassen, etwas mehr als 800 Pestizidmischungen werden unter rund 1600 Handelsnamen verkauft. In anderen Ländern, speziell in Ländern des Globalen Südens, können es deutlich mehr sein.

„Biozide werden auch im Haushalt eingesetzt – besonders beliebt in Form von Gelsensteckern.“

Die Aufnahme von Pestiziden erfolgt hauptsächlich über die Nahrung, vor allem über Obst und Gemüse aus der konventionellen Landwirtschaft. So gelangen sie in den Magen-Darm-Trakt und damit in den Organismus. Was aber oft vergessen wird, ist, dass Biozide auch nicht selten im Haushalt eingesetzt werden. Besonders beliebt in Form von Gelsensteckern. Dann ist auch eine Aufnahme über die Atemwege möglich. Und schließlich sind die freigesetzten Gifte auch im Hausstaub zu finden. Wenn Kinder im Krabbelalter alles in den Mund nehmen, dann nehmen sie Staub und damit auch Pestizide auf.

In der Öffentlichkeit findet leider kaum Beachtung, dass ArbeiterInnen in der konventionellen Landwirtschaft, die Pestizide ausbringen – im Globalen Süden, aber auch bei uns –, direkt und in wesentlich höheren Mengen Pestiziden und damit hohen gesundheitlichen Risiken ausgesetzt sind.

Wir nehmen Pestizide also praktisch unbemerkt zu uns – aber welche Auswirkungen hat das auf unsere Gesundheit?

Ob Pestizide ein Gesundheitsrisiko für den Menschen sind, hängt davon ab, wie viel in unseren Körper gelangt, also wie viel wir verschlucken, einatmen oder über die Haut aufnehmen.

Sie können akute, aber auch chronische Wirkungen haben. Zu den akuten, rasch auftretenden Effekten zählen Reizwirkungen (z. B. obere Atemwege, Haut), Magen-Darm-Störungen (z. B. Übelkeit, Erbrechen, Durchfall) und neurologische Beeinträchtigungen (z. B. Kopfschmerzen). Diese Effekte treten aufgrund vergleichsweise hoher Exposition auf – beim Konsum von Gemüse und Obst sind solche Beschwerden praktisch ausgeschlossen, bei AnwenderInnen in der Landwirtschaft aber sehr wohl möglich.

Zu den langfristigen Folgen von Pestizid-Belastungen zählen Atemwegs- und Hautprobleme, neurologische Defizite, aber auch Beeinträchtigungen des Immun- und Nervensystems (z. B. Parkinson-Erkrankungen) sowie der Fortpflanzungsfähigkeit bis hin zu Krebs, wie etwa Leukämie. Erforscht wurden diese Effekte vor allem anhand von Untersuchungen an LandwirtInnen und LandarbeiterInnen. Deren Belastung ist nicht nur auf die orale Aufnahme beschränkt, hier ist auch die Aufnahme über die Haut und die Atemwege von höherer Bedeutung.

Anteil der Bio-Flächen in der österreichischen Landwirtschaft

Quelle: BMLRT

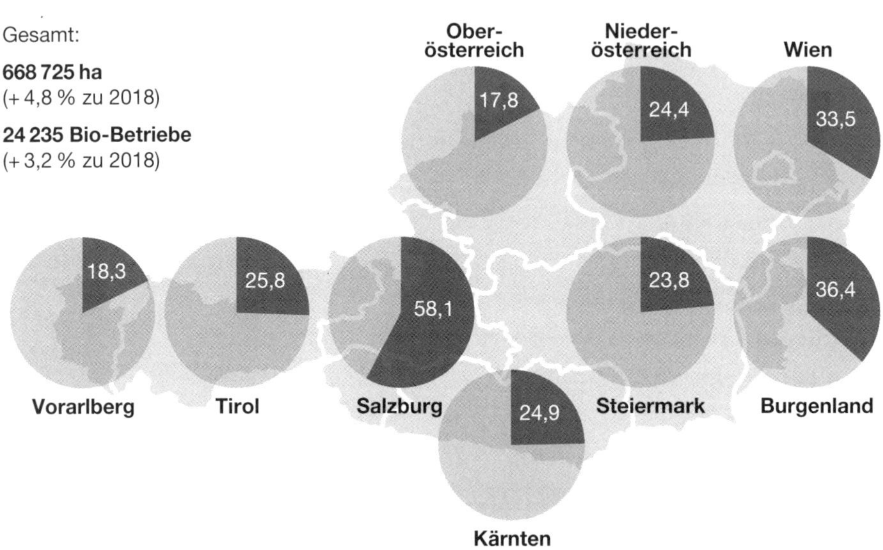

Sind Kinder denn eigentlich empfindlicher, was Pestizide betrifft?

Kinder sind tatsächlich anfälliger gegenüber den Wirkungen von Pestiziden als Erwachsene. Sie sind im Wachstum und ihre Organsysteme (u.a. auch jene zur Entgiftung) sind noch nicht ausgereift, sondern befinden sich in der Entwicklung. Sie haben auch, abhängig vom Lebensalter, eine erhöhte Stoffwechselrate. So nimmt der Körper über den Magen-Darm-Trakt bestimmte Stoffe schneller und in größeren Mengen auf als bei Erwachsenen. Schadstoffe, die nur langsam abgebaut werden, können daher über einen längeren Zeitraum einwirken, und dadurch – gerade, wenn sie schon früh im Leben einwirken –, auch eher Schäden oder negative Effekte hervorrufen.

„Kinder nehmen bestimmte Stoffe schneller und in größeren Mengen auf als Erwachsene."

Eine Gefährdung von Kindern durch Pestizide beginnt aber nicht erst mit der selbstständigen Nahrungsaufnahme von entsprechenden Lebensmitteln, sondern häufig schon im Mutterleib. Bereits im Embryonalstadium können sie höheren Pestizidkonzentrationen ausgesetzt sein, etwa wenn schwangere Frauen pestizidbelastete Lebensmittel zu sich nehmen oder beruflich, z. B. in der Landwirtschaft, mit Pestiziden hantieren oder anderweitig in Kontakt kommen.

Das klingt jetzt noch alles recht theoretisch, aber wie hoch ist denn das Risiko wirklich, tatsächlich aufgrund von Pestiziden zu erkranken, etwa an Krebs?

Eine genaue Darstellung oder gar eine Quantifizierung der Folgen für jeden Einzelnen ist selbst für Erwachsene nur sehr schwer möglich – die Beurteilung langfristiger Pestizidrisiken für Säuglinge und Kinder noch um einiges schwieriger. Was man aber jedenfalls sagen kann: Es ist besonders besorgniserregend, wenn man (potenziell) krebserregenden Substanzen bereits im frühen Lebensalter ausgesetzt ist. Denn die Betroffenen haben aufgrund der noch vor ihnen liegenden langen Lebensdauer theoretisch eine höhere Wahrscheinlichkeit, einen Tumor „zu erleben".

Aus der Forschung kann jedoch abgeleitet werden, dass auch eine vorübergehende Belastung mit Pestizidrückständen Entwicklungsstörungen und/oder neurologische Effekte verursachen kann, also durchaus ein bestimmtes Gefährdungspotenzial hat.

„Pestizide sind per se Gifte – und damit höchstwahrscheinlich nie ganz harmlos."

Leider sind gesundheitliche Auswirkungen in der Regel nicht wirklich offensichtlich und vor allem nicht gleich auf Pestizidkonsum rückführbar. Wenn man nicht hohe Dosen akut zu sich nimmt, dann kann es sehr lange dauern, bis sich Auswirkungen zeigen. Insgesamt ist es immer schwierig, speziell wenn es um die Aufnahme im Alltag geht, also um zum Teil sehr, sehr kleine Mengen. Auch hier ist es ratsam, möglichst pestizidfreie Lebensmittel zu wählen, um auf der sicheren Seite zu sein.

Gibt es denn Pestizide, die für den Menschen nicht giftig sind?

Pestizide sind per se Gifte – und damit höchstwahrscheinlich nie ganz harmlos. Selbst wenn sie nur auf den Stoffwechsel von Pflanzen ausgerichtet sind – wie etwa Glyphosat –, ist eine gewisse Wirkung auch auf tierisches bzw. menschliches Leben nicht ganz ausgeschlossen. Aber ob diese Wirkungen für den Einzelnen gesundheitlich relevant sind, ist natürlich damit verbunden, wie häufig und in welchen Mengen jemand damit in Berührung kommt.

PESTIZID-SCHWARZMARKT – 25 PROZENT DER PESTIZIDE IN EUROPA GEFÄLSCHT

Eine wenig bekannte, gefährliche Seite der Pestizide ist der florierende Schwarzmarkt. Diverse Medien wie der „Spiegel" berichteten, dass etwa der Hamburger Hafen als Drehscheibe für den illegalen Pestizid-Import nach Europa gilt. Tonnenweise werden dort Pflanzenschutzmittel aus Übersee beschlagnahmt, die bei uns bereits verboten sind.

Der Pestizid-Schwarzmarkt soll außerdem größere Gewinne als der Drogenhandel abwerfen, weil die verwendeten Wirkstoffe billiger sind als die Originale der Agrochemie. Allerdings sind sie auch giftiger.

Obwohl das meiste Schmuggelgut in Osteuropa landet, kann es beispielsweise über importierte Nahrungsmittel auch auf unseren Tellern landen. Europol schätzt, dass etwa 25 Prozent der in Europa eingesetzten Pestizide gefälscht sind.

Aber dafür gibt es ja Grenzwerte, die die Bevölkerung schützen sollen?

Hier kommt wiederum die Europäische Union ins Spiel. Sie legt die Grenzwerte in der EU fest, und auch die Überwachung von Lebensmitteln hinsichtlich ihrer Belastung mit Pestiziden wird durch sie geregelt.

Dass es hier Interessenkonflikte gibt, liegt auf der Hand. Selbst, wenn es eine europäische Behörde für Lebensmittelsicherheit (EFSA) gibt, die für die wissenschaftliche Ableitung von Grenzwerten zuständig ist. Einflüsse aus der Industrie auf diese Behörde werden immer wieder thematisiert – Stichwort: unangemessene Nähe von EFSA-MitarbeiterInnen zur Industrie. Speziell rund um die Glyphosat-Diskussion sind gewisse Schwächen offensichtlich geworden.

„‚Unsere‘ Grenzwerte und Regelungen sind zwar besser als in anderen Regionen der Welt. Aber es gibt Luft nach oben.“

„Unsere“ Grenzwerte und Regelungen sind zwar besser als in anderen Regionen der Welt. Aber es gibt Luft nach oben – sowohl in Richtung strengerer Grenzwerte als auch, was die Zulassung von Wirkstoffen betrifft.

In Nahrungsmitteln speziell für Kinder, die sich in Entwicklung befinden, sollten aus umweltmedizinischer Sicht die Rückstände ohnehin so weit wie möglich verringert werden, selbst wenn sie festgesetzte Grenzwerte nicht überschreiten. Schließlich sind Mehrfachbelastungen mit Pestiziden und anderen Chemikalien anzunehmen und Kombinationswirkungen selbst in niedrigen Konzentrationen nicht ganz auszuschließen.

Vor allem, wenn es sich um endokrine, also hormonaktive Pestizide handelt, die etwa körpereigene Hormone, wie z. B. Östrogene, imitieren können, muss man davon ausgehen, dass sie bereits bei einer sehr niedrigen Konzentration Auswirkungen auf die Fortpflanzungsfähigkeit sowie auf wichtige Reifungs- und Regulationsprozesse haben können.

Wird bei diesen Grenzwerten wirklich alles berücksichtigt? Ein gespritzter Apfel dort, die Orangenschale da – nehmen wir nicht einen Pestizid-Cocktail zu uns?

Aufgrund der Fülle der Wirkstoffe, aber auch der Mischungen, nämlich dass mehrere Wirkstoffe mit Hilfsstoffen eingesetzt werden, ist das natürlich so eine Sache. Bis ins kleinste Detail kann die Vielfalt an Möglichkeiten, wie ein solcher Cocktail zusammengesetzt ist, nie ganz genau erforscht oder bis in die letzte Auswirkung dargestellt werden. Dazu gibt es einfach zu viele mögliche Kombinationen an Stoffen. Man behilft sich in der Umwelttoxikologie in solchen Situationen, indem man diese Unsicherheiten mit entsprechenden Sicherheitsfaktoren belegt. Die Sicherheitsfaktoren sollen vor allem berücksichtigen, dass etwa tierexperimentelle Ergebnisse nicht ohne Weiteres auf den Menschen übertragbar sind oder das Zusammenwirken mehrerer Schadstoffe (Kombinationswirkungen) meist nicht ermittelt werden kann.

Aber klar: Auch diese Herangehensweise kann nicht alle Folgen hundertprozentig ausschließen. Daher raten wir UmweltmedizinerInnen schon lange, aus Vorsorgegründen möglichst auf Produkte aus dem biologischen Anbau zurückzugreifen. Diese Empfehlung ist übrigens nicht nur aus gesundheitlichen Gründen wichtig: Auch aus Klimaschutzgründen und zum Erhalt der biologischen Vielfalt sind solche Produkte zu bevorzugen, da die Anwendung von Pestiziden teils schwerwiegende ökologische Folgen nach sich zieht.

Obst und Gemüse sollte man klarerweise immer waschen, aber reicht es, sie unters Wasser zu halten und abzuwischen, ist man die Pestizide dann los?

Gut waschen ist jedenfalls sehr wichtig. Unabhängig von den eingesetzten Agrochemikalien kann Obst und Gemüse auch andere Verschmutzungen aufweisen. Neben Waschen ist auch Schälen eine gute Idee.

„Pestizide sitzen auch unter der Schale."

Doch viele vergessen oder wissen nicht, dass Pestizide auch „unter der Schale sitzen" und durch einen oberflächlichen Reinigungsvorgang nicht entfernt werden können. Denn wenn systemisch wirkende Pestizide eingesetzt werden, dann nehmen die Pflanzenwurzeln diese Wirkstoffe mit dem Wasser auf. So können sich die Stoffe über die gesamte Pflanze verteilen und diverse Rückstände in allen Pflanzenteilen hinterlassen. Es sind zwar vergleichsweise weniger Rückstände im Fruchtfleisch zu finden als außen – wenn man aber auf Nummer sicher gehen möchte, dann sind Produkte aus dem ökologischen Anbau zu bevorzugen.

Wir kennen das, man hat eingekauft, ist noch unterwegs und nascht schon mal von den Trauben – ungewaschen, versteht sich. Wie problematisch ist es, wenn wir das hin und wieder machen?

Sehr schlimm ist das sicher nicht. Wichtig ist, dass es nicht zur Gewohnheit wird. Falls man sich überhaupt nicht zurückhalten kann und das Waschen vielleicht auch zu Hause oft vergisst, dann ist das ein weiterer Grund, Obst und Gemüse aus biologischem Landbau zu wählen. Dann muss man sich wirklich keine Gedanken machen.

Manche meinen, dass Obst und Gemüse essen damit gefährlich ist – sollen wir dann überhaupt so viel davon essen?

Die Pestizid-Problematik darf keinesfalls als Ausrede dafür herhalten, dass man noch weniger Gemüse isst, als es hierzulande ohnedies der Fall ist. Statt der empfohlenen fünf Portionen Obst und Gemüse am Tag werden hierzulande durchschnittlich nur zwei Portionen verzehrt (Österr. Ernährungsbericht 2017). Die Empfehlungen wissenschaftlicher Institutionen wie etwa der Weltgesundheitsorganisation und Ernährungsgesellschaften, am Tag rund 400 bis 650 Gramm Obst und Gemüse zu essen, wird bei uns von kaum jemandem erreicht.

Dabei ist ganz klar: Wer viel Obst und Gemüse isst, lebt gesünder und ist fitter. Nachweislich senkt reichlicher Verzehr von Obst und Gemüse das Risiko für Herz-Kreislauf-Erkrankungen wie Schlaganfall und Bluthochdruck.

Grob vereinfacht gesagt ist der gesundheitliche Nutzen von Obst und Gemüse in der Regel größer als das Risiko, das von Pestizidrückständen ausgehen könnte.

Bei uns landen die Produkte, die mit Pestiziden behandelt wurden, auf dem Teller, aber anderswo auf der Welt arbeiten Menschen mit diesen Pestiziden – was bedeutet das für sie?

Aus ärztlicher Sicht sind Pestizide und Gesundheit ein wichtiges umweltmedizinisches Handlungsfeld, insbesondere im Hinblick auf die Risikogruppe der LandwirtInnen bzw. LandarbeiterInnen. Während bei uns KonsumentInnen klar die Fragen rund um die Rückstände in unseren Lebensmitteln und deren gesundheitliche Auswirkungen in den Mittelpunkt des öffentlichen Interesses stellen, werden die Gefährdungen derjenigen, die sie ausbringen, viel weniger beachtet. Ganz zu Unrecht, denn jene, die einige unserer Lieblings-Importprodukte wie Bananen, Kaffee und Kakao produzieren, leiden am meisten unter dem Pestizideinsatz. Und nicht nur sie selber – meist sind deren Familien ebenso gefährdet. So leiden LandarbeiterInnen und Menschen, die neben Feldern wohnen, häufig an Gesundheitsbeschwerden, weil sie Pestiziden ausgesetzt sind. Einerseits direkt, etwa bei der Pestizidausbringung, oder auch indirekt, etwa durch belastetes Wasser, Nahrungsmittel oder Kleidung.

Das Tragische ist, dass in manchen Ländern des Globalen Südens dort mit Pestiziden hantiert wird, die in Europa zum Teil schon verboten sind. Das Gesundheitsrisiko (Tumorerkrankungen, neurologische Erkrankungen, Beeinträchtigung der Reproduktion) resultiert nicht nur aus dem Kontakt mit gesundheitsbedenklichen Pestiziden bei der Ausbringung, sondern auch aus den schlechten Arbeitsbedingungen (lange Arbeitszeiten, Unterbezahlung, fehlender Arbeitnehmerschutz), die mit beträchtlichen Belastungen verbunden sind. Davon betroffen sind auch empfindliche Bevölkerungsgruppen wie Kinder, Schwangere und ältere Personen.

Dazu kommt, dass LandarbeiterInnen in Ländern des Globalen Südens kaum über die Gesundheitsrisiken durch Pestizide informiert sind: Es existieren praktisch keine oder nur unzureichende Schulungen durch die Arbeitgeber, sprich, sie haben keine Ahnung, womit sie eigentlich arbeiten und welchem Risiko sie sich aussetzen. Ebenfalls praktisch unauffindbar sind die Bestimmungen zum Arbeitnehmerschutz, wie sie bei uns üblich und vor allem rechtlich verbindlich sind. Warnhinweise auf den Pestizid-Gebinden sind häufig nutzlos, da viele der AnwenderInnen nicht lesen können. Die Pestizide werden auf Märkten frei verkauft – auch bei uns schon längst verbotene Wirkstoffe wie etwa Paraquat und Endosulfan.

„Jene, die unsere Lieblings-Importprodukte wie Bananen, Kaffee und Kakao produzieren, leiden am meisten unter dem Pestizideinsatz."

Das hängt auch damit zusammen, dass das Bewusstsein für die Gefahren bei den Arbeitgebern ebenfalls nur in geringem Maße vorhanden ist. Diverse Lebensumstände (Armut, hohe Arbeitslosenrate, geringe Bildung) begünstigen zusätzlich einen „sorglosen" Umgang (mangelhafte/fehlende Vorsorge- und Schutzmaßnahmen) der LandarbeiterInnen mit Pestiziden.[7] Während in Europa also Mindestanforderungen an die persönliche Schutzausrüstung im Pflanzenschutz auch rechtlich vorgeschrieben sind, fehlen solche Vorgaben in anderen Weltregionen oder sind nur rudimentär vorhanden.

DEEP DIVE: PESTIZIDAUSBRINGUNG KANN AUCH DIE NACHBARSCHAFT GEFÄHRDEN

Eine Reihe von Untersuchungen wiesen schon vor einiger Zeit darauf hin, dass die gesundheitlichen Risiken nicht nur auf die PestizidanwenderInnen selbst beschränkt sind, sondern sich auch auf die benachbarte Bevölkerung der Anbaugebiete erstrecken können.

In einer epidemiologischen Studie[8] wurden rund 1000 kalifornische Familien hinsichtlich des Auftretens von Entwicklungsstörungen bei Kindern untersucht, deren Mütter näher oder weiter entfernt von mit Bioziden „behandelten" landwirtschaftlichen Flächen wohnten. Im Studiengebiet wurden vorwiegend Pestizide aus der Gruppe der Organophosphate, Pyrethroide und Carbamate verwendet.

Mittels Fragebogen wurde erhoben, wo sich die Mütter während ihrer Schwangerschaft aufgehalten hatten. Daraus wurden Verknüpfungen zwischen den Einsatzgebieten bestimmter Pestizide und der Häufigkeit und räumlichen Verteilung mentaler Entwicklungsstörungen erstellt. Untersucht wurden u.a. Autismus-Spektrum-Störungen. Dabei handelt es sich um Entwicklungsstörungen, die von leichten Verhaltensauffälligkeiten bis zu schweren Behinderungen (in sozialen Interaktionen etc.) reichen können.

Die Analysen waren durchwegs beunruhigend: Sie zeigten, dass Mütter, die während ihrer Schwangerschaft im Umkreis von 1,25 bis 1,75 Kilometer von landwirtschaftlichen Flächen (mit Pestizideinsatz) gelebt hatten, ein durchschnittlich um zwei Drittel höheres Risiko hatten, ein Kind mit Autismus oder einer anderen geistigen Entwicklungsstörung zu bekommen. Kurz gesagt: Je weiter entfernt die Mütter von den Anbauflächen lebten, desto geringer das „Autismus-Risiko" für das Kind (und umgekehrt). Die Effekte scheinen besonders dann gravierend zu sein, wenn Pestizide im zweiten und dritten Schwangerschaftsdrittel einwirken.

Pestizide und ihre Verbreitung in der Umwelt

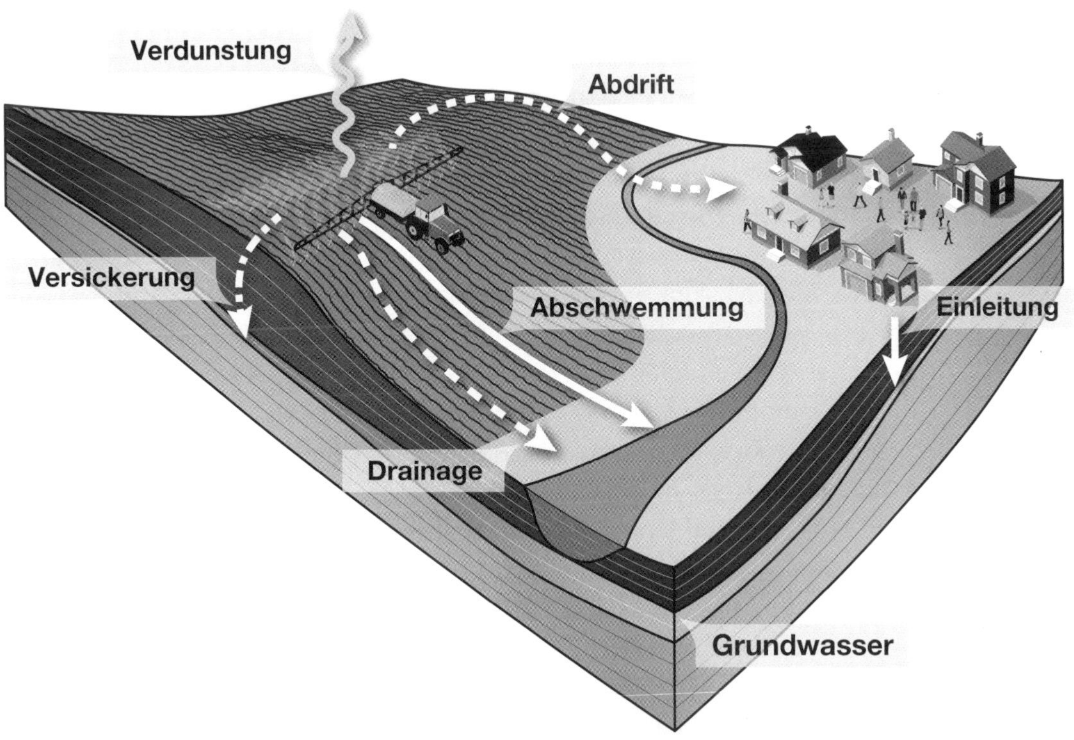

GLYPHOSAT – das meistversprühte Pestizid der Welt

Das mittlerweile wohl berühmteste Pestizid ist Glyphosat. In den USA laufen bereits tausende Klagen wegen Gesundheitsschäden. Wissen wir nun wirklich, wie gefährlich es ist? Und warum ist es so schwer, diese Frage klar zu beantworten?

Das hat einige Gründe. Die meisten aussagekräftigen Humanstudien, die sich speziell mit der Frage der Tumorentstehung beschäftigen, wurden im Rahmen von Arbeitsplatz-Untersuchungen durchgeführt. Die untersuchten Personengruppen (LandwirtInnen und LandarbeiterInnen) sind viel höheren Belastungen ausgesetzt als wir KonsumentInnen durch Rückstände in Lebensmitteln. Schon aus diesem Grund ist es nicht einfach, die Studienergebnisse von der einen Gruppe auf die andere zu übertragen.

Die Einschätzung möglicher Gesundheitsrisiken des Wirkstoffes Glyphosat wird zusätzlich dadurch erschwert, dass der Wirkstoff in den experimentellen Studien oft „isoliert", also für sich allein, beurteilt wird. Im Alltag kommt der Wirkstoff aber nicht ohne Zusatzstoffe in den Handel, und damit sind Natur und Mensch nie nur Glyphosat alleine ausgesetzt. Deshalb ist es essenziell, das Zusammenspiel des Wirkstoffs mit den anderen beigemengten Stoffen zu untersuchen.

Im Fall von Glyphosat kommt das Pestizid unter verschiedenen Handelsnamen auf den Markt, bekanntester Vertreter ist „Roundup". Die gehandelten Produkte enthalten unterschiedliche Mengen an Glyphosat und an Hilfsstoffen. Das Problem ist: Welche Zusatzstoffe in welchen Mengen verwendet werden, bleibt von den Herstellern unveröffentlicht – sie berufen sich auf das Geschäftsgeheimnis.

Erschwerend kommt hinzu, dass das Totalherbizid oft nicht das einzige Pestizid ist, das vor Ort ausgebracht wird. Und dann haben wir wieder dasselbe Problem: Man weiß nicht, wie dieser Pestizid-Cocktail wirkt. Denn es hat sich gezeigt, dass die Kombination verschiedener Pestizide gesundheitlich andere Auswirkungen haben kann, als die einzelnen Spritzmittel alleine betrachtet vermuten ließen.

Die Internationale Krebsforschungsagentur der Weltgesundheitsorganisation stufte Glyphosat als „wahrscheinlich krebserregend" für Menschen ein (IARC WHO 2015). Dieses Gremium bewertet die Beweislage und sieht die wissenschaftlichen Belege als ausreichend dafür, dass Glyphosat Krebs beim Menschen auslösen könnte. Damit wird zwar nicht das Risiko bewertet, tatsächlich an Krebs zu erkranken, aber immerhin müsste diese Bewertung Anlass sein, entsprechende Schutzmaßnahmen einzuleiten. Sollte man jedenfalls meinen. Doch passiert ist das nicht: International war man mehr darum bemüht, diese Einstufung zu relativeren, als vorsorglichen Gesundheitsschutz zu betreiben. Beispielsweise schreibt das deutsche Bundesinstitut für Risikobewertung (2016), „dass nach derzeitiger wissenschaftlicher Kenntnis bei bestimmungsgemäßer Anwendung von Glyphosat kein krebserzeugendes Risiko für den Menschen zu erwarten ist".

„Die Hersteller berufen sich auf das Geschäftsgeheimnis."

Was soll man nun mit dieser Aussage anfangen? Vor allem lässt sie so einiges offen, speziell, was die Ausbringung in den Ländern des Globalen Südens betrifft. Gerade dort wurde vielfach gezeigt, dass die PestizidanwenderInnen praktisch ohne Schutzmaßnahmen und ohne jegliches Wissen um die Gefährlichkeit den Stoffen ausgesetzt sind. Die Voraussetzung einer „bestimmungsgemäßen Anwendung" ist daher realitätsfremd und eher als Abwiegelungsversuch zu werten. Denn eine Einschätzung eines Gesundheitsrisikos muss alle Risikogruppen im Fokus haben. Das bedeutet, dass man daraus abgeleitete Handlungsempfehlungen – im Sinne der öffentlichen Gesundheit – jedenfalls auch an die Gegebenheiten anpassen muss, vor allem sollten sie vorsorgeorientiert sein. Schließlich ist das hochwirksame Totalherbizid weltweit eines der am häufigsten eingesetzten Pestizide. Damit ist auch davon auszugehen, dass es eine große Anzahl Menschen gibt, die einer nicht unerheblichen Belastung ausgesetzt sind.

Eines kann man aber mit Sicherheit sagen: Es ist äußerst schwierig, solche komplexen wissenschaftlichen Sachverhalte in der Öffentlichkeit darzustellen. Vor allem dann, wenn namhafte Institutionen einander widersprechen und Aussagen durch Spitzfindigkeiten relativieren.

Wie funktioniert Glyphosat genau? Und war nicht von Anfang an klar, dass ein Mittel, welches so gut Pflanzen abtötet, auch für den Menschen nicht unbedenklich sein kann?

Das Breitband-Herbizid Glyphosat wurde in den 1970er Jahren entwickelt. Es hat für viele Pflanzen eine tödliche Wirkung, denn es hemmt ein lebenswichtiges pflanzliches Enzym. Innerhalb weniger Tage stirbt die Pflanze ab. Da es diesen Stoffwechselweg nur bei grünen Pflanzen gibt, nahm man damals an, dass Glyphosat für Mensch und Tier unbedenklich sei.[9] Zweifel kamen erst nach Experimenten an menschlichen und tierischen Zellkulturen auf, bei denen Glyphosat gemeinsam mit seinen handelsüblichen Zusatzstoffen eingesetzt wurde. In dieser Zubereitung konnte Glyphosat besser in die tierischen Zellen eindringen und führte dort zu einer Reihe von unspezifischen Schäden – es gab also kein bestimmtes Zielmolekül, das besonders betroffen war, sondern eine ganze Bandbreite von Molekülen, die angegriffen wurden.

Verschiedene Studien zeigten, dass die Kombination von Glyphosat mit Zusatzstoffen stärkere Effekte hatte als der Wirkstoff alleine.[10] Und genau dieser Befund könnte beigetragen haben, Langzeitwirkungen zu unterschätzen. Wenn beispielsweise bei der Berechnung der akzeptablen täglichen Aufnahme **nur der aktive Wirkstoff Glyphosat berücksichtigt** wird, nicht aber die gesamte, im Handel verkaufte Mischung, dann wird man der Expositionssituation nicht gerecht. Zusätzlich kann die Giftigkeit von Glyphosat auch durch die häufige kombinierte Einwirkung mit anderen Pestiziden verändert werden.[11]

„Bisher wurden zahlreiche Schadwirkungen beschrieben, mit denen man ursprünglich einfach nicht gerechnet hatte."

Bisher wurden zahlreiche Schadwirkungen von Glyphosat beschrieben, mit denen man auf Basis des Wirkmechanismus ursprünglich einfach nicht gerechnet hatte. Zu den am besten untersuchten Effekten gehören krebserregende und hormonelle Wirkungen sowie Effekte auf Mikroorganismen. Weniger bekannt sind Hinweise auf Wirkungen, die das Herz-Kreislauf-

System[12], den Atemtrakt[13], das Nervensystem[14] und die Nierenfunktion betreffen.[15]

Dadurch, dass Glyphosat aber so gut wirkt, also Pflanzen abtötet, und dabei nicht zwischen „guten“ Nutzpflanzen und „bösem“ Unkraut unterscheidet, musste man Nutzpflanzen eine Toleranz gegenüber Glyphosat gentechnisch „einbauen“ – nur so konnte Glyphosat als „Total-Herbizid“ im Ackerbau überhaupt erst eingesetzt werden.

Glyphosat-Absatz in Österreich (Menge in Tonnen)

Quelle: AGES

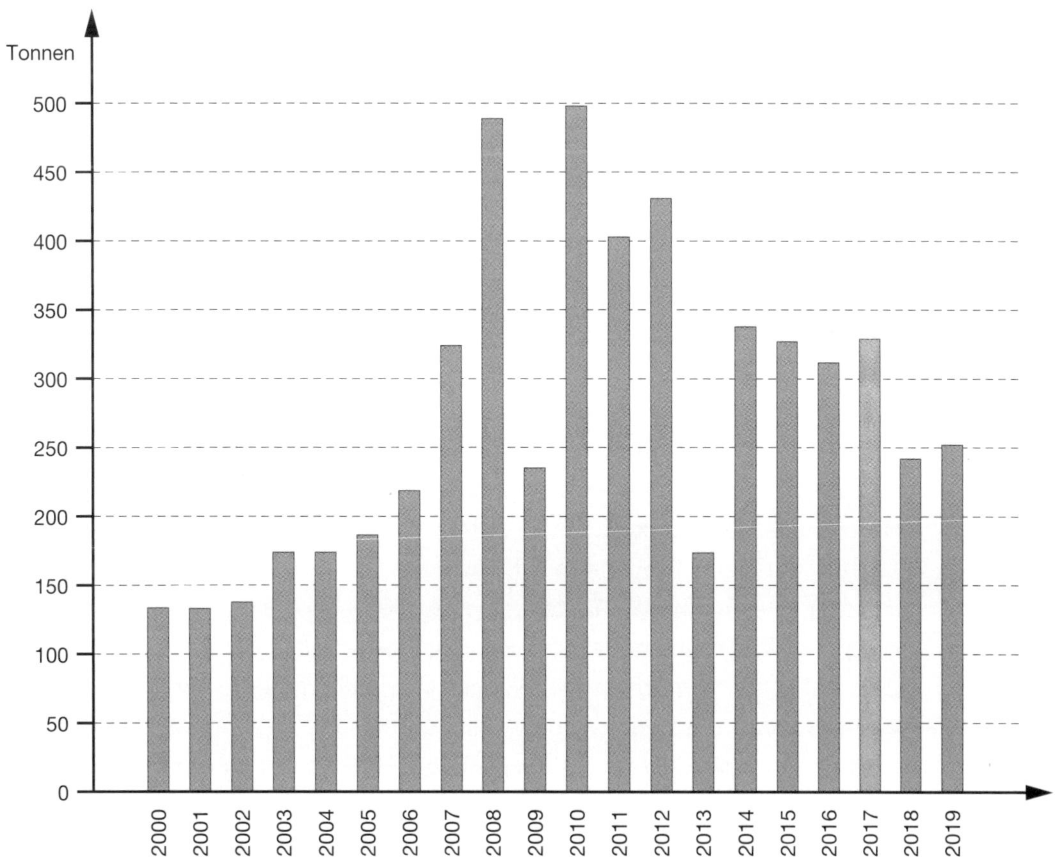

Doch die Natur lässt sich das nicht ohne Weiteres gefallen: Denn Resistenzen gegen das Herbizid nehmen nun auch unter Pflanzen zu, die für die Landwirtschaft besonders störend sind.[16] Gerade bei Glyphosat hat sich in den letzten Jahren eine Verbrauchssteigerung gezeigt – statt der von der Gentechnik versprochenen Einsparung.[17] Es bestehen daher zunehmend Sorgen über mögliche langfristige Auswirkungen auf die komplexen Bodenökosysteme.

DEEP DIVE: GESUNDHEITSRISIKEN VON GLYPHOSAT

Krebserregende Wirkung

Die Internationale Agentur für Krebsforschung (International Agency for Research on Cancer, IARC) stufte Glyphosat als Stoff der Gruppe 2A (wahrscheinlich krebserzeugend für den Menschen)[18] ein. Was die Wirkung auf den Menschen betrifft, stützt sich diese Klassifikation zwar auf begrenzte Erkenntnisse (insbesondere bezüglich Non-Hodgkin-Lymphomen), Ergebnisse aus Tierexperimenten wurden allerdings als ausreichend für diese Einstufung angesehen. Die wenigen vorhandenen Studien an Menschen wurden vor allem an LandarbeiterInnen durchgeführt. Sie zeigen aber alle ein ähnlich beunruhigendes Bild – ebenso wie einige Bioeffektstudien: Sie weisen auf ein erhöhtes Krebsrisiko hin.[19]

Nicht zuletzt nahm auch das Office of Environmental Health Hazard Assessment in Kalifornien Glyphosat in die Liste der krebserzeugenden Chemikalien auf[20], obwohl dies der Konzern Monsanto (der mittlerweile vom deutschen Konzern Bayer übernommen wurde) auf gerichtlichem Weg verhindern wollte.

Hormonelle Wirksamkeit

Ähnlich wie beim Krebsrisiko ist auch hier die Erkenntnislage noch etwas unsicher. Herkömmliche Tests verneinen ein endokrines, also hormonelles Wirkpotenzial. Allerdings fanden verschiedene Arbeitsgruppen Hinweise, dass Glyphosat bzw. Glyphosatzubereitungen indirekt hormonelle Funktionen stören können[21], bzw. dass verschiedene Schadwirkungen des Stoffes zum Beispiel geschlechtsabhängig sind[22] – ebenfalls ein Hinweis auf eine hormonelle Wirkung. Der Wirkmechanismus ist bislang aber weitgehend unbekannt. Es gibt allerdings Hinweise darauf, dass Glyphosat auch die Entwicklung und das Wachstum von Organismen beeinträchtigen kann.[23]

Antibiotika-Resistenz

Eine bisher kaum erforschte Facette rund um Gesundheitsrisiken von Pestizidanwendungen sind Überlegungen zur unabsichtlichen Herbeiführung von Antibiotika-Resistenzen. In einer Studie[24] gingen Forscher der Frage nach, wie Bakterien auf Antibiotika reagieren, wenn gleichzeitig Herbizide (Glyphosat, Dicamba, 2,4-D) verabreicht werden. Glyphosat steigerte das Bakterien-Wachstum (Salmonella, E. Coli), obwohl diese mit Antibiotika behandelt wurden. Das bedeutet, dass es durch Wechselwirkungen zur Entstehung multiresistenter Krankheitserreger kommen kann. Auch die Bakterien-Flora im menschlichen Körper könnte somit beeinträchtigt und verändert werden.[25]

Es gibt zu Glyphosat nun also unzählige Studien, Erkenntnisse und Einschätzungen – was soll man jetzt damit tun?

Das Beispiel Glyphosat zeigt besonders deutlich, dass unsere Annahmen über toxische Wirkmechanismen, die der ursprünglichen Einstufung eines Stoffes zugrunde liegen, vereinfachend und deshalb falsch sein können. Die Wirklichkeit ist viel komplexer, und leider erkennen wir oft erst viel zu spät, dass mit dem großflächigen Einsatz von Wirkstoffen bzw. Wirkstoffkombinationen unerwartete ökologische, aber auch gesundheitliche Probleme auftauchen.

„Die Einstufung als ‚wahrscheinlich krebserregend' muss ernst genommen werden."

Aufgrund des Fehlens eines bekannten Wirkmechanismus, mangelhafter Datenlage und gleichzeitigem Verdacht von Einwirkungen auf sensible Organsysteme (Fortpflanzungsfähigkeit) und einer wahrscheinlichen krebserregenden Wirkung ist eine vorsorgeorientierte Betrachtung dringend notwendig. Und die Schlussfolgerungen der IARC sind wissenschaftlich fundiert und von hoher Bedeutung. Die Einstufung als „wahrscheinlich krebserregend" muss daher ernst genommen werden, insbesondere, was die weitere Zulassung in Europa betrifft. Das bedeutet auch, auf jeder (administrativen) Ebene alle Möglichkeiten auszuschöpfen, um die Ausbringung und damit die Exposition der Bevölkerung gegenüber Glyphosat bzw. dessen Zubereitungen zu verringern.

Und das ist aus ökologischer, aber auch aus ärztlicher Sicht aufgrund der vielen möglichen negativen Auswirkungen auf die Gesundheit – besonders auf Risikogruppen – dringend zu unterstützen.

Fazit: Sind wir noch zu retten?

An dieser Stelle: ein klares Ja. Wir können uns und unsere Natur retten und die Situation für alle verbessern. Und dazu braucht es eigentlich nicht viel: Es genügt eine konsequente, mäßige Umorientierung unserer Einkaufsgewohnheiten. Obst und Gemüse biologisch, regional und saisonal einkaufen. Etwas mehr nachdenken und auch das Bewusstsein der anderen beeinflussen. Und damit leisten wir auch unseren Beitrag, um die Landwirtschaft in eine klima- und gesundheitsfreundliche Bahn zu lenken – und damit die Gefährdung von LandwirtInnen, LandarbeiterInnen und deren Familien durch Chemikalien zu reduzieren.

Als KonsumentInnen sind wir damit automatisch weniger Pestizid-Rückständen ausgesetzt, die sich in Lebensmitteln finden, und gleichzeitig unterstützen wir die Umwelt und Biodiversität, also die biologische Vielfalt. Und das kommt letztlich uns allen zugute.

WAS TUN?

TIPPS, UM DIE AUFNAHME VON PESTIZIDEN ZU MINIMIEREN

- [x] Gut waschen ist immer wichtig. Wasser reicht hier aus. Manche verwenden auch Backpulver zum Abwaschen etwa von Äpfeln, was ebenso wirkungsvoll ist.
- [ ] Biologisch erzeugte, regionale, saisonale Produkte prinzipiell bevorzugen.
- [ ] Bio-Produkte sind speziell ratsam, wenn es beispielsweise um die Schalen von Zitrusfrüchten zum Verzehr oder zur Verwendung in Getränken geht.
- [ ] Nach dem Schälen, beispielsweise von Zitrusfrüchten, ist es empfehlenswert, die Hände zu waschen, um eine Übertragung von Rückständen auf das Fruchtfleisch zu vermeiden.
- [ ] Schälen von Obst und Gemüse, bei dem die Schale genießbar ist, ist nicht unbedingt notwendig.
- [ ] Mehr und abwechslungsreich Obst und Gemüse essen fördert die Gesundheit, macht uns fitter und hilft unserem Immunsystem insgesamt. Dadurch erhöht sich auch die eigene Widerstandskraft gegen diverse Umwelteinflüsse.

3

LEICHT- & SCHWER-METALLE

Alltagsbegleiter Aluminium, Quecksilber & Blei

Blei im Trinkwasser, Quecksilber in Fischen, Cadmium in Farben, Aluminium in Deos – Metalle sind durch Bergbau, industrielle Prozesse und Straßenverkehr unsere täglichen Wegbegleiter geworden. Wie schädlich sind sie für unsere Gesundheit?

INTRO

Aqua, Isoceteth-20, Paraffinum Liquidum, Glyceryl Isostearate. Nein, ich stehe nicht in einem Chemielabor, sondern in der Drogerie vor dem Deodorant-Regal. Was die Sache nur bedingt vereinfacht, denn um die richtige Wahl bei Körperpflegeprodukten zu treffen, ist man als Chemikerin heutzutage scheinbar klar im Vorteil. Nachdem ich von Chemie aber nur wenig Ahnung habe, ist es eigentlich nur ein Wort, nach dem ich Ausschau halte: Aluminium. Ein Zusatzstoff, der bis vor wenigen Jahren fixer Bestandteil nahezu jedes Deos war – soll er doch Schweißgeruch binden und auch jene unschönen Flecken verhindern, die jedes noch so weiße Oberteil bald abgetragen und – sagen wir es, wie es ist – wenig appetitlich aussehen lassen.

Doch nun ziert immer mehr Packungen die Aufschrift „0 % Aluminium". Was ist eigentlich passiert, dass Aluminium plötzlich so in Verruf geraten ist? Haben wir als Kind nicht alle unser Pausenbrot in Alufolie gewickelt in die Schule mitbekommen? Ganz zu schweigen von Aluminium-Schalen, die viele gerne beim Grillen verwenden? Doch dann sahen ForscherInnen in Aluminium plötzlich Gefährdungspotenzial: Es könnte krebserregend sein. Und nun stehen wir an derselben Stelle, wie so oft: Kann etwas, das offenbar gefährlich ist, VerbraucherInnen im Markt angeboten werden? Und wie so oft lautet die Antwort wohl: Ja, weil die Gefährlichkeit nicht vollständig bewiesen ist. Dennoch, der Druck auf den Markt und der Wunsch nach Deos, die ohne dieses Leichtmetall auskommen, sind offenbar so groß, dass viele Hersteller ihr Sortiment verändert haben und es nun eine große Auswahl an aluminiumfreien Deos gibt. Und auch ich greife nach einem „ohne" – sicherheitshalber. Und weil ich sie gerade im Regal gegenüber sehe: Auch in aufhellender Zahnpasta findet sich Aluminium.

Der Einkauf wäre geschafft, der Blick auf die Uhr sagt: spät dran. Und prompt laufe ich beinahe in einen Bauarbeiter, der Rohre aus einem der vielen Wiener Gründerzeithäuser trägt, die laufend saniert werden. Und hier trifft man leider nach wie vor auf ein Schwermetall, das sehr toxisch für den Menschen ist – und zwar erwiesenermaßen: Blei. Denn während alle Wasserleitungen aus Blei bis direkt zu den Häusern von der Stadtgemeinde Wien bis 2007 getauscht worden sind, sind für die Hausinstallationen innerhalb der Häuser die HauseigentümerInnen selbst zuständig. Und viele Wasserproben belegen: Bleileitungen gehören noch nicht der Vergangenheit an.

„Ja, bitte, ein Glas Wasser“, sage ich, nachdem ich dem Baustellen-Wahnsinn entkommen bin und endlich in Hans-Peter Hutters Büro sitze. Er lässt den Wasserhahn laufen: Zehn, zwanzig, dreißig Sekunden, bis es wirklich kalt ist. Und frisch. „Man weiß ja nie, was sich aus den Rohren in das abgestandene Wasser löst“, erklärt er und hält mir das Glas mit eiskaltem Leitungswasser entgegen. Ich finde diesen Satz durchaus ein wenig beunruhigend.

1 GRUNDBEGRIFFE

Wir reden hier über Schwer- und Leichtmetalle – aber hängt die Einstufung tatsächlich mit dem Gewicht zusammen? Wann wird ein Metall als Schwermetall bezeichnet?

So einfach die Frage, so überraschend die Antwort: Eine allgemeingültige Definition gibt es nicht. Üblicherweise werden diese Metalle nach der Dichte, dem Atomgewicht oder nach der Ordnungszahl zusammengefasst. Meistens werden Metalle mit einer Dichte über 5,0 g/cm³ als Schwermetalle bezeichnet. Einige Definitionen beziehen sich aber auch auf deren chemische Eigenschaften oder auf ihre Toxizität.

In der Bevölkerung und in der öffentlichen Diskussion werden unter „Schwermetallen" vor allem „giftige Metalle" verstanden. Eine solch einseitige Bezeichnung ist aber durchaus problematisch, da etliche dieser Elemente ja auch essenzielle Spurenelemente für den Menschen sind – und damit lebensnotwendig.

Zu den „Schwermetallen" werden unter anderem Antimon, Arsen, Blei, Cadmium, Chrom, Eisen, Kobalt, Kupfer, Molybdän, Nickel, Platin, Quecksilber, Vanadium, Wismut und Zink gerechnet.

Das heißt, theoretisch brauchen wir auch Spuren von diesen Metallen in unseren Körpern – so eigenartig das klingen mag. Aber wie nehmen wir sie auf?

Viele Gesteinsarten der Erdkruste enthalten Schwermetalle. Durch natürliche Verwitterungsprozesse gelangen sie in die Umwelt und landen so letztlich auch in unseren Lebensmitteln. Aber auch durch industrielle Prozesse, angefangen von der Produktion bis hin zur Abfallentsorgung in der Umwelt, finden Schwermetalle ihren Weg in die Luft, in Wasser und Boden und sind schließlich auch in pflanzlichen und tierischen Lebewesen nachzuweisen.

Die Aufnahme von Metallen und Metallverbindungen in den menschlichen Organismus kann somit über alle Routen erfolgen: Bei manchen dominiert die Aufnahme über Nahrung und Trinkwasser (z. B. Arsen, Cadmium), bei anderen jene über die Atemluft (z. B. Nickel). Schwermetalle können sich aber zum Beispiel auch an Partikel anlagern und so mit dem Feinstaub eingeatmet werden – sie werden übrigens auch mit Verkehrsabgasen in die Umwelt eingetragen. Bei anderen Schwermetallen ist sowohl die direkte Exposition über die Atemluft als auch die Umwandlung (z. B. in Methylquecksilber) und Anreicherung über die Nahrungskette zu berücksichtigen.

Mit welchen Schwermetallen wir am häufigsten in Berührung kommen und welche für uns am meisten Relevanz haben, lässt sich gut daraus ableiten, welche Anfragen wir als Umweltmediziner in den letzten Jahrzehnten am häufigsten beantworten mussten: Die meisten Fragen aus der Bevölkerung zu Schwermetallen betreffen Blei (z. B. alte Wasserleitungen) und Quecksilber (z. B. Gehalt in Fischen, Energiesparlampen). Weitere Fragen kreisen um Chrom (z. B. Leder) und Arsen (z. B. Trinkwasser). Aber nicht nur zu Schwermetallen, sondern auch zu Leichtmetallen wie insbesondere rund um Aluminium (z. B. Anti-Transpirantien, Aludosen) werden oft Fragen gestellt.

Nun sind wir ja scheinbar umgeben von Schwermetallen, und ich hoffe mal nicht, dass unsere komplette Umwelt toxisch ist. Die Frage ist also: Schaden Schwermetalle sofort – oder anders: Wie viel an Schwermetallen dürfen in Lebensmitteln enthalten sein, ohne dass sie dem Menschen schaden?

Metalle wie Eisen oder Kupfer sind seit Urzeiten in höheren Konzentrationen in der Umwelt vorhanden und die Organismen haben im Laufe der Evolution über viele Generationen praktisch „gelernt" bzw. Fähigkeiten erworben, diese Metalle zu integrieren und für vitale Funktionen zu nutzen.

Daher richten nicht alle Schwermetalle, die wir aufnehmen, auch gleich Schäden in unserem Organismus an – im Gegenteil: Einige Schwermetalle sind für viele Lebewesen und auch für uns Menschen sogar lebensnotwendig, wie z. B. Eisen oder Kupfer. Sie sind biologisch essenzielle Stoffe, die erst ab einer Überschreitung des relativ weiten Homöostase-Bereichs, also jenes Bereichs, in dem der Körper im Gleichgewicht ist, gesundheitlich problematisch werden können: So wirken die Schwermetalle dann bei hohen Werten toxisch und lösen bei niedrigen Mangelsyndrome aus.

Allerdings verändert sich unsere Umwelt: So sind Lebewesen, angefangen von Pflanzen über Tiere bis zum Menschen erst seit einer vergleichsweise kurzen Zeitspanne von wenigen Jahrzehnten mit höheren Belastungen an Quecksilber oder Cadmium konfrontiert. Wir sind an diese Situation (noch) nicht angepasst, und so kann unser Organismus diese „unbekannten" Elemente nicht von „bekannten", lebensnotwendigen Metallen (z. B. Eisen) unterscheiden und schleust sie in unsere Körper ein, und zwar über die Aufnahmewege, die der Körper sonst für die essenziellen Elemente nutzt. Und das kann Folgen haben: Denn diese Schwermetalle wie Quecksilber, Cadmium oder auch Blei haben keine physiologischen Aufgaben in uns zu verrichten – sie sind somit für uns nutzlos und lagern sich ab. Und so können schon teils sehr geringe Konzentrationen zu messbaren negativen Gesundheitseffekten führen. Dabei sind selbstverständlich Auswirkungen von hohen, einmaligen Dosen, die zu akuten Vergiftungen führen können, anders zu betrachten als kleinste Aufnahmen über lange Zeit: Denn da die Schwermetalle im Körper nicht abgebaut werden können, kann es zu einer Anreicherung und letztlich einer Überschreitung der Toxizitätsgrenzen kommen, sprich zu einer sehr, sehr langsamen Vergiftung.

Damit in der Bevölkerung keine solchen Gesundheitsfolgen auftreten, wird eine wissenschaftliche Risikobewertung durchgeführt, um festzustellen, ob ein Risiko vorhanden und wie groß dieses ist, um es – falls notwendig – eingrenzen und minimieren zu können. Auf diesen Überlegungen basieren letztlich die gesetzlich verbindlichen Höchstgehalte etwa für Quecksilber in Fischen oder für Blei und Cadmium in verschiedenen Lebensmitteln (z. B. Getreide, Gemüse, Obst, Fleisch). Bei Einhaltung dieser Höchstmengen ist dadurch definitionsgemäß auch eine gesundheitliche Gefährdung der Allgemeinbevölkerung nach derzeitigem Wissen auszuschließen.

Nun züchte ich seit Kurzem – mit durchaus bemerkenswertem Erfolg – Tomaten und Kräuter in meinem Garten. Muss ich mir Sorgen machen, dass die Erde – und damit meine Ernte – vielleicht mit Schwermetallen belastet ist?

Diese Frage wird oft dann gestellt, wenn es neuerdings um den Gemüseanbau in Städten geht. Ob es zu einer Anreicherung von Schwermetallen in solchen „urbanen" Böden und Pflanzen kommt, wird schon lange untersucht[26] und es hat sich gezeigt, dass der Schwermetallgehalt des Bodens nicht direkt mit der Belastung des dort angepflanzten Gemüses zusammenhängen muss. Das klingt zwar paradox, aber auf kontaminierten Böden angebautes

Gemüse kann durchaus unbedenklich sein, während toxische Konzentrationen auch in Gemüse auf nicht kontaminierten Böden gefunden wurden.

In der Regel häufen sich in Blattgemüse und Kräutern größere, in Wurzelgemüse mittlere und in Hülsenfrüchten geringere Mengen an Schwermetallen an. Trotz dieser Faustregel können nur Analysen verlässlich klären, ob eine gesundheitsrelevante Belastung mit Schwermetallen in Obst und Gemüse vorliegt oder nicht.

„Selbst angebautes Gemüse ist nicht zwingend gesünder als Ware aus dem Supermarkt."

Fazit ist also: Schwermetallgehalte variieren zwischen einzelnen Obst- und Gemüsearten sowie zwischen Standorten. So kann Gemüse aus innerstädtischen Gärten im Vergleich zu Standard-Supermarktprodukten ein Vielfaches an Schwermetallen angereichert haben. Die Schlussfolgerung ist wenig idyllisch: Selbst angebautes Gemüse ist nicht zwingend gesünder als Ware aus dem Supermarkt.

Jedenfalls wenig überraschend: Je näher eine vielbefahrene Straße liegt, umso belasteter kann das Gemüse sein. Das sollte man beim „Urban Gardening" beachten.

Werden die Schwermetalle in unserer Umwelt nun generell mehr oder weniger?

In der Biosphäre kommen Schwermetalle und ihre Verbindungen von Natur aus nur in Spuren vor und sind daher im ökologischen Kreislauf auch nur in sehr geringen Konzentrationen anzutreffen. Industrielle Prozesse und speziell Kraftwerke zur Energieerzeugung (z. B. Kohlekraftwerke) waren und sind der Ursprungsort der meisten Schwermetalle.

Durch die Verbrennung fossiler Energieträger zur Energiegewinnung werden mitunter große Mengen an Quecksilber, Cadmium, Arsen, Nickel und Chrom freigesetzt. Auch die chemische und die Elektroindustrie haben in der Vergangenheit teils beträchtliche Mengen an Cadmium in die Umwelt freigesetzt. Dasselbe gilt für Bleiemissionen. So wurden im Jahr 1985 noch insgesamt 332 Tonnen Blei in die Umwelt geblasen, wobei rund drei Viertel des Ausstoßes der Verkehr verursacht hat (verbleites Benzin). Bis zum Jahr 2000 konnte der Ausstoß laut Umweltkontrollbericht 2002 auf nur noch 13,2 Tonnen reduziert werden. Durch den Abrieb von Bremsen und Reifen im Verkehrsbereich finden Blei, aber auch Chrom, Kupfer und Zink nach wie vor ihren Weg in die Umwelt. Diese Trends hängen tatsächlich direkt mit der jährlichen Fahrleistung zusammen.

„Die Klimakrise ist mitverantwortlich für die steigende Quecksilberbelastung."

Keine Frage: Der Neueintrag von Schwermetallen ist heute durch die Verwendung bleifreien Benzins, durch Einbau hochwirksamer Staubminderungsmaßnahmen oder Stilllegungen von (veralteten) Produktionsstätten zumindest in Mitteleuropa deutlich reduziert. Leider gilt das nicht für andere Weltregionen, wo es bekanntlich aufgrund oft inexistenter Umweltauflagen nach wie vor zu hohen Umwelteinträgen von toxischen Metallen kommt. Und wenn solche Stoffe erst einmal freigesetzt wurden, verbleiben sie auch in der einen oder anderen Form im globalen Ökosystem.

Wenig überraschend ist wohl auch, dass in Österreich erhöhte Schwermetall-Konzentrationen vor allem im Bereich einzelner Industriestandorte auftreten. Quecksilber und andere Schwermetalle können allerdings auch über weite Strecken transportiert werden – selbst die entlegensten Regionen unserer Erde bleiben daher nicht verschont: Über Niederschläge gelangt etwa Quecksilber in die nördliche Polarregion, wo es über Jahrzehnte in Eis und Böden konserviert bleibt. Trotz stark rückgängiger Quecksilber-Emissionen aus Kraftwerken seit den 1970er Jahren sind heute noch höhere Schwermetall-Konzentrationen in der arktischen Tierwelt nachweisbar. Verantwortlich dafür sind die ständig steigenden Durchschnittstemperaturen in der Arktis als Folge des Klimawandels. Permafrostböden tauen auf, Gletscher schmelzen. Ein wenig beachteter Aspekt der Klimakrise – sie ist mitverantwortlich für die steigende Quecksilberbelastung.

2 ALUMINIUM

Ohne Aluminium scheint in unserem Alltag in den Industrieländern nichts zu gehen – es ist ja eigentlich ein Leichtmetall, wird aber immer in einem Atemzug mit den toxischen Schwermetallen genannt. Wie nehmen wir dieses Metall auf? Und was macht es im Körper?

Aluminium und seine Verbindungen sind in sehr vielen verbrauchernahen Produkten und Lebensmitteln enthalten. In Lebensmitteln können Aluminiumverbindungen entweder natürlich enthalten sein – Aluminium ist immerhin das dritthäufigste Element in der Erdkruste –, oder als Bestandteil von Lebensmittelzusatzstoffen. Zusätzlich können Aluminium-Ionen unter bestimmten Bedingungen aus Lebensmittelverpackungen oder etwa Geschirr auf die Lebensmittel übergehen.

Bekanntlich können außerdem Kosmetika, wie z. B. aluminiumhaltige Anti-Transpirantien, eine bedeutende Aufnahmequelle darstellen. Aber auch als Farbpigmente in Lippenstiften, in Form von Aluminiumfluorid in Zahnpasta oder als Beschichtung von Nanopartikeln in Sonnenschutzmitteln können Aluminiumverbindungen enthalten sein.

In Summe ist Aluminium in einer großen Zahl von Alltagsgegenständen und Konsumartikeln enthalten. Somit ist es wenig verwunderlich, dass eine Aufnahme mit der Nahrung, dem Trinkwasser oder sogar über Kosmetikprodukte stattfindet – und so in unseren Verdauungstrakt gelangt. Aber auch die Lunge und die Haut stellen für Aluminium keine unüberwindlichen Barrieren dar – darum sind auch das mögliche Eintrittspfade. Nicht zuletzt kann Aluminium auch durch Impfstoffe durch Muskeln, Haut und das darunterliegende Gewebe eindringen.

Und genau diese Aufnahmepfade – und natürlich auch die aufgenommene Menge – spielen eine große Rolle dabei, ob und wie sich das Leichtmetall im Körper verbreitet – und ob es womöglich toxisch wirkt. So muss Aluminium, das über den Magen-Darm-Trakt aufgenommen wird, zuerst einmal die Leber passieren, um in den Kreislauf zu gelangen – also eine Barriere überwinden. Über die Lunge „eingeatmetes" Aluminium bleibt diese Hürde erspart. Außerdem kann Aluminium, das inhalativ über ein Aerosol aufgenommen wird, in anderer Form vorliegen, und damit andere Wirkungen haben als jenes, das über die Nahrung in den Körper gelangt. Für das

Auftreten von Gesundheitseffekten zählt allerdings nur die Aluminiummenge, die in den Blutkreislauf gelangt und so in alle Organe transportiert werden kann – und für die ist der Aufnahmepfad praktisch bedeutungslos.

Das Problem ist, dass Aluminium ein Fremdstoff ist, der – im Gegensatz zu Eisen oder anderen Spurenelementen – keine physiologische Aufgabe im Körper hat. Was allerdings die Toxizität betrifft, gibt es dennoch eine gute Nachricht: Die akute Giftigkeit von Aluminium, in Mengen, wie sie etwa über Lebensmittel aufgenommen werden, ist gering. Und ein Großteil des aufgenommenen Aluminiums wird bei gesunden Menschen über die Niere rasch ausgeschieden. Die schlechte Nachricht ist: Nicht ausgeschiedenes Aluminium kann sich aber im Laufe des Lebens im Körper, vor allem in der Lunge und im Skelett, anreichern – und dort bleibt es dann auch. Und genau diese Aluminiumanreicherungen können dann zu gesundheitlichen Schäden führen.

„In Summe ist Aluminium in einer großen Zahl von Alltagsgegenständen und Konsumartikeln enthalten."

Die meisten Erkenntnisse zu langfristigen Gesundheitsfolgen stammen aus Arbeitsplatzstudien (z. B. SchweißerInnen) und aus Studien von DialysepatientInnen. In diesen Untersuchungen wurden Wirkungen auf das Nervensystem speziell auf das Gehirn (z. B. Verhaltensänderungen, kognitive Störungen), auf die Nieren, sowie auf die Fruchtbarkeit und die Knochenentwicklung beobachtet. Diese Gruppen waren aber weitaus stärker mit Aluminium belastet, als es in der Bevölkerung sonst üblich ist. In den letzten Jahren verdichteten sich aber auch die Hinweise, dass Aluminium eine Rolle bei der Entwicklung von Brustkrebs und der Alzheimer-Krankheit spielen kann (siehe unten).

ALUMINIUM IM ALLTAG – WIE GEFÄHRLICH IST ODER SIND…

… Getränkedosen?
Die innen mit einer schützenden Lackschicht überzogenen Alu-Dosen geben bei kurzer Lagerzeit und moderaten Umgebungstemperaturen kaum Aluminium an das Getränk ab. Das ändert sich allerdings bei längerer Lagerung der Dosen, speziell bei höheren Temperaturen oder bei einer schadhaften Lackschicht bzw. dann, wenn sich diese auflöst. Dann kann Aluminium freigesetzt werden. Wegen der doch erheblichen Mengen von konsumierten Getränken aus Aluminiumdosen könnte das einen nicht unbeträchtlichen Anteil der täglichen Aluminiumaufnahme ausmachen.

… Alufolie und Kochgeschirr aus Aluminium?
Die weite Verbreitung und Verwendung von Alu-Geschirr, die längere Kontaktzeit mit Lebensmitteln bei der Aufbewahrung etwa in Alu-Folie und bei Kochvorgängen werfen tatsächlich Fragen rund um die Freisetzung von Aluminium-Ionen auf. Messungen zeigten, dass sich aus aluminiumhaltigen Verpackungsmaterialien, Kochgeschirr oder Küchenutensilien vor allem dann Aluminium herauslösen kann, wenn etwa saure Lösungen zugesetzt wurden. Aber auch Kochdauer, Temperatur und Größe der Fläche beeinflussen die freigesetzte Menge. Was bedeutet das also? Unbeschichtetes Kochgeschirr aus reinem Aluminium sollte nur für kurze Zeit und nicht als ständiges Kochgeschirr verwendet werden. Speziell, wenn es um stark saure oder salzhaltige Lebensmittel geht, ist vom Kochen in Aluminiumgeschirr abzuraten. Dasselbe gilt für Zubereitungen in Aluminiumfolie.

… Medikamente, die Aluminium beinhalten?
Viele rezeptfreie Medikamente gegen Sodbrennen und Magenbeschwerden (Antazida) enthalten Aluminiumverbindungen mit unterschiedlichen Aluminiumgehalten. Eine kurzfristige, punktuelle Einnahme wird sich wohl kaum in der Gesamtbilanz niederschlagen, während eine langfristige Einnahme solcher Medikamente die tägliche tolerable Aluminiumaufnahme überschreiten kann. Wegen der geringen Aufnahme über den Verdauungstrakt gelangen nur Bruchteile ins Blut – bei häufigem Gebrauch können diese sich allerdings dennoch zu erheblichen Mengen summieren. Im Gegensatz dazu liegen die über Impfungen aufgenommenen Aluminiummengen weit darunter. Angesichts dieser Datenlage

erscheint die rezeptfreie Abgabe von Antazida also durchaus fragwürdig. Diese Präparate sollten nur bei eindeutigen Indikationen und nur für einen therapeutisch sinnvollen Zeitraum ärztlich verschrieben werden.

... Kaffeekapseln aus Aluminium – aus denen mit Druck und heißem Wasser der Kaffee gebrüht wird?

Ratsam ist es jedenfalls, die Aluminium-Aufnahme zu reduzieren bzw. mögliche Quellen im Alltag so gut es geht auszuschalten, wie z. B. aluminiumhaltige Deos oder die Verwendung von Alu-Folien. Es ist dabei nicht nur wesentlich, ob Aluminium in einem Produkt enthalten ist, sondern auch, ob es aus diesem Produkt freigesetzt wird. So ist etwa bekannt, dass Säuren und Salze die Lösung von Aluminium aus ihrer Matrix erleichtern. Bedeutet also auch hier: Bei der Verwendung von Kaffeekapseln kann dieser Quelle ein gewisser Anteil an der persönlichen „Aluminium-Aufnahme-Bilanz" zugerechnet werden – eine Aufnahme, die leicht vermieden werden kann.

... Laugengebäck? Und was hat Laugengebäck überhaupt mit Aluminium zu tun?

Das ist leicht erklärt: Bei der Herstellung von Laugengebäck wird der Teig vor dem Backen in verdünnte Natronlauge getaucht. So bekommt das Laugengebäck seinen typischen Geschmack und die glänzende Oberfläche. Gebacken wird dann allerdings oft auf Aluminiumblechen, da sie Wärme gut leiten und so für eine kürzere Backzeit sorgen. Durch den stark erhöhten pH-Wert des Teigs (aufgrund der Natronlauge) können sich allerdings größere Mengen an Aluminium aus dem Blech lösen und so in den Teig gelangen – das gilt übrigens auch für tiefgefrorenes Laugengebäck. Diverse Tests zeigen immer wieder, dass solche Gebäckstücke höhere Aluminiumgehalte aufweisen können. Eine Reduktion des Aluminiumgehalts in Laugengebäck wäre aber leicht zu erreichen, indem Backpapier oder spezielle Beschichtungen für die Bleche eingesetzt werden.

Die größte Debatte in Sachen Aluminium hat sich in den letzten Jahren aber eindeutig rund um Deodorants gedreht. Plötzlich wurde der Ruf nach aluminiumfreien Deos laut – und der Markt ist mitgezogen: Immer mehr Hersteller bieten jetzt auch aluminiumfreie Deos an. Aber ist diese Panik vor Aluminium in Deos berechtigt? Oder auch in anderen Kosmetika wie Lippenstift?

Zuerst braucht es eine Klarstellung: Auch wenn die Kurzform „Deo" im Alltagswortschatz für alles verwendet wird, was in die Achsel gerollt wird: Die in Verruf geratenen Aluminiumsalze sind nur in den sogenannten Anti-Transpirantien enthalten – sie hemmen die Schweißbildung, und zwar dadurch, dass sich die Hautporen durch den Einsatz von Aluminium zusammenziehen. Außerdem bildet sich ein gelartiger Aluminium-Protein-Komplex, der vorübergehend die Ausführgänge der Schweißkanäle blockiert – so viel zum chemischen Prozess.

Im Gegensatz dazu bekämpfen Deodorants lediglich jene Bakterien, die für den unangenehmen Geruch verantwortlich sind – sie enthalten aber kein Aluminium. Um auf Nummer sicher zu gehen, empfiehlt sich dennoch der Blick auf die Inhaltsstoffe.

„Die in Verruf geratenen Aluminiumsalze sind nur in den sogenannten Anti-Transpirantien enthalten."

Zu einem sparsamen Umgang mit aluminiumhaltigen Anti-Transpirantien wurde schon seit Jahren geraten, denn allein durch die Aufnahme von Aluminium mit der Nahrung könnte die Grenze der tolerierbaren wöchentlichen Aluminium-Aufnahmemenge erreicht werden. Eine zusätzliche häufige Anwendung aluminiumhaltiger Anti-Transpirantien führt dann schnell zu einer Überschreitung. Diese Empfehlungen fußen aber zum Teil auf alten Studien mit wenigen TeilnehmerInnen. Jüngere Untersuchungen besagen zwar, dass aluhaltige Anti-Transpirantien einen geringeren Anteil an der Gesamtbelastung mit Aluminium liefern, trotzdem ist es schon aufgrund der einfachen Möglichkeiten, seine Gesamtaufnahmebilanz aktiv zu minimieren, weiterhin ratsam, diese Aufnahmequelle zu berücksichtigen – und im besten Fall so weit wie möglich zu reduzieren.

Nun kommen wir zu den wirklich unangenehmen Fragen, doch sie stehen immer wieder im Raum. Die erste: Kann Aluminium Krebs – speziell Brustkrebs – verursachen?

Diese Frage wird seit einigen Jahren heftig diskutiert, insbesondere, seitdem Aluminiumsalze in Anti-Transpirantien eingesetzt werden, die täglich von KonsumentInnen angewendet werden – und das oft über viele Jahre. Und wie fast immer lässt sie sich nicht ganz so einfach beantworten. Ja, es gibt in der Forschung einige plausible Hinweise darauf, dass Aluminium in Zusammenhang mit Brustkrebs stehen könnte. Zunächst muss aber man festhalten, dass es viele Faktoren gibt, die das Brustkrebs-Risiko beeinflussen können, wie etwa familiäre Vorbelastung, ob und wie lange die Frau gestillt hat, Übergewicht, der allgemeine Lebensstil, hormonelle Faktoren, Alter bei der ersten Menstruation usw.

„Um das Risiko für Brustkrebs zu senken, sollte jede Möglichkeit genützt werden.“

Der Verdacht entstand aber aus einer interessanten Beobachtung: Man hat entdeckt, dass der Aluminiumgehalt im Brustgewebe von krebskranken Frauen höher ist als bei gesunden Frauen. Als Erklärung wurden die Aluminiumsalze in den Anti-Transpirantien angenommen – wegen der anatomischen Nähe zwischen Achsel und Brust. Ein weiteres Indiz war die Zunahme an Brustkrebs des äußeren oberen Quadranten der Brust. Und: Im Labor wurde gezeigt, dass Aluminiumsalze mit Prozessen in den Brustzellen interagieren, von denen man weiß, dass sie die Krebsentstehung fördern. All das spricht für einen Zusammenhang. Was allerdings dagegen spricht: In Studien, in denen man Frauen mit Brustkrebs mit gesunden Frauen verglich, gaben jene Frauen mit Brustkrebs seltener an, Anti-Transpirantien zu verwenden.

Obwohl also die Frage, ob Aluminium zur Entwicklung von Brustkrebs beiträgt, noch nicht geklärt ist, ist jedenfalls eine Minimierung des Einsatzes in Produkten wie Deodorants anzuraten. Schließlich kann durch solche Anti-Transpirantien die tolerable Aufnahmemenge für Aluminium auch deutlich überschritten werden. Außerdem ist es gerade in diesem Fall ein Leichtes vorzubeugen: Einfach ein Produkt ohne Aluminiumsalze verwenden. Am Markt finden sich bereits viele Alternativen. Wer aber auf aluhaltige Anti-Transpirantien nicht verzichten will, der sollte sie zumindest nicht auf frisch rasierte Haut auftragen – denn durch die gereizte Haut wird mehr Aluminium vom Körper aufgenommen.

Bei Brustkrebs handelt es sich um eine schwerwiegende Erkrankung, es ist die mit Abstand häufigste Krebserkrankung bei Frauen. Daher sollte jede Möglichkeit, das Risiko zu senken, genützt werden. Auch für Männer ist das durchaus relevant, denn auch Männer können an Brustkrebs erkranken.

Aluminium wird aber auch eine große Rolle bei der Entstehung von Alzheimer nachgesagt. Ist dieser Verdacht berechtigt?

Morbus Alzheimer ist die häufigste Form der Demenz im Alter. Das Absterben von Nervenzellen im Gehirn macht die betroffenen Menschen zunehmend vergesslich, verwirrt und orientierungslos. Zudem ändern sich auch Persönlichkeit und Verhalten im Laufe der Erkrankung, Urteilsvermögen und Sprachfähigkeit lassen nach, Patienten werden unruhig, aggressiv oder depressiv. Die Entstehung ist sehr komplex und bisher nicht vollständig geklärt. Als erwiesen gilt aber, dass zuerst die Signalübertragung an den Synapsen in bestimmten – für die höheren kognitiven Funktionen bedeutsamen – Hirnarealen gestört wird und nachfolgend Gehirnzellen absterben. Dafür verantwortlich sind Eiweißablagerungen zwischen den Nervenzellen.

Neben dem Hauptrisikofaktor Alter (nur zwei Prozent der Erkrankten sind unter 65 Jahre alt) gibt es noch weitere Risikofaktoren wie u.a. genetische Disposition, Bluthochdruck, erhöhtes Cholesterin und Atherosklerose. Aber auch langdauernde Entzündungen können immunologische Veränderungen hervorrufen, die die Bildung der Eiweißablagerungen begünstigen. Letztlich wird ein Zusammenwirken mehrerer Faktoren angenommen, die zum Krankheitsausbruch führen.

Toxische Effekte von Aluminium auf das Körpergewebe, einschließlich des Nervengewebes, sind erwiesen. Große Mengen von Aluminium, die durch Aluminiumelektroden in Dialysewasser bei der Behandlung von Nierenkranken gelangt sind, führten zu neurotoxischen Effekten bis hin zu Demenz. Dass Aluminium das Gehirn schädigen kann, gilt daher unter extremen Bedingungen (hohe Zufuhr von Aluminium) als belegt. Aber wie ist es bei den Mengen, die wir unter normalen Umständen über die Nahrung oder die Haut aufnehmen? Seitdem man bei der Dialyse keine Aluminiumanoden mehr verwendet, sind keine Fälle von Demenz bei der Behandlung mehr beobachtet worden.

Die Hypothese, dass es einen Zusammenhang zwischen Alzheimer und Aluminium gibt, basiert einerseits auf der bekannten neurotoxischen Wirkung des Metalls und andererseits darauf, dass im Rahmen von Autopsien in durch Alzheimerplaques charakterisierten Hirnarealen erhöhte Aluminiumkonzentrationen gefunden wurden. Seither wird diese Frage kontrovers diskutiert.

„Toxische Effekte von Aluminium auf das Körpergewebe einschließlich des Nervengewebes sind erwiesen."

Das ist nicht überraschend, denn die Forschung in diesem Bereich ist mitunter wegen der langen Krankheitsentwicklung sehr schwierig. Daher sind noch viele Fragen offen. Dennoch kann man sagen, dass ein Einfluss der Aluminium-Aufnahme auf das Auftreten von Alzheimer nicht ausgeschlossen werden kann. Die Alzheimer-Krankheit ist eine schwere und unheilbare Erkrankung. Es wird daher auch hier aus Vorsorgegründen empfohlen, jegliche Risikofaktoren und damit auch die unnötige Aufnahmen von Aluminium zu vermeiden.

DEEP DIVE: WIE ALUMINIUM UMWELT & LEBEN ZERSTÖRT

Umweltmedizinisch problematisch und gesundheitlich relevant sind auch die (negativen) Folgen des Bauxitabbaus, also der Abbau von Aluminiumerz, die Aluminiumproduktion und die Entsorgung des Aluminium-Schlamms. Die Begleiterscheinungen sind oft massiv: Der Abbau zerstört Landschaften in teils gigantischem Ausmaß. Wichtige Rohstoffe werden immer öfter in abgelegenen, ökologisch sensiblen und häufig in politisch instabilen Regionen gewonnen. Dort sind Umwelt- und Sozialstandards praktisch kaum oder überhaupt nicht existent.

Der hohe Energiebedarf in der Aluminiumproduktion hat ebenfalls Folgen. In brasilianischen Abbaugebieten wurden etwa Staudämme zur Elektrizitätsgewinnung errichtetet. Das Aufstauen der Flüsse und die großflächigen Abholzungen für die Staufläche zerstören Natur und Ökosysteme. Nicht zuletzt verliert die ansässige Bevölkerung ihren Lebensraum (Stichwort Umsiedlungen), gleichzeitig ihre Lebensgrundlage und damit auch oft ihre Kultur.

Am Ende der Kette steht die Entsorgung. Auch darin steckt zerstörerisches Potenzial. Sichtbar wurde dies 2010, als im westungarischen Ajka ein Deponiebecken der Aluminiumhütte MAL AG brach und sich eine meterhohe, ätzende Schlammflut über das Land wälzte. Bei der „Rotschlamm-Katastrophe von Kolontar“ verstarben zehn Menschen, 200 weitere wurden verletzt. Mehr als 300 Häuser wurden zerstört, Ackerland und Gewässer verseucht.

Was kann ich im Alltag machen, um das Risiko zu minimieren?

So wie bei vielen anderen chemischen Einflüssen gibt es keinen alleinigen Hauptverursacher. Jeweils für sich betrachtet, führen die einzelnen Aluminium-Quellen bzw. -Produkte nicht zu einer übermäßigen Exposition. Doch entscheidend ist die lebenslange, chronische Belastung durch Aluminium als Summe jeweils geringster Mengen aus unterschiedlichsten Quellen wie Nahrung, Trinkwasser, Kosmetika, Arzneimitteln und Lebensmittelkontaktmaterialien.

In erster Linie gilt es daher, das persönliche Konsumverhalten bezüglich aluminiumhaltiger Produkte zu überdenken. Die individuelle Belastung kann u.a. durch sparsame Verwendung aluminiumhaltiger Produkte bzw.

Alltagsgegenstände reduziert werden – und auch zwischen Produkten zu wechseln, kann einseitige Belastungen reduzieren. In vielen Fällen sind aluminiuimfreie Alternativen vorhanden.

Darüber hinaus geht es bei der Aluminium-Problematik nicht nur um die eigene Gesundheit, sondern auch um die Umweltschäden, die durch den Bauxitabbau bis hin zur Entsorgung angerichtet werden.

3 QUECKSILBER

Auch auf die Gefahr hin, dass ich mich jetzt blamiere, aber bei Quecksilber denke ich an alte Fieberthermometer und Lampen – wo finden wir, bitteschön, in der Umwelt Quecksilber?

Quecksilber gelangt über natürliche Prozesse wie Vulkanausbrüche, Verflüchtigung aus Meer, Boden und Vegetation in die Umwelt – und zusätzlich, wie so oft, über durch Menschen verursachte Emissionen. Und dieser menschenverursachte Anteil ist durchaus beträchtlich, er beträgt rund 30 %.[27] Seit den Anfängen der Zivilisation bis zum Jahr 2010 hat der Mensch geschätzt rund 2,8 Millionen Tonnen Quecksilber freigesetzt. Quecksilber wird etwa beim Goldabbau, bei der Verbrennung fossiler Brennstoffe, speziell von Kohle, sowie bei der Produktion von Nichteisenmetallen (wie Kupfer, Aluminium, Zink, Nickel, Blei und Magnesium) und Zement in die Atmosphäre freigesetzt.

„Seit den Anfängen der Zivilisation bis zum Jahr 2010 hat der Mensch geschätzt rund 2,8 Millionen Tonnen Quecksilber freigesetzt."

Die Ozeane haben hier eine spezielle Rolle: Denn sie können Quecksilber einerseits aufnehmen, andererseits aber auch abgeben. Und so ist das Schwermetall in einen globalen Kreislauf eingebunden: einmal freigesetzt, unterliegt es einer globalen Umverteilung, verschwindet aber nicht mehr.

Verwendet wurde Quecksilber bis vor wenigen Jahren nicht nur in Fieberthermometern, sondern auch in der Fotografie, bei der Herstellung von Spiegeln, in der Landwirtschaft (z. B. als Saatbeizmittel), in der chemischen Industrie (z. B. als Katalysator), in der Kosmetik und sogar in der Medizin. Jahrhundertelang wurde es etwa zur Behandlung von Syphilis eingesetzt, bis das Penicillin entdeckt wurde. Als Kalomel (Hg_2Cl_2) wurde es zur Wurmbekämpfung verwendet. In der alten traditionellen asiatischen Pflanzenheilkunde wird Quecksilber absichtlich zugesetzt, konnte aber auch als Verunreinigung nachgewiesen werden.

Insgesamt ist aber dringend anzustreben, alle Nutzungen von Quecksilber weltweit einzustellen, das restliche, verbleibende Quecksilber einzusammeln, langfristig sicher zu lagern und schließlich alle quecksilberbelasteten Gebiete/Bereiche nachhaltig zu sanieren.

Biochemischer Kreislauf und Formen des Quecksilbers im aquatischen Ökosystem

CH_3Hg: Methyl-Quecksilber – hochgiftige Form des Quecksilbers

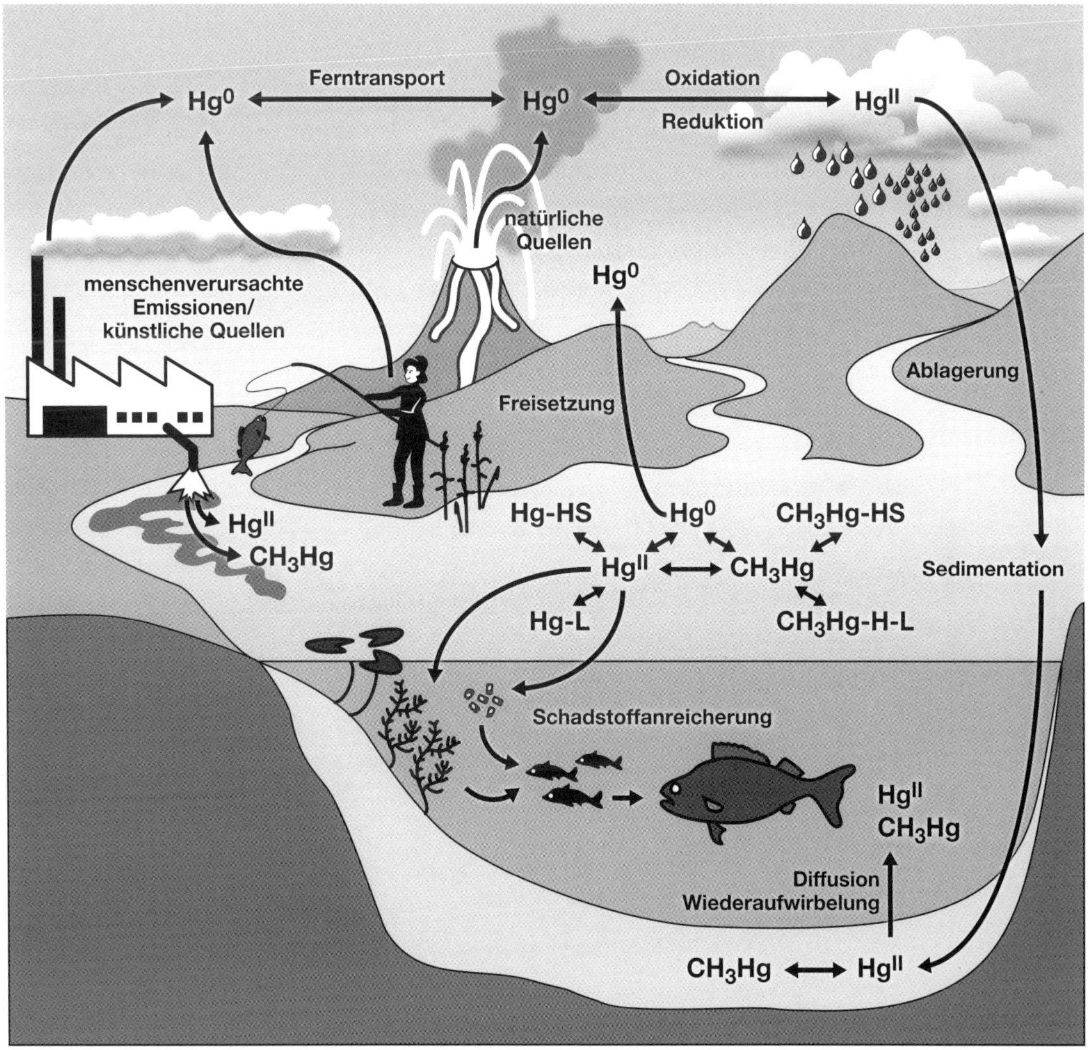

QUECKSILBER-ALTLASTEN IM ALLTAG: WIE PROBLEMATISCH SIND …

… Quecksilber-Thermometer?

Solange es nicht zerbricht und das Quecksilber praktisch „eingesperrt“ bleibt, ist darin kein Problem zu sehen, alte Thermometer weiterhin zu verwenden. Wichtig ist natürlich auch, dass es, wenn es ausgedient hat, ordnungsgemäß entsorgt wird. Das ist aufgrund der Beständigkeit von Quecksilber und seiner Anreicherung in der Natur dringend notwendig. Gerade, um den Quecksilbereintrag in die Umwelt zu reduzieren, wurden weltweit Vereinbarungen getroffen und Aktivitäten initiiert.

So ist seit dem Jahr 2017 der EU-weite Vertrieb von Quecksilber-Thermometern untersagt (Übergangsfrist 5 Jahre). Ein Ersatz der alten Thermometer ist problemlos, denn es sind genügend quecksilberfreie Alternativen mit hoher Präzision bei der Temperaturmessung erhältlich.

… Amalgam-Zahnfüllungen, die Quecksilber beinhalten?

Bislang gibt es nur ein teilweises Verbot von Amalgamfüllungen in der EU. Seit 2018 darf quecksilberhaltiges Amalgam nicht mehr als Zahnfüllung bei Kindern und Jugendlichen unter 15 Jahren sowie bei schwangeren und stillenden Frauen verwendet werden. Und wenn Dentalamalgam verwendet wird, dann nur noch in vordosierter, verkapselter Form. Auch mit diesem teilweisen Verbot versucht man, die Verbreitung von Quecksilber soweit wie möglich einzudämmen. Derzeit wird geprüft, ob ZahnärztInnen ab 2030 überhaupt darauf verzichten müssen. Amalgamfüllungen sollen in der Zukunft nur noch in Ausnahmefällen erlaubt sein (z. B. bei Allergien gegen Bestandteile der alternativen Füllstoffe wie Keramik oder Kunststoffe).

Wenn man noch alte Plomben hat, so richtet sich das weitere Vorgehen nach dem Zustand der Amalgamfüllungen, also danach, ob der Zahnschaden auch durch andere Alternativen optimal versorgt werden kann, aber auch nach den finanziellen Möglichkeiten der PatientInnen. Immerhin sind die Kosten für alternative Füllungen oft selbst zu tragen.

Wenn ich mich zurückerinnere, hieß es immer: Vorsicht mit den alten Fieberthermometern, das ist höchstgefährlich und sehr giftig, wenn es kaputtgeht. Aber wann nehmen wir – abseits eines solchen Unfalls – Quecksilber auf, und vor allem: Welche Auswirkungen hat es im Körper?

Das ist natürlich davon abhängig, in welcher Form Quecksilber vorliegt. Reines Quecksilber in Dampfform wird beispielsweise zwar über die Lungen gut aufgenommen (Aufnahme von rund 80 %), und diese Dämpfe wirken hochtoxisch auf das zentrale Nervensystem und die Nieren. Solche Wirkungen durch metallisches Quecksilber werden bei uns heute aber nur noch sehr selten beobachtet.

Gerade aber für Fischesser interessant: Hochgiftiges Methyl-Quecksilber gelangt durch die Nahrungskette in Fische und Meerestiere und so letztlich auch bei uns auf dem Teller und in unseren Körpern. Und dann geht das Übel los: Es wird im Körper verteilt und kann alle Organe erreichen. Weil es außerdem die Blut-Hirn-Schranke gut überwinden kann, gelangt es auch in das zentrale Nervensystem, das bei einer chronischen Belastung hauptsächlich angegriffen wird.

Welche Symptome tatsächlich durch Methyl-Quecksilber beim Menschen ausgelöst werden, weiß man von einer Umweltkatastrophe, die sich in den 1950er Jahren in Japan ereignete: In der japanischen Stadt Minamata wurden von einer Chemiefabrik große Mengen Quecksilber ins Meer geleitet, wo ungünstigerweise auch intensiver Fischfang betrieben wurde. Die Betroffenen, allesamt FischkonsumentInnen, berichteten zunächst über Müdigkeit und Kopfschmerzen, in Folge traten dann aber auch Störungen in der Bewegungskoordination auf, Lähmungserscheinungen und Psychosen, denn Methyl-Quecksilber führt in hohen Dosen zu Nervenschädigungen.

Heute weiß man, dass Methyl-Quecksilber besonders schädlich für die Entwicklung des Ungeborenen in der Schwangerschaft ist, denn es kann leider auch die Plazentabarriere passieren und dann die Entwicklung des Gehirns von ungeborenen Kindern schwer schädigen. Auch Säuglinge und Kleinkinder sind hinsichtlich der neurotoxischen Wirkungen von Quecksilber besonders gefährdet, weil die Organentwicklung ihres Gehirns auch nach der Geburt noch nicht abgeschlossen und das Nervengewebe hier besonders anfällig ist.

Anorganische Quecksilber-Verbindungen, also Quecksilbersalze, sind weniger gefährlich als Methyl-Quecksilber und die elementare Form, da diese nicht inhaliert werden und die Aufnahme über die Haut und den Magen-Darm-Trakt (<0,01 %) praktisch vernachlässigbar ist. Dennoch kann die Anwendung solcher Quecksilbersalze z. B. in Salben oder auch im Rahmen einer oralen therapeutischen Anwendung (beides heute allerdings nicht mehr zugelassen) zu einer relevanten Aufnahme führen. Solche pharmakologischen Belastungen durch anorganisches Quecksilber können zu Nierenschädigungen führen.

Auch Bleichsalbe mit hohem Quecksilbergehalt kann zu Vergiftungsfällen führen. Solche Salben werden vor allem von Menschen asiatischer, südosteuropäischer, afrikanischer und lateinamerikanischer Herkunft verwendet, sind bei uns aber kaum erhältlich.

„Methyl-Quecksilber ist besonders schädlich für die Entwicklung des Ungeborenen in der Schwangerschaft."

Quecksilbergehalte von Nahrungsmitteln

(Erhebungen in Deutschland und Österreich; vereinfacht nach BVL 2004 und Graber 2006)

Quelle	Hg-Gehalt (µg/kg) Mittelwerte	Quelle	Hg-Gehalt (µg/kg) Mittelwerte
Haie	1012	Muscheln	5
Thunfischsteak	678	Zuchtchampignon	0–79
Butterfisch	613	Milchprodukte	5–14
Schwertfisch	399	Brot, Getreide, Teigwaren	4–12
Dosen-Thunfisch	116	Tofu	10–11
Ölsardellen	108	Leber, Niere	3–10
Garnelen	69	Würste, Schinken	5–11
Forelle	41	Reis	6
Lachssteak	37	Eier	6
Scholle	35	Lammfleisch, Geflügel	4–6
Dorsch	23	Obst, Gemüse, Tomatenmark	1–6
Kabeljau	20	Tee	1–3
Lachs geräuchert	15	Mineralwasser	0,1

Zum Glück waren mir Meeresfrüchte am Teller schon immer etwas suspekt, aber es klingt tatsächlich so, als ob Fisch- und Meeresfrüchte-EsserInnen gefährlich leben. Sollte man das besser vom Menüplan streichen?

Die Antwort ist ein klares „Nein", denn als informierte/r KonsumentIn kann ich eine Auswahl treffen, bei der das verbleibende Risiko verschwindend gering wird und die Vorzüge von Fischen als Nahrungsmittel voll genutzt werden können. Denn gerade in der heutigen Zeit, wo oft ein Überangebot an fett- und zuckerhaltigen Nahrungsmitteln auf eine zunehmende Tendenz zum Bewegungsmangel trifft, stellen Fische eine sehr gute Alternative zu fettreichem Fleisch dar und können helfen, das Risiko für Herz-Kreislauf-Erkrankungen zu senken. Neben hohen Gehalten an Vitamin A und D enthält Fisch Vitamin E und auch die B-Vitamine Niacin, B6 und B12 in größeren Mengen. Die ungesättigten Omega-3-Fettsäuren wirken sich weiters positiv auf die Gehirnentwicklung aus und haben eine schützende Wirkung für die menschlichen Blutgefäße. Kurzum: Sie sind für eine gesunde Ernährung jedenfalls empfehlenswert.

Man kann nun zum einen auf regionale Produkte zurückgreifen, was aus mehreren umweltbezogenen Faktoren grundsätzlich zu empfehlen ist. Für die meisten Menschen in Europa bedeutet das, sich für Süßwasserfische aus regionalen Bächen, Flüssen, Teichen und Seen zu entscheiden. Hinsichtlich ihrer Nährwerte unterscheiden sich Süß- und Salzwasserfische nur in einigen wenigen Punkten. Aber auch der Genuss von Fischen aus dem Meer kann durchaus empfohlen werden, wenn auf die Herkunft der Produkte geachtet wird. Wie in der Ernährung allgemein empfehlenswert, sollte einseitiger und extrem häufiger Verzehr von Meeresfischen (z. B. in Form von Sushi) vermieden werden.

Somit können gewisse Meeres- und Süßwasserfische, als ein Element einer insgesamt ausgewogenen Ernährung, in unseren Breiten durchaus empfohlen werden, trotz des zweifellos ernstzunehmenden Problems durch das Umweltgift Quecksilber. Besonders Schwangere sollten hier vielleicht etwas mehr Aufmerksamkeit investieren, um ein Risiko für das ungeborene Kind möglichst auszuschließen.

QUECKSILBER IN FISCH & MEERESFRÜCHTEN

Mikroorganismen in Gewässern nehmen Quecksilber aus ihrer Umgebung auf und verwandeln dieses durch biochemische Prozesse in das hochgiftige Methyl-Quecksilber. Da diese Mikroorganismen aber die Basis der Nahrungspyramide darstellen, reichert sich in den nächsten Ebenen der Nahrungskette das Methyl-Quecksilber immer weiter an. Besonders hohe Werte dieses Umweltgifts findet man daher in den Spitzenräubern der Weltmeere, wie etwa in Schwertfischen, Thunfischen und Haien, aber auch in Ottern, Robben und räuberischen Wasservögeln. In diesen Tieren können durchaus toxikologisch bedenkliche Werte auftreten. Das Ausmaß der jeweiligen Quecksilber-Konzentration in Fischen und Meeresfrüchten variiert allerdings beträchtlich. Das hängt eben davon ab, ob diese Fische in der Nahrungskette eher fressen oder gefressen werden, von ihrem Stoffwechsel und Alter. Aber natürlich auch davon, woher sie stammen und ob dort größere Mengen Quecksilber vorkommen. Man weiß, dass die Küstenregionen Südamerikas (meist Flussdeltas), an welchen oft Goldabbau mithilfe von Quecksilber betrieben wird, besonders stark betroffen sind. Erhöhte Werte finden sich leider auch in Fischen aus der Arktis und aus den Küstengewässern des Mittelmeers, wo zahlreiche belastete Flüsse einmünden.

Der europaweit gültige Quecksilber-Grenzwert wurde für Hai, Schwert- und Thunfisch mit 1 mg/kg dementsprechend höher angesetzt als für die übrigen Fischarten (0,5 mg/kg).[28]

Übersicht über Mittelwerte von Methyl-Quecksilber in Fischen aus den österreichischen Lebensmitteluntersuchungen 2007-2015 (AGES):

Die österreichische Agentur für Lebensmittelsicherheit (AGES) fand bei den beliebten Fischarten Forelle, Karpfen, Saibling, Sardine, Sprotte, Hering, Lachs sowie dem „Alaska-Seelachs“, der gerne zu Fischstäbchen verarbeitet wird, eine geringe Belastung mit Methyl-Quecksilber. Auch Meeresfrüchte wie Garnelen, Tintenfisch und Muscheln sind laut aktuellen Daten wenig kontaminiert:

+ In Forelle, Saibling, Karpfen, Lachs, Alaska-Seelachs, Sprotte, Sardine, Hering wurden durchschnittlich 10–40 µg/kg gefunden; sie sind damit gering belastet. Die Quecksilberbelastung von Meeresfrüchten (Garnele, Tintenfisch und Muschel) ist mit 18–24 µg/kg ebenfalls gering.

- Bei Zander, Dorsch/Kabeljau, Makrele, Sardelle, Scholle, Goldbrasse/Dorade, Heilbutt und Wolfsbarsch liegen die Mittelwerte im Bereich 45–100 µg/kg.
- Hohe Quecksilber-Mittelwerte treten bei Thunfisch (184 µg/kg) und Schnapper (256 µg/kg) sowie beim Butterfisch (677 µg/kg) auf.
- Bei heimischen Fischen sind Forelle (20 µg/kg), Saibling (33 µg/kg) und Karpfen (26 µg/kg) gering belastet. Bei Zander liegen die Gehalte bei durchschnittlich 93 µg/kg.

4 BLEI

Dass hohe Bleigehalte ein Problem sind, weiß ich vor allem von den alten Wasserleitungen, die deshalb getauscht werden. Aber wie gelangt Blei ansonsten in die Umwelt? Und wie nehmen wir es letztlich auf?

Früher war eigentlich der Straßenverkehr die Hauptquelle für die Umweltbelastung mit Blei, denn dem Benzin wurden Bleiverbindungen als „Anti-Klopfmittel" beigemischt. Und wenig überraschend: Die Autoabgase führten wiederum zu hohen Bleibelastungen in der Umwelt. Dank der Einführung des bleifreien Benzins ist zwar eine Hauptquelle weggefallen, trotzdem ist der Straßenverkehr nach wie vor nicht gänzlich bleifrei, denn – und das ist vermutlich weniger bekannt – Blei wird auch durch den Abrieb von Bremsen und Reifen freigesetzt.

„Blei wird auch durch den Abrieb von Bremsen und Reifen freigesetzt."

Eher geringfügige Blei-Emissionen stammen auch aus Erzhütten, aus der Industrie, z.B. der Metallverarbeitung, und aus der Verbrennung fossiler Energieträger, die ebenfalls noch Spuren dieses Schwermetalls enthalten. So gelangt Blei also über alle möglichen Wege in die Luft und findet sich als bleihaltiger Staub auf der Oberfläche von Gemüse oder Obst wieder. Der Bleigehalt in tierischen Lebensmitteln wird vor allem durch bleihaltige, pflanzliche Futtermittel verursacht.

Vergleichsweise hohe Bleigehalte können wegen veralteter Bleileitungen tatsächlich im Trinkwasser vorkommen, aber auch in diversen Lebensmitteln wie Innereien, Fisch und Meeresfrüchten bis hin zu Gewürzen und Nahrungsergänzungsmitteln findet man erhöhte Werte. Natürlich ist auch an Arbeitsplätzen, wo Blei in metallischer Form verarbeitet wird, mit Belastungen zu rechnen. Davon betroffen sind auch Berufsgruppen, die Reinigungs- oder Instandhaltungsarbeiten durchführen.

Nachdem Blei im Körper – anders als andere Schwermetalle – absolut keinen Auftrag hat: Was richtet es im Menschen an?

Obwohl Blei und seine Verbindungen über die menschliche Lunge gut und einfach aufgenommen werden können, nehmen wir Blei in der Regel hauptsächlich über die Nahrung auf. Und ist Blei einmal im Magen-Darm-Trakt angekommen, so wird es von Erwachsenen zu etwa zehn Prozent, von Kindern allerdings zu etwa 50 Prozent in den Körper aufgenommen und danach mit dem Blutstrom in zahlreiche Organe wie Nieren, Leber sowie in das Nervensystem transportiert. Blei passiert außerdem leicht die Planzenta-Schranke, somit kann eine Belastung bereits vor der Geburt stattfinden. Das Tückische ist nun, dass Blei-Ionen eine hohe Ähnlichkeit mit Calcium-Ionen haben und sich deshalb der Großteil – also rund 90 Prozent des aufgenommenen Bleis – in Knochen und Zähnen ablagert. Hier beträgt die Halbwertszeit bis zu 25 Jahre.

Blei wird also nur sehr langsam wieder aus dem Körper ausgeschieden, vor allem aus den Knochen, und reichert sich daher bei kontinuierlicher Belastung im Laufe der Zeit im Körper an.

„Blei kann zu einer Verminderung des Intelligenzquotienten führen."

Und nun kann anorganisches Blei das in Entwicklung befindliche Nervensystem schädigen, daher sind Ungeborene, Säuglinge und Kleinkinder besonders gefährdet. Aber auch das Herz-Kreislauf-System, das blutbildende System und die Nieren können von Blei angegriffen werden. Und all das kann zu einer Verminderung des Intelligenzquotienten und schwächeren Lern- und Gedächtnisleistungen führen, es kommt zu einer Erhöhung der Hörschwelle, sprich, das Hörvermögen ist beeinträchtigt oder auch zu einer Einschränkung der Nierenfunktion und einem Anstieg des (systolischen) Blutdrucks.

Tierexperimentelle Studienergebnisse weisen außerdem auf eine krebserzeugende Wirkung von Blei hin, daher wurden Blei und seine anorganischen Verbindungen seitens der Internationalen Agentur für Krebsforschung (IARC) als möglicherweise bzw. wahrscheinlich krebserregend eingestuft.

Bleibelastungen der Bevölkerung, aber besonders von Kindern und Ungeborenen, sollten daher weitestgehend vermieden bzw. reduziert werden.

WASSERLEITUNGEN AUS BLEI

Aus gesundheitlicher Sicht muss man zu Bleileitungen ganz einfach sagen: Man sollte das Problem erkennen und möglichst beheben. Speziell dann, wenn Säuglinge und Kleinkinder im Haushalt sind, und Wasser aus der Leitung konsumiert wird, ist eine Gefährdung möglichst zu vermeiden. Kinder zählen zu jener Gruppe, die stärker als Erwachsene betroffen ist, da sie ja proportional zur Körpermasse mehr Blei aufnehmen und schon geringe Mengen ihr Nervensystem und somit ihre mentale Entwicklung gefährden: Ihre Intelligenzentwicklung kann beeinträchtigt werden.

Wenn Bleirohre im Haus entdeckt werden oder auch nur der Verdacht besteht, empfiehlt es sich, eine Wasseranalyse auf Blei durchzuführen. Eine Blei-Trinkwasseranalyse ist in der Regel nicht teuer und bringt hier rasche Sicherheit. Der Grenzwert beträgt 0,01 mg Blei je Liter Trinkwasser. Bei einer Überschreitung ist dringend über einen Austausch der alten Rohre nachzudenken, um eine längerfristige Belastung zu verhindern.

Wer nun etwa in einer Mietwohnung lebt, und den Tausch nicht selbst veranlassen kann oder er nicht sofort machbar ist, der ist bei einer Überschreitung des Grenzwertes dem Blei im Trinkwasser aber auch nicht wehrlos ausgeliefert. Am einfachsten ist es, am Morgen das sogenannte Stagnationswasser, also das Wasser, das über Nacht in den Rohren ohne Austausch gestanden ist und worin sich Blei ansammeln kann, nicht zum Trinken oder zum Kochen zu verwenden. Das ist generell nicht ratsam, da sich auch andere unerwünschte Inhaltsstoffe aus den Leitungen so anreichern können. Die Devise lautet: Das Wasser kurz laufen zu lassen, und zwar so lange, bis es deutlich kühler wird – aber bitte nicht minutenlang, das ist sicher nicht notwendig. So ist meist sichergestellt, dass die Bleikonzentration im Trinkwasser nicht unnötig hoch ist. Dieses Wasser kann aber ohne Weiteres etwa zum Blumengießen verwendet werden.

Nun hat ja Blei, wie wir bereits wissen, keinen Auftrag im Körper, paradoxerweise findet man aber oft in Nahrungsergänzungsmitteln zu hohe Bleianteile – wie kommt das?

Im Rahmen amtlicher Messserien werden tatsächlich immer wieder – im Vergleich zu anderen Lebensmittelgruppen – deutlich höhere, zum Teil wirklich hohe Gehalte von Blei und anderen Schwermetallen in Nahrungsergänzungsmitteln gefunden. Diese Schwermetallgehalte sind oft natürlichen Ursprungs, wie etwa in Algenpräparaten oder auch in (mineralischen) ayurvedischen Produkten, die neben Blei auch hohe Quecksilbergehalte aufweisen können. Heißt aber auch ganz klar: Gesund sind diese Produkte nicht.

Die Anbieter solcher Produkte sollten daher belegen können, dass die Importwaren auf Schwermetalle untersucht wurden. Wenn bei längerem Konsum ayurvedischer Produkte Symptome wie Appetitlosigkeit, Übelkeit, Erbrechen, Durchfall auftreten, sollten die Präparate abgesetzt und die Symptome ärztlich abgeklärt werden, da Anzeichen für eine Vergiftung mit Schwermetallen vorliegen könnten. Falls man Kindern ayurvedische Mittel verabreichen möchte, sollte der Kinderarzt dazu befragt werden.

Fazit: Sind wir noch zu retten?

Es gibt im Grunde günstige Voraussetzungen für eine Rettung. Immerhin haben tragische Ereignisse wie beispielsweise die Minamata-Katstrophe in Japan, wo Quecksilber ins Meer geleitet wurde und Tausende daran schwer erkrankt sind, dazu beigetragen, dass es viele internationale Aktivitäten und Programme gibt, die sich der Eindämmung der Schwermetallbelastung widmen. Gerade internationale Zusammenarbeit ist hier wichtig, da speziell die Anreicherung und lange Beständigkeit der Metalle in der Umwelt eines der Hauptprobleme ist. Nicht zuletzt können Schwermetalle aufgrund der atmosphärischen Verbreitung selbst in entlegensten Regionen nachgewiesen werden. Im Grunde geht es um die Umsetzung von Maßnahmen, damit weniger Metalle in die Umwelt gelangen und gleichzeitig auch die Gesundheitsrisiken sinken. Denn einmal freigesetzt, können sie nicht wirklich wieder aus der Umwelt entfernt werden. Selbstverständlich gibt es auch natürliche Freisetzungsprozesse von Schwermetallen, die unvermeidbar sind, doch die menschenverursachte Freisetzung, der Ausstoß von Schwermetallen in die Umwelt, das lässt sich stoppen.

Günstige Voraussetzung für eine Verbesserung der Situation ist zweifellos, dass man nicht nur viel über Vorkommen, Quellen und die Ausbreitung der Metalle weiß, sondern letztlich auch, was sie gesundheitlich anrichten können.

Während in den industrialisierten Ländern mit hohen Umweltstandards die Gesundheitsfolgen im Zaum gehalten werden können, sind viele Länder des Globalen Südens noch weit davon entfernt. Man denke nur an die Elektronikschrott-Exporte und die katastrophalen Missstände auf afrikanischen Müllhalden, wo die Wohlstandsabfälle der Reichen die Armen regelrecht vergiften. Ebenso zerstört die leichtfertige, gedankenlose Aluminiumverschwendung etwa in Form von Alufolien oder Getränkedosen ganze Landschaften, und lokale Bevölkerungen werden zwangsweise abgesiedelt, um zu Bauxitvorkommen vorzudringen.

Das heißt aber auch: Wir alle sind dann zu retten, wenn wir nicht nur an unsere eigene Gesundheit denken, sondern auch solidarisch über den Tellerrand schauen.

WAS TUN?

TIPPS ZUR REDUZIERUNG VON ALUMINIUM IM ALLTAG

- [x] Verzicht auf die Verwendung beschichteter Aluminium-Menüschalen zum Erwärmen oder Warmhalten von Speisen
- [ ] Bevorzugung aluminiumfreier Kosmetika (Anti-Transpirantien, Zahnpasta) und Arzneimittel. Bei Verwendung aluminiumhaltiger Anti-Transpirantien diese nicht auf gereizte/verletzte Haut (z. B. nach Rasur) auftragen.
- [ ] Beim Zubereiten und Lagern von Lebensmitteln auf Geschirr und Folien, aber auch auf Backbleche aus Aluminium verzichten, besonders beim Kontakt mit sauren und salzigen Speisen.

TIPPS ZUR REDUZIERUNG VON QUECKSILBER IM ALLTAG

- [x] Informieren Sie sich über die Quecksilberbelastung in Fischen und Meeresfrüchten und besonders darüber, welche Fischarten schwangere Frauen, Babys und kleine Kinder meiden sollten, und bevorzugen Sie heimische Fische.
- [ ] Kaufen Sie keine alten Fieberthermometer und andere Produkte mit Quecksilber, etwa statt quecksilberhaltigen Energiesparlampen LED-Leuchten.
- [ ] Wenn quecksilberhaltige Produkte im Haushalt „kaputtgehen“ oder nicht mehr funktionieren, dann werfen Sie diese nicht in den Hausmüll, sondern entsorgen Sie diese vorschriftsgemäß.
- [ ] Besprechen Sie mit Ihrem Zahnarzt Alternativen zu Amalgamfüllungen und ob ein Austausch (zahn-)medizinisch eventuell sinnvoll ist.

TIPPS ZUR REDUZIERUNG VON BLEI IM ALLTAG

- [x] Im Zweifelsfall das Leitungs- bzw. Trinkwasser untersuchen lassen und abgestandenes Wasser aus den Leitungen immer ablaufen lassen, bis es merkbar kühler ist.
- [ ] Vorsicht im Umgang mit ayurvedischen Nahrungsergänzungsmitteln, aber auch mit Tees, Gewürzen, Getränken oder Kräutern ist gegeben – Herkunft und Herstellung beachten! Auch Modeschmuck kann Blei enthalten, insbesondere Kinder können durch Mundkontakt so Blei aufnehmen.
- [ ] Inhaltsstoffe von Kerzen beachten, auch hier kann im Docht, durch Farbpigmente oder als Verunreinigung im Wachs Blei vorkommen und so an die Raumluft abgegeben werden.

4 LUFTVERSCHMUTZUNG

Feinstaub, Stickstoffdioxid & Ozon

Feinstaub, Stickstoffdioxide und Ozon sind oft im Gerede. Aber wie gefährlich sind diese Luftverunreinigungen wirklich? Und was kann ich dagegen tun?

INTRO

Wenn man in die Weite blickt, flirrt der Boden regelrecht. Nicht nur die Sonne brennt auf die schwitzenden Körper, vielmehr strahlt der heiße Beton wie ein Backofen nach oben – auf mich. Kaum ein Entkommen ohne schützende Bäume am Straßenrand. Ich habe mich entschieden, Hans-Peter Hutter heute mit dem Fahrrad zu treffen. Doch schon bei der ersten Ampel bereue ich diese Entscheidung. Zwischen all den Autos, die nicht nur Wärme, sondern vor allem Abgase ausstoßen, die einem bei 34 Grad im Schatten beinahe den Atem rauben. Geduldig verharre ich am Fahrradstreifen. Vor mir ein alter Golf. Dieses schwarze Gemisch, das aus dem Auspuff strömt, kann nicht gesund sein. Kurzzeitig versuche ich, die Luft anzuhalten. Ich halte und halte und – gebe auf. Mit einem Zug muss ich all die Luft tief einatmen, die mir gerade noch gefehlt hat. Diese Aktion war wohl kontraproduktiv. Neben mir ein junger Mann, Sonnenbrille, perfekt gestylt, natürlich nicht auf dem Fahrrad, sondern in einem Mini Cabrio – nicht sein eigenes Auto, sondern eines vom Carsharing. Vielleicht hat er sogar der Umwelt zuliebe kein eigenes Auto. Hier macht mir der Auspuff weniger Sorgen, dafür bläst der Fahrer genüsslich den Zigarettenrauch neben mir in die Luft. Auch den atme ich ungewollt ein. Ich versuche, geduldig zu warten – das war noch nie meine Stärke –, versuche das alles auszublenden, und blicke in den blauen Himmel. Aber nur kurz, denn die Sonne blendet rücksichtslos zurück. Kurz denke ich mir: Was wurde eigentlich aus diesem Ozonloch?

Quietschende Reifen reißen mich aus meinen Gedanken, die Ampel hat auf grün geschaltet: Der junge Herr neben mir beschleunigt und ist schon weg, als ich die ersten Tritte mache. Was bleibt, ist der Geruch von Tabak in der Luft. Doch der wird schnell überdeckt von dem schwarzen Gemisch, dass sich jetzt auch beim rasanten Start des Golfs wieder verbreitet. Und ich hechelnd hinterher, um endlich diesem Kreuzungsbereich zu entkommen. Von wegen gesunde Bewegung. Ich kann mir beim besten Willen nicht vorstellen, dass meine sportlichen Leistungen – die bei dieser Hitze zugegebenermaßen zu wünschen übrig lassen – die unzähligen Giftstoffe aufwiegen, die ich dank Bewegung mitten im Verkehr inhaliert habe. Oder doch? Endlich biege ich zum Ziel ein, einem schattigen Gastgarten. Hans-Peter Hutter sehe ich schon Weitem, er liest mal wieder in Studienunterlagen – heute übrigens in einem lila Hawaiihemd. Und gleich daneben: sein Fahrrad. Er ist also ebenso lebensmüde unterwegs, aber er müsste es doch besser wissen?

Herr Doktor, gleich vorweg: Kann man bei den unzähligen Giftstoffen in der Luft, auf der Straße, im Verkehr überhaupt jemandem guten Gewissens empfehlen, mit dem Fahrrad zu fahren?

Selbstverständlich ist man, wenn man sich im Verkehr bewegt – egal, ob als AutofahrerIn, FußgängerIn oder eben RadfahrerIn –, immer mit Schadstoffen konfrontiert. Aber es gibt Unterschiede, denn man ist auf dem Fahrrad anderen Konzentrationen ausgesetzt als etwa im Auto. Insgesamt überwiegen allerdings die gesundheitlichen Vorteile, die für das Radfahren sprechen.

Viele denken, dass sie im Auto besser vor Abgasen und Schadstoffen geschützt sind als etwa direkt am Straßenrand. Stimmt das?

Tatsächlich ist die Meinung, man sei im Fahrgastraum des Autos bei geschlossenen Fenstern auf der sicheren Seite, weit verbreitet. Die schlechte Nachricht ist, und das mag jetzt viele verwundern: Das Gegenteil ist der Fall. Untersuchungen belegen, dass das Innere eines Autos zu den am stärksten mit Schadstoffen belasteten Räumen überhaupt gehört. Die Abgasfahne, die das Fahrzeug vor uns produziert, und bei der man als RadfahrerIn gerne mal die Luft anhält, macht auch vor geschlossenen Fenstern und Luftfiltern nicht halt. Speziell die winzigen, ultrafeinen Staubteilchen von Dieselruß gelangen so ins Auto und damit auch in unsere Atemwege. Viele fragen mich dann: Kann ich die Lüftung im Auto nicht einfach auf Umluft schalten? Und ich muss darauf immer sagen: leider nein. Das bringt gerade bei den ultrafeinen Partikeln praktisch nichts. Die sind so nicht aufzuhalten. Es ist eher die Frage, in wessen Abgaswolke ich mich bewege – in der eines Fahrzeugs mit oder ohne Partikelfilter. Nicht zu vergessen, dass auf Umluft umzustellen nur für kürzere Strecken zu empfehlen ist, weil die Luft sich mit der Zeit verbraucht.

Zusätzlich tragen auch der Tankinhalt, die Kunststoffausstattung des Autos und von BenutzerInnen eingebrachte Chemikalien – man denke etwa Duftstoffe in Form von markanten Bäumchen – zur Gesamtbelastung bei. Wenn noch dazu geraucht wird, kein Kommentar, dann ist jedenfalls ein Maximalzustand erreicht, der gesundheitsschädlich ist.

Das Auto ist also kein guter Platz, mit dem Fahrrad stecke ich aber auch zwischen den Abgasen, wo ist dann also der sicherste Ort im Straßenverkehr – was Schadstoffe betrifft?

Gute Frage. Am schlechtesten ist die Luftqualität im unmittelbaren Fahrbahnbereich in den Häuserschluchten, und am bedenklichsten ist die hohe Belastung mit Feinstaub und Benzol definitiv im Fahrgastraum.

„Das Innere eines Autos gehört zu den am stärksten mit Schadstoffen belasteten Räumen überhaupt."

Konkret ergaben Messungen, dass die Anzahl ultrafeiner Partikel im Inneren eines Pkw 100.000 Teilchen pro Kubikzentimeter betragen kann. Und das ist deutlich höher als im Gehsteigbereich. Am wenigsten belastet sind im Straßenverkehr also tatsächlich die FußgängerInnen.

Also dann bin ich beim nächsten Mal wohl doch besser zu Fuß unterwegs. Aber du meintest, beim Radfahren überwiegen trotzdem die Vorteile?

Als Radfahrer versuche ich in der Regel, nicht direkt hinter dem Pkw herzufahren, sondern so nahe wie möglich am Fahrbahnrand zu bleiben oder die Radwege zu benutzen, dann bin ich weniger Abgasen ausgesetzt. Schon ein paar Meter abseits der Fahrbahn reduzieren sich die Partikel auf die Hälfte. Aber eines ist klar: Man kann den Abgasen nicht gänzlich entkommen. Daher ist es wichtig, nicht „außer Atem" zu radeln, denn: Je öfter ich einatme, desto mehr Schadstoffe atme ich auch ein. Ruhig fahren und sich nicht überanstrengen lautet die Devise.

Also Luft anhalten und dann dafür nur noch tiefer einzuatmen ist demnach keine gute Idee. Aber erhöhen Abgase dann nicht doch das Gesundheitsrisiko der RadlerInnen?

Das hat man sich auch angesehen, und man ist draufgekommen: Wer vom Auto zum Fahrrad wechselt, gewinnt statistisch gesehen im Mittel rund acht Monate an Lebenszeit. Und das ist etwa neun Mal mehr als die verlorene Lebenszeit aufgrund von Feinstaub-Belastung und Unfällen. Das liegt daran, dass die regelmäßige körperliche Bewegung die Gesundheit ankurbelt, und dadurch das Risiko von Herz-Kreislauf-Erkrankungen dramatisch sinkt.

„Wer vom Auto zum Fahrrad wechselt, gewinnt statistisch gesehen im Mittel rund acht Monate an Lebenszeit."

Klar ist jedenfalls: Wer auf einer stark befahrenen Straße radelt und wegen mangelnder Fitness außer Atem gerät, ist zweifellos mehr gefährdet als trainierte RadfahrerInnen. Doch am schlimmsten trifft es die, die im Auto sitzen. Zu Fuß gehen oder Radfahren ist eben gut für die Gesundheit. Leider geht die Entwicklung in die gegenteilige Richtung: Immer mehr Menschen verbringen immer mehr Zeit im Auto. Selbst wenn Studien belegen, dass gesundheitliche Beeinträchtigungen vom Asthmaanfall bis zum Herzinfarkt unmittelbar durch den Aufenthalt im Straßenverkehr ausgelöst werden können.

Wir sprechen hier von Luftverschmutzung, aber das klingt fast noch beschönigend. Welchen Gift-Cocktail atmen wir tatsächlich ein, wenn wir durch die Stadt fahren?

Was wir einatmen, ist natürlich davon abhängig, welche Quellen uns da oder dort umgeben. Das ist in der Stadt der Verkehr mit den Auspuffabgasen und dem Reifenabrieb. Genauso können auch Gewerbebetriebe – wie etwa Lackierer, Tankstellen und chemische Reinigungen –, aber auch Haushalte Quellen für Schadstoffe sein. Bei dieser Vielfalt ist es dann nicht verwunderlich, dass auch viele unterschiedliche chemische Stoffe und Partikel in der Luft nachweisbar sind. Dazu gehören unter anderem – neben den Klassikern wie Schwefeldioxid, Stickstoffoxiden und Feinstaub – auch die große Gruppe der Kohlenwasserstoffe (z. B. Benzol, Benzopyren) sowie Schwermetalle.

Bestandteile von Kfz-Abgasen

CO – Kohlenstoffmonoxid, CO_2 – Kohlenstoffdioxid, KW – Kohlenwasserstoffe, NO_x – Stickstoffoxide, NO_2 – Stickstoffdioxid, PAK – Polyaromatische Kohlenwasserstoffe (z. B. Benzypren), PM – Feinstaub (unterschiedliche Größenklassen)

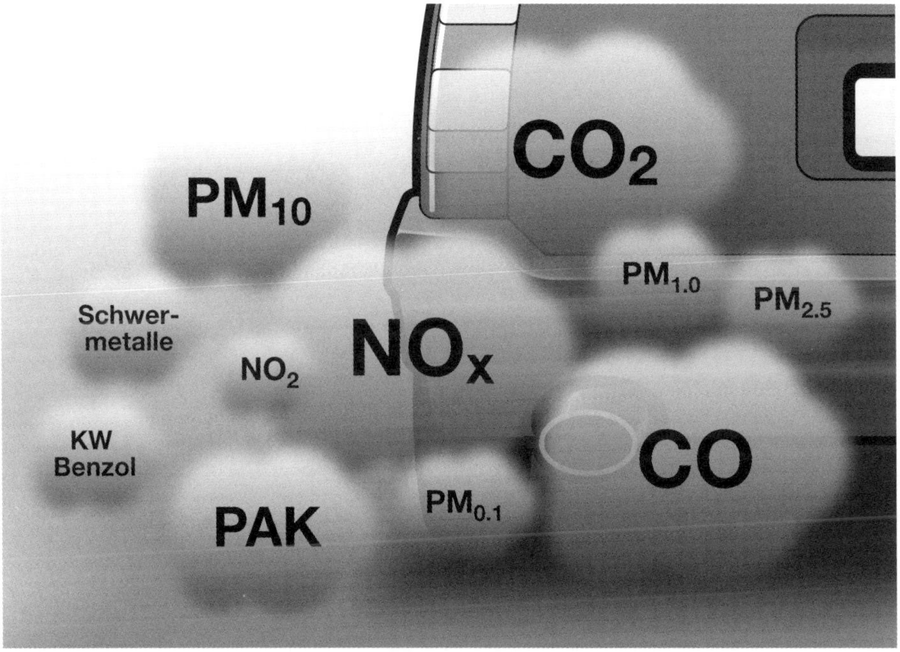

Meist hören wir von Feinstaub, Stickoxiden und Ozon – was davon ist unser größtes Problem?

Die drei Ultrabösewichte unter den vielen möglichen bösen Bestandteilen der Luft, um Anleihe im Comicgenre zu nehmen, sind genau die: Feinstaub, Stickstoffdioxid und bodennahes Ozon. Jeder dieser Schadstoffe steht stellvertretend für ein Gemisch. Welcher davon wirklich der größte Feind der Menschheit ist, lässt sich schwer generell sagen. Aber ganz kleine Staubteilchen sind schon sehr böse und aus Sicht der meisten WissenschaftlerInnen die größte lufthygienische Bedrohung. Laut einer aktuellen Studie der europäischen Umweltagentur haben diese drei Schadstoffe in Europa für das Jahr 2018 rund 450.000 vorzeitige Todesfälle auf dem Gewissen – 7300 davon in Österreich.[29]

1 FEINSTAUB

Widmen wir uns zuerst Feind Nummer 1: dem Feinstaub. Was ist das eigentlich? Und vor allem – wie unterscheidet er sich von anderen Staubarten, wie etwa dem Hausstaub?

Dazu gibt es sehr genaue technische Definitionen. Aber vereinfacht gesagt, versteht man unter Feinstaub Partikel, die kleiner sind als zehn Mikrometer, also kleiner als ein Hundertstelmillimeter. Die Teilchen, die dazu gehören, können also sehr, sehr winzig sein – ultrafein. Wenn man sich einen Riesenball mit zwei Metern Durchmesser vorstellt und ein kleines Feinstaubteilchen mit zehn Mikrometern ein Tennisball ist, dann ist ein Ultrafeinstaub-Partikel ein Stecknadelkopf.

So unterscheidet sich Feinstaub von Hausstaub schon einmal durch seine Größe. Während Hausstaub bekanntlich – leider – sichtbar ist, ist Feinstaub mit dem bloßen Auge nicht mehr wahrnehmbar. Außerdem setzt er sich meist auch aus anderen Komponenten zusammen, wie etwa Resten von Plastik oder auch Hautschuppen.

(Fein-)Staubteilchen im Größenvergleich

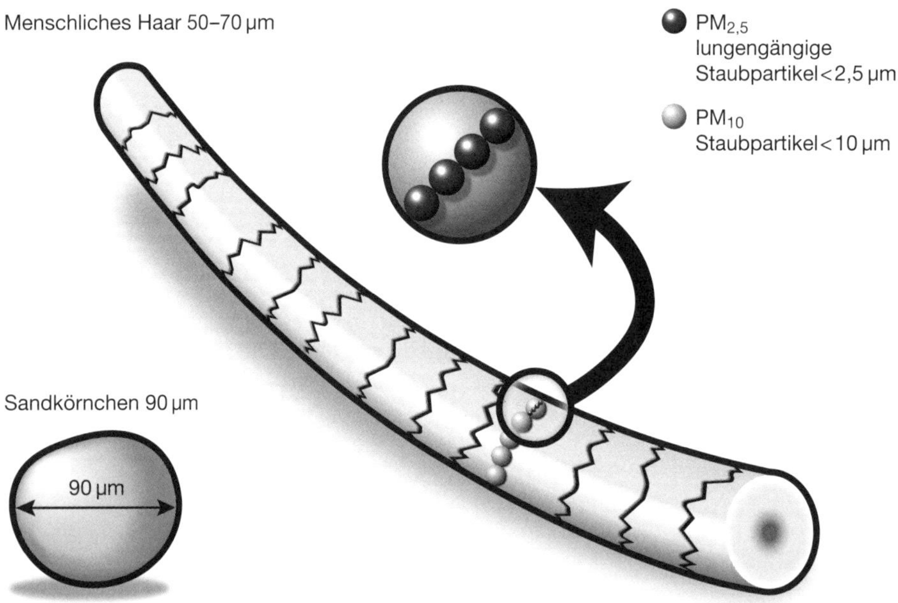

Wenn wir schon bei den Bösewichten sind, dann könnte man also sagen: Die Superkraft von Feinstaub ist seine Unsichtbarkeit. Wenn man ihn jetzt bekämpfen will: Wo muss man ihn suchen? Wo entsteht er überhaupt?

Da muss man nicht lange suchen. Er entsteht hauptsächlich in Industrie, Gewerbe und im Straßenverkehr – hier nicht aus den Abgasen, sondern durch den Abrieb von Bremsen und Reifen. Andere Hauptquellen sind Landwirtschaft und auch Haushalte, denn beim Heizen mit Holz geht Feinstaub direkt aus dem Kamin in die Luft. Aber auch die Natur produziert Feinstaub – man denke nur an Pollen und Schimmelpilzsporen oder an Vulkanausbrüche mit gigantischen Mengen von Asche.

„Feinstaub überwindet alle körpereigenen Barrieren und kann so in nahezu jede Region des Körpers gelangen."

Einen beträchtlichen Anteil der Belastung macht auch der sogenannte sekundäre Feinstaub aus. Er entsteht über Umwege, wenn sich bestimmte Gase, wie Stickstoffoxide und Schwefeldioxid, in der Luft mit anderen Elementen zu Feinstaub verbinden.

Er ist also praktisch allgegenwärtig. Und was passiert, wenn wir Feinstaub einatmen?

Je kleiner die Partikel sind, desto tiefer dringen sie in die Atemwege ein (siehe Deep Dive *„Ultrafeine Partikel"*). Für größere Staubteilchen haben wir im Körper eingebaute „Filter" – sie bleiben in Nase, Luftröhre und Kehlkopf hängen. Winzige Stäube hingegen, die besonders beim Verbrennen entstehen, sind mit weniger als zehn Mikrometern nicht größer als ein Bakterium. Sie überwinden alle körpereigenen Barrieren und können so in nahezu jede Region des Körpers gelangen. Von den feinen Lungenbläschen wandert der „Giftcocktail" weiter in den Blutkreislauf, verstärkt dort die Gefäßverkalkung – die Folge können vorzeitige Todesfälle etwa durch Herzinfarkte sein. Der Körper bleibt dabei natürlich nicht untätig und versucht sich zu wehren, um diese Fremdkörper wieder loszuwerden. Für diese Verteidigung ist unsere Immunabwehr verantwortlich, und die äußert sich durch Entzündungsreaktionen in den Bronchien und Lungenbläschen. Langfristig setzt das der Lunge ganz schön zu.

Zu den gesundheitsschädigenden Wirkungen von Feinstaub gibt es Berge an wissenschaftlichen Belegen und Nachweisen. Eines vorweg: Die Wirkungen sind sehr vielfältig. Die Bandbreite reicht von Beeinträchtigungen der Atemwege mit Bronchitis und Asthma bis hin zu Lungenkrebs. Es kann aber auch zu Schädigungen des Herz-Kreislauf-Systems (z.B. Herzinfarkt) und sogar zu Einbußen der geistigen Leistungsfähigkeit kommen, wenn man vermehrt Rußteilchen einatmet. Kaum zu glauben, aber mehrfach nachgewiesen.[30]

Erschwerend kommt hinzu, dass für Feinstaub bisher keine Wirkungsschwelle identifiziert werden konnte. Das heißt, es gibt keine Konzentrationsgrenze, unterhalb derer die Feinstaub-Belastung keine gesundheitlichen Auswirkungen hätte. Daher gilt für Feinstaub: Je höher die Konzentrationen, desto größer das Gesundheitsrisiko.

Besonders gefährdet sind übrigens Kinder, ältere Menschen und Personen mit Vorerkrankungen, wie z.B. Asthma oder Herz-Kreislauf-Erkrankungen.

DEEP DIVE: ULTRAFEINE PARTIKEL (UFP)

Feinstaubpartikel mit einem Durchmesser kleiner als 0,1 µm ($PM_{0.1}$) entstehen vorwiegend bei Verbrennungsvorgängen. Sie dringen bis zu den Lungenbläschen vor, wo die Beseitigung dieser Partikel nur langsam über bestimmte Immunzellen erfolgt. Bei Überlastung dieser Zellen kommt es in den Lungenbläschen – den Alveolen – zu Entzündungsreaktionen; selbst dann, wenn die Staubteilchen selbst chemisch „harmlos“ sind. Problematisch sind auch die an den ultrafeinen Partikeln (UFP) angelagerten Polyaromatischen Kohlenwasserstoffe und Schwermetalle. Die Gefährlichkeit inhalierter Partikel fußt nicht nur auf ihrer Gesamtmasse, sondern wird vor allem durch die Größe der gesamten Partikeloberfläche bestimmt. UFP tragen zwar nur geringfügig zur Masse der Feinstaub-PM_{10}-Belastung bei, aufgrund ihrer sehr großen Anzahl haben UFP im Vergleich zu gröberen Partikeln aber bei gleicher Masse eine weit größere Oberfläche. Je größer die Oberfläche, desto mehr Schadstoffe können sich anlagern. UFP dienen so chemischen Schadstoffen als Transport-Vehikel in tiefere Atemwege. Sie haben daher ein weitaus höheres gesundheitliches Schädigungspotenzial als größere Partikel. Aus ärztlicher Sicht sollten daher die in lokalen/regionalen Verbrennungsvorgängen entstandenen Partikel bzw. reaktive Abgase (wie etwa im Straßenraum) höchste Priorität hinsichtlich (präventiver) Maßnahmen genießen.

Zurück zu den Orten, an denen die Belastung besonders hoch ist. Viele Menschen wohnen an vielbefahrenen Straßen. Ich befürchte die Antwort schon zu kennen, trotzdem: Ist das wirklich so schlimm?

Leider ja. Zum Beispiel leiden Kinder an stark befahrenen Straßen häufiger an Atemwegserkrankungen als ihre Altersgenossen in der „besseren Gegend“. Was sich daraus erklärt, dass sie tagtäglich Abgase, insbesondere diese winzigen Partikel wie Dieselrußteilchen, aber auch Straßenabrieb einatmen.

Wohnt man an so einer Straße, ist es jedenfalls sinnvoll, eher in Zeiten mit weniger Verkehr zu lüften. Außerdem hat sich gezeigt, dass sogenannte Komfortlüftungsanlagen mit Wärmerückgewinnung auch bei geschlossenen Fenstern eine hohe Raumluftqualität gewährleisten können – natürlich ist das abhängig von Bauweise und Wartung. Es ist immerhin eine Möglichkeit.

2 STICKSTOFFOXIDE

Widmen wir uns dem zweiten Bösewicht: Stickoxide – es gibt beinahe keine Dieselskandal-Schlagzeile, die ohne ihn auskommt. Was sind also Stickoxide?

Rein chemisch gesehen: „Stickoxide“ werden umgangssprachlich als Sammelbezeichnung für gasförmige Verbindungen verwendet, die aus den Atomen Stickstoff und Sauerstoff zusammengesetzt sind. Die beiden Hauptvertreter sind Stickstoffmonoxid (NO) und Stickstoffdioxid (NO_2), zusammengefasst als Stickstoffoxide NO_x.

Was machen Stickstoffoxide im Körper?

Nachdem in den letzten Jahren der Blick fast immer auf den Staubteilchen lag, ging die Bedeutung gasförmiger Schadstoffe in der öffentlichen Diskussion oft unter. Und das vollkommen zu Unrecht, denn genauso wie zu Feinstaub gibt es zu Stickstoffoxiden zahlreiche wissenschaftliche Befunde: Das Reizgas Stickstoffdioxid wirkt auf Augenbindehäute und die Schleimhaut im gesamten Atemtrakt. NO_2 führt zu Entzündungsreaktionen in Atemwegen und verstärkt die Reizwirkung anderer Luftschadstoffe. Die Folge sind Husten und Bronchitis, die Lungenfunktion wird herabgesetzt und die Anfälligkeit für Atemwegsinfekte steigt. Außerdem nehmen auch Herz-Kreislauf-Erkrankungen mit höheren NO_2-Konzentrationen zu.[31]

Auch, wenn das eigentlich schon reicht, aber richten Stickstoffoxide sonst noch etwas an?

Dass unsere Gesundheit nicht nur direkt durch das Reizgas NO_2 geschädigt werden kann, sondern auch über Umwege, wird gerne vergessen. Stickstoffoxide tragen nämlich auch zur Bildung von Feinstaub und bodennahem Ozon (Sommersmog) sowie zum Sauren Regen bei. All das hat einen Einfluss auf unsere Gesundheit, und nebenbei auch auf Pflanzen und Tiere.

Klingt wiederum allgegenwärtig. Und wer ist der Hauptproduzent von Stickoxiden? Sind es tatsächlich die in Verruf geratenen Dieselautos?

Diese Gase entstehen immer dort, wo fossile Energieträger wie Treibstoffe, Öl oder Kohle verbrannt werden. Damit stehen natürlich Verbrennungsmotoren und Feuerungsanlagen (etwa zur Energiegewinnung) im Vordergrund, wenn es um den Ausstoß von Stickstoffoxiden geht. Während bei großen Energieerzeugern die Schadstoffe meistens über hohe Schlote ausgestoßen und so verdünnt werden, schaut das beim Straßenverkehr anders aus: Speziell in innerstädtischen Bereichen landen die Schadstoffe unmittelbar bei den Menschen. Dort ist deshalb der Straßenverkehr die wichtigste Stickstoffoxid-Quelle, wobei Dieselmotoren in Pkw, Lkw und Bussen den größten Anteil dazu beisteuern. Bedeutet also: Dieselfahrzeuge stoßen – natürlich abhängig von ihrer Modernität – einen signifikanten Anteil an Stickstoffoxiden aus, im Durchschnitt mehr als andere Fahrzeuge. Daraus folgt: Ja, sie haben einen gewissen Anteil an unserem Problem rund um die Stockstoffoxide, und dementsprechend werden sie auch in den Fokus gerückt, wenn es um verkehrslenkende Maßnahmen geht. Das bedeutet aber nicht, dass andere Fahrzeuge gänzlich NO_x-frei herumfahren bzw. dass ein Benzinmotor keine Stickstoffoxide ausstößt. Aber eben in einem anderen Ausmaß.

Sind Abgase aus einem Benziner also „gesünder" als die aus einem Diesel?

Diese Frage wird mir sehr häufig gestellt, weil sie bei den Überlegungen vor einem Autokauf mitspielt, zumindest bei jenen, die ein gewisses Maß an Umwelt- und Gesundheitsbewusstsein haben. Die Frage ist also: Wenn ich mir ein Auto mit Verbrennungsmotor zulege, soll ich mir einen Benziner oder einen Diesel kaufen? Eine Frage, die UmweltmedizinerInnen, offen gesagt, Bauchweh bereitet.

Ein ähnliches Dilemma findet sich bei der Abfallproblematik, wenn es um „Deponie oder Müllverbrennungsanlage" geht. Auch hier steht das klassische „End of Pipe"-Denken im Vordergrund. Jeder und jedem wird wohl mittlerweile klar sein, dass wir schon viel früher ansetzen müssen: Es sollte ja bereits vorher um Abfallvermeidung und Recycling gehen. Analog ist es bei dieser Diesel-Benzin-Diskussion: Es geht um unser Mobilitätsverhalten und darum, sich folgende Fragen zu stellen: Kann ich meine Wege nicht auch anders zurücklegen? Muss ich jeden 500-Meter-Weg mit dem Auto fahren?

Wenn man die Diskussion nur auf die Frage „Was wird emittiert/ausgestoßen?“ reduziert, so sind Benzinabgase zweifellos auch giftig. Immerhin bestehen sie aus einer Unzahl von Kohlenwasserstoffen einschließlich dem krebserregenden Benzol. Man darf außerdem nicht vernachlässigen, dass auch Benziner, abhängig vom Motorentyp, ultrafeine Partikel ausstoßen. Auf der anderen Seite produzieren Dieselmotoren – abhängig von der EURO-Klasse – ebenfalls winzige Partikel und zudem deutlich größere Mengen an Stickstoffdioxiden als Benziner.

„Eine Frage, die mir häufig gestellt wird: Soll ich mir einen Benziner oder einen Diesel kaufen?“

Bereits in den 1980er Jahren sind Dieselabgase von der Weltgesundheitsorganisation ans „wahrscheinlich krebserregend“ eingestuft worden. 2011 schließlich als nachweislich krebserregend.[32] Aber: Auch Benzin- oder Ottomotoren-Abgase sind schon als wahrscheinlich krebserregend eingestuft. Daraus lässt sich ableiten: Beide Abgasarten sind stark humantoxisch, beeinträchtigen jedenfalls die Atemwege und das Herz-Kreislauf-System und haben ein krebserregendes Potenzial.

Vom medizinischen Standpunkt aus gesehen ist daher diese Frage nicht wirklich ohne Wenn und Aber zu beantworten. Viel wesentlicher erscheint mir, zuerst einmal das eigene Mobilitätsverhalten zu überprüfen. Nämlich, ob man hier oder dort Autofahrten vermeiden kann. Dann spart man jedenfalls schon Erdölprodukte ein und sorgt dafür, dass weniger Abgase in der Luft landen.

DEEP DIVE: FEINSTAUB & STICKSTOFFE ALS URSACHE VON DEMENZ & DIABETES?

Früher dachte man ja, dass nur Lunge und Atemwege von diesen Schadstoffen betroffen sind. Mittlerweile finden sich aber immer mehr Hinweise darauf, dass andere Organe ebenfalls beeinträchtigt werden können. Dazu zählt tatsächlich auch unser Nervensystem. So können sich ultrafeine Partikel nicht nur im Hirngewebe anreichern und die geistige Leistungsfähigkeit beeinträchtigen. Sie werden auch als Risikofaktor für die Entstehung von Demenz diskutiert. Zuletzt gab es sogar Hinweise darauf, dass höhere Konzentrationen an kleinen Partikeln in der Luft zu vermehrten Aufnahmen von Kindern auf psychiatrischen Abteilungen aufgrund von Angstzuständen führen, und das klingt durchaus besorgniserregend.

Und nachdem man auch gesehen hat, dass Patienten mit Diabetes mellitus oft besonders stark Luftverschmutzungen ausgesetzt waren, hat man sich weitere Fragen gestellt. Können etwa Luftverunreinigungen den Blutzuckerspiegel beeinflussen? Und wenn ja, kann es sein, dass es bei Erkrankten – aber auch bei Gesunden – durch die Luftverschmutzung zu einer Abnahme der Empfindlichkeit für Insulin kommt? Und so auch das Entstehen von Diabetes begünstigt wird? Und tatsächlich scheint es so zu sein, dass sich auch bei gesunden Menschen, die hohen Luftbelastungen ausgesetzt sind, Diabetes einfacher entwickeln kann. Erste Hinweise aus Studien gibt es dazu schon.

Selbstverständlich sind aber nach wie vor zu viel Zucker und Bewegungsmangel für den massiven Anstieg von Diabetes hauptverantwortlich. Trotzdem spielt offenbar auch die Qualität der Atemluft eine Rolle – das sollten wir zur Kenntnis nehmen.

Feinstaub & Stickoxide fordern jedes Jahr eine beträchtliche Anzahl an Todesopfern – das liest, hört, sieht man dann auch in den Nachrichten. Aber was sich vermutlich viele fragen: Wie kann man überhaupt feststellen, dass diese Schadstoffe für den Tod eines Menschen verantwortlich sind?

Unser Vorstellungsvermögen, nämlich, dass Feinstaub, Stickstoffdioxid oder Ozon tatsächlich die Gesundheit beeinträchtigen oder sogar das Leben verkürzen, ist begrenzt. Die meisten können – oder wollen – sich einfach nicht vorstellen, dass unsere Luft – obwohl keine schwarzen Abgaswolken mehr zu sehen sind wie früher oft – so viele Probleme machen kann. Die Politik tickt da nicht anders.

Daher hat die Wissenschaft vor rund 20 Jahren begonnen, diese Krankheitslast rechnerisch darzustellen. Mit diesen Berechnungen der Krankheitslast ermittelt man, wie sich die Risikofaktoren auf die Gesundheit der Bevölkerung auswirken. Dabei handelt es sich nicht um klinisch identifizierbare Todesfälle, die auf einen bestimmten Luftschadstoff zurückgeführt werden können. Das geht ja auch gar nicht: Wenn jemand beispielsweise an Lungenkrebs stirbt, kann man individuell nur gewisse Ursachen ausschließen oder auch annehmen – also ganz so einfach ist es nicht.

Vorzeitige Todesfälle durch Luftverschmutzung im Jahr 2019

Quelle: Europäische Umweltagentur 2020

Land	$PM_{2.5}$			NO_2		O_3	
	Bevölkerung (1000)	JMW	Vorzeitige Todesfälle	Bevölkerung (1000)	JMW	SOMO35	Vorzeitige Todesfälle
EU-28	507 558	13.2	379 000	17.8	54 000	4 970	19 400
Österreich	8 822	13.6	6 100	17.7	790	6 731	420
Belgien	11 399	12.7	7 400	20.4	1 200	4 298	350
Bulgarien	7 050	21	12 500	19.0	1 100	3 765	320
Tschechien	10 610	18.3	10 900	15.5	300	6 946	580
Finnland	5 513	5.9	1 700	8.6	< 1	2 351	90
Frankreich	64 456	10.6	33 100	15.9	5 900	5 274	2 300
Deutschland	82 792	12.3	63 100	19.1	9 200	5 674	4 000
Ungarn	9 778	18.3	13 100	17.0	850	5 892	590
Italien	60 484	15.5	52 300	20.1	10 400	6 490	3 000
Niederlande	17 181	12	9 900	20.4	1 600	3 620	410
Polen	37 977	21.7	46 300	15.6	1 900	5 095	1 500
Slowakei	5 443	18.2	4 900	14.8	40	6 129	230
Slowenien	2 067	15.8	1 700	14.5	50	6 494	100
Schweden	10 120	6.1	3 100	8.7	< 1	3 465	240
Schweiz	8 484	9.8	3 500	17.6	270	7 214	350

JMW: Jahresmittelwert, $PM_{2,5}$: Feinststaub, NO_2: Stickstoffdioxid, O_3: Ozon

Vielen ist natürlich nicht klar, wie man bei solchen Analysen genau vorgeht. Aber eines ist klar: Selbst wenn ein Diabetiker Sachertorte isst und daran verstirbt, gibt es keinen Marker, der mir den Verstorbenen als Sacher-Toten ausweist – ähnlich ist es mit den Luftbelastungen. Es gibt aber sehr gute und genaue wissenschaftliche Methoden, die über unterschiedliche Überlegungen ein etwaiges Risiko entweder ausschließen oder als realistisch einstufen können. Das geht tatsächlich – da muss man der Wissenschaft vertrauen.

Ein Feiertag, an dem wir uns alle sehr gerne und freiwillig einer hohen Feinstaubbelastung aussetzen, ist Silvester. Gerade in unseren Breitengraden ist ein Silvester ohne Feuerwerk (noch) kaum vorstellbar, wobei die Verbote für private Feuerwerke in vielen Städten zunehmen. Wie problematisch ist das?

Wir wissen aus den Messreihen, dass an Silvester deutlich höhere Feinstaubkonzentrationen auftreten. Allein in Deutschland werden in der Silvesternacht durch die Knallerei jedes Jahr rund 5000 Tonnen Feinstaub gleichsam in die Luft geschossen.

„Es gibt keinen Marker, der mir einen Verstorbenen als Sachertorten-Toten ausweist. Genauso ist es auch bei Luftschadstoffen."

Obwohl zum Glück nur einmal im Jahr, können diese akuten Belastungen durchaus Probleme bei Personen mit sich bringen, die ohnehin schon geschädigte Atemwege haben, wie z. B. Asthmatiker. Aber auch bei gesunden Menschen kann es zu Reaktionen kommen, etwa wenn sie bei eigenen Feuerwerksaktionen Milliarden schwermetallbeladene ultrafeine Teilchen einatmen. Selbst wenn es um akute und reversible Symptome geht, es sind trotzdem Einschränkungen der Lebensqualität.

Dass man daher versucht, dem Feuerwerksunwesen einen Riegel vorzuschieben, ist klar. Es geht nicht nur um gesundheitliche, sondern auch um Umweltbelastungen – Stichwort Schwermetalle und Müll.

Eigene Feuerwerke einzuschränken oder ganz auf sie zu verzichten, wäre daher aus etlichen Gründen ein Gewinn.

Wie ist denn das bei Kindern? Ist es fahrlässig, mit ihnen einen Ort zu besuchen, wo ein Feuerwerk gezündet wird?

Der kindliche Organismus ist deutlich empfindlicher als der von Erwachsenen. Ihr Immunsystem ist noch in Entwicklung, ihre Atemwege sind noch nicht ganz ausgereift. Daher reagieren sie generell empfindlicher gegenüber äußeren Einflüssen. Daraus leitet sich ein größeres Schutzbedürfnis ab.

Kinder zum Feuerwerk mitzunehmen, ist dennoch nicht als fahrlässig zu sehen. Es sind gewöhnlich sehr seltene Ereignisse. Wenn man einmal so etwas macht, weil man es dem Kind zeigen möchte und alle daran Freude haben, dann schafft man damit Momente, die das „entschuldigen“. Jedenfalls wird das keinen relevanten Einfluss auf die Lungengesundheit des Kindes haben. Diese Sorgen muss man sich aber jedenfalls machen, wenn das Kind zuhause etwa Passivrauch ausgesetzt wird.

Das heißt, unser Körper kann schon auch einiges wegstecken?

Wir haben natürlich ein großartiges Abwehrsystem. Das beginnt schon in der Luftröhre, wo wir Flimmerhärchen haben, die größere Staubpartikel quasi wie ein Förderband wieder hinaustransportieren.

Auch spezielle Zellen – unsere Immunabwehr – helfen uns, Luftverunreinigungen, die wir eingeatmet haben, unschädlich zu machen. Aber natürlich haben alle diese Abwehrsysteme ihre Grenzen. Wenn sie ständig belastet und letztlich überfordert werden, dann sind gesundheitliche Folgen vorprogrammiert.

„Unsere Immunabwehr hat – wie alle Abwehrsysteme – ihre Grenzen.“

Außerdem ist die Bevölkerung nicht einheitlich zusammengesetzt, was ihre Empfindlichkeit betrifft. Es gibt empfindlichere und widerstandsfähigere Individuen. Und auch wenn wir wissen, dass wir einiges wegstecken können, zeigt sich trotzdem, dass es bei den Schadstoffkonzentrationen, die wir hierzulande in der Außenluft registrieren, zu Gesundheitsbeeinträchtigungen bis hin zu Lebenszeiteinbußen in der Bevölkerung kommt.

Es ist eine Krankheitslast, bei der etwa vorgeschädigte Personen unschuldig zum Handkuss kommen. Daher ist aus unserer Sicht diese dauerhafte Belastung in vielen Bereichen noch immer zu hoch.

Wenn man all das hört, dann spricht eigentlich sehr vieles für ein (gesundes) Leben am Land, wo weniger Verkehr herrscht. Können wir also am Land tatsächlich sorglos durchatmen? Und ist im Umkehrschluss die Luft in der Stadt jedenfalls gefährlich?

Die weit verbreitete Meinung, dass es am Land nur gesunde Luft gibt, ist ebenso falsch wie die Annahme, dass man in einer mitteleuropäischen Stadt aufgrund der Luftverschmutzung nicht mehr leben kann. So können im ländlichen Raum alte Holzheizungen, Massentierhaltung, Pestizide, landwirtschaftliche Fahrzeuge etc. die Luft erheblich belasten. In Städten tragen vorwiegend Straßenverkehr oder auch Industrie und Gewerbe zur Schadstoffbelastung bei. Da Luftschadstoffe oft weit verfrachtet werden, dürfen auch die Auswirkungen fernerer Quellen nicht vernachlässigt werden.

„Bei Grenzwerten in Gesetzen handelt es sich immer um politische Kompromisse.“

GRENZWERTE

Rechtlich ist die Belastung zu hoch bzw. gilt die Luft dann als verschmutzt, wenn gesetzlich vorgeschriebene Grenzwerte überschritten werden. Individuell dann, wenn akute Effekte wie Asthmaanfälle auftreten, oder wenn man Verunreinigungen z. B. als Rauch sieht oder sie auch ganz einfach in einer unangenehmen Weise riecht. Vom medizinischen Standpunkt wiederum ist die Luft dann verschmutzt, wenn Konzentrationen in der Luft messbar sind, die zu akuten und/oder chronischen Effekten führen können. Und die können durchaus auch unterhalb jener Konzentrationen liegen, die rein rechtlich als Grenzwerte festgelegt wurden.

Um die Gesundheit der Bevölkerung zu schützen, wurden verbindliche Grenzwerte für Luftschadstoffe in der österreichischen und europäischen Gesetzgebung festgelegt. Bei diesen gesetzlichen Grenzwerten muss aber man beachten, dass sie keinen absoluten Gesundheitsschutz darstellen. Beispielsweise sind die Feinstaubgrenzwerte deutlich höher als jene Richtwerte, die von der Weltgesundheitsorganisation empfohlen werden. Das ist nicht überraschend, da es sich bei Grenzwerten in einem Gesetz immer um politische Kompromisse handelt. Daher sind auch unterhalb der derzeit gültigen europäischen bzw. nationalen Grenzwerte negative Gesundheitseffekte zu erwarten, speziell bei Feinstaub.

Immer mehr Städte führen Diesel-Fahrverbote und Tempo-30-Zonen ein – ist das wirklich notwendig und vor allem: Nützt das etwas?

Wo es die örtliche Situation erfordert, wie etwa in dicht besiedelten Ballungsräumen, wo auch z. B. die schlechte Luft oft hängen bleibt, sind diese Maßnahmen jedenfalls sinnvoll – gerade, wenn es um Dieselfahrzeuge geht. Immerhin hat sogar das deutsche Umweltbundesamt 2018 berichtet, dass „Diesel-Autos innerorts am meisten zur NO_2-Belastung beitragen“[33].

Hier darf man nicht vor Tempolimits und Fahrbeschränkungen bis hin zu Fahrverboten zurückschrecken. Es gibt unzählige Beispiele, wo das schon umgesetzt wurde und die Stadt nicht untergegangen ist, etwa in Paris, Oslo oder Vancouver, sogar in Mexico City.

3 OZON

Als ich noch ein Kind war, hörte man ständig vom Ozonloch und hoher Ozonbelastung, erst vor Kurzem haben ForscherInnen des EU-Erdbeobachtungsprogramms „Copernicus" berichtet, dass das Ozonloch so klein ist wie seit 30 Jahren nicht mehr. Ist Ozon also überhaupt noch ein Problem?

Das Spurengas Ozon findet sich in höheren Konzentrationen in der Atmosphäre in einer Höhe etwa zwischen 20 bis 45 Kilometern Höhe, in der Stratosphäre. Und es stimmt tatsächlich, dass sich die Ozonschicht etwas erholt hat, und zwar, weil hier einiges gemacht worden ist. Ozonloch heißt eigentlich nichts anderes, als dass es eine Ausdünnung der schützenden, sehr sensiblen Ozonschicht gibt. Dort haben die Fluorchlorkohlenwasserstoffe (FCKW) aus Spraydosen jenes Ozon vernichtet, welches uns vor ultravioletter Strahlung (UV-Strahlung) schützt. Besonders ist das über der Antarktis, Australien und Neuseeland passiert.

„Die Weltgemeinschaft hat gezeigt: Wenn sie zusammenhält, dann bringt das etwas."

Diese Ozon-Zerstörung hat eine Reihe negativer Folgen: Nachdem mehr aggressive UV-Strahlung an die Erdoberfläche gelangt, wird vom Plankton bis zur Pflanzenwelt praktisch alles Leben in Mitleidenschaft gezogen. Nicht zuletzt kommt es mit Zunahme der UV-B-Strahlung zu einem vermehrten Auftreten von Hautkrebs und Augenschäden und zu Schäden des Immunsystems. Man hat sich deshalb 1987 im Montrealer Protokoll, einem multilateralen Umweltabkommen, dazu verpflichtet, jene Stoffe, die zum Abbau der Ozonschicht führen, entweder zu reduzieren oder gleich vollständig zu verbieten.

Es wurde in diesem Bereich wirklich viel gemacht, und die Weltgemeinschaft hat gezeigt: Wenn sie zusammenhält, dann bringt das etwas. Das weltweite Verbot von FCKW zeigt Wirkung, denn das Ozonloch schließt sich langsam da und dort wieder. Das bedeutet aber nicht, dass das alles schnell geht und ein kontinuierlicher Prozess ist.

Man darf dabei nicht vergessen, dass die atmosphärenchemischen Vorgänge enorm verflochten und kompliziert und mit Modellen nur sehr schwer zu fassen sind – das heißt, wir wissen noch nicht genau, was da passiert. Ereignisse in den hohen Luftschichten sind daher aufgrund der Fülle an Faktoren und Wechselwirkungen kaum vorherzusagen. Dass alles sehr dynamisch ist, zeigen dann beispielsweise Beobachtungen, dass es nach einer Schrumpfung des Ozonlochs auch wieder rekordverdächtige Ausdehnungen gibt, wie zuletzt im Jahr 2015.

Zusätzlich sind eben noch immer sehr viele Chloratome in der Atmosphäre unterwegs, aus der Zeit, als unbekümmert und sorglos Haarsprays und Co. verwendet wurden. Leider kann ein einziges Chloratom bis zu 100.000 Ozonmoleküle zerstören, bevor es selbst aus der Atmosphäre verschwindet.

Einerseits schützt uns also die Ozonschicht, andererseits hört man im Sommer regelmäßig von einer hohen Ozonbelastung. Inwiefern ist die wiederum schädlich?

Während uns das „gute Ozon" in den hohen Luftschichten schützt, ist das in Bodennähe gebildete Ozon ein starkes Reizgas, das unsere Atemwege schädigen kann. In Bodennähe bedeutet übrigens nicht nur zehn, zwanzig Zentimeter über dem Boden, sondern einige hundert Meter.

„Hohe Ozonwerte findet man im Grünen, dort, wo man sie eigentlich nicht erwartet."

Was wir also oben in der Stratosphäre gerne haben, ist hier in unserer nächsten Umgebung keine schöne Sache. Außerdem kommt ja Ozon nicht nur allein vor. Ozon steht eigentlich stellvertretend für eine große Gruppe von sogenannten Sauerstoffradikalen. Das sind sehr reaktive Produkte, die sich bilden und wieder zerfallen, und das zum Teil in Millisekunden. Und diese Stoffe hängen in diesem großen, sogenannten photochemischen Smog herum, in dem wir uns an heißen Sommertagen bewegen. Keine Frage: Ozon hat einen starken Einfluss auf unsere Gesundheit.

ENTSTEHUNG VON OZON

Damit Ozon entstehen kann, braucht es sogenannte Vorläufersubstanzen, das sind Stickstoffoxide und Kohlenwasserstoffe (VOC) und Sonnenlicht. Je mehr VOC und NO_x in der Luft sind und je stärker die Sonne scheint, desto mehr Ozon wird gebildet. Hohe Temperaturen begünstigen die chemischen Reaktionen. Deshalb nennt man dieses Phänomen auch Sommer-Smog oder photochemischen Smog. Industrie, Gewerbe und Haushalte sind die Hauptverursacher von VOC, während Stickoxide zu etwa zwei Dritteln aus Motoren (Straßenverkehr, Maschinen etc.) stammen.

Das Interessante an diesem Bildungsmechanismus ist, dass dort, wo viele dieser Vorläufersubstanzen zu finden sind, also etwa in den verkehrsreichen Stadtzentren, die Ozonbildung zwar ihren Anfang hat, sich dann aber wie ein Pilz nach oben ausbreitet. Die eigentliche Ozonbildung findet dann erst über den Transportweg in die „grünen“ Frischluftbereiche statt. Direkt im Zentrum finden wir gar nicht so hohe Ozonwerte, weil das Ozon hier auch wiederum zerfällt bzw. mit dem Stickstoffdioxid reagiert und quasi wieder auseinandergerissen wird. Also gerade dort, wo es keine Stickstoffquelle und beispielsweise auch keine Verbrennungsmotoren gibt, sind die Ozonwerte höher. Und das ist das Paradoxe: Wenn man denkt, hier ist es grün, hier gibt es viel frische Luft, etwa beim Spazieren im Wald, hat man gerade dort höhere Belastungen zu erwarten. Dennoch gilt für ländliche Gegenden: Die Landluft ist insgesamt trotzdem besser als in der Stadt, denn in der Stadt gibt es zusätzlich noch etliche weitere Luftschadstoffe.

Wie wird man das Ozon aus diesen Gebieten wieder los?

Wenn die Sonne untergegangen ist und damit auch keine UV-Strahlung mehr einwirken kann, baut sich das Ozon wieder ab – zumindest in der Stadt, da Reaktionsprodukte aus der Ozonbildung, wie Stickstoffmonoxid, auch für den Abbau von Ozon „zuständig“ sind. Deshalb kommt es zu der paradoxen Situation, dass die Belastungen in den Städten mit ihrer höheren Luftverschmutzung nachts absinken, während in ländlichen „Reinluftregionen“ die Konzentrationen fast gleich bleiben.

Wie wirkt Ozon konkret im menschlichen Körper?

Ozon ist schwer wasserlöslich. Dringt dieses Reizgas tief in die Lunge ein, greift es die Zellen der kleinsten Atemwege und der Lungenbläschen an. Diese Ozon-Attacke zieht Sofortreaktionen nach sich, wie etwa eine Verminderung der Lungenfunktion, Husten oder das Auslösen von Asthmaanfällen.

Aber auch eine dauerhafte Belastung hat Folgen. Bei Kindern, die höher belastet sich, verzögert sich das Lungenwachstum.

Ebenso sind Personen, die bereits Probleme mit ihren Atemwegen haben, wie AsthmatikerInnen, stärker betroffen. Was beim Ozon interessant ist: Wir wissen, dass etwa zehn Prozent der Bevölkerung empfindlicher auf Ozon zu reagieren scheinen, ganz ohne Vorerkrankung. Und ohne, dass es dabei zu weitreichenden Symptomen kommen muss, spüren sie eine erhöhte Ozonbelastung eher als die restliche Bevölkerung.

Wann spricht man von einer „hohen Ozonbelastung" und wie verhält man sich dann richtig?

Nachdem Ozon vor allem dann entsteht, wenn es wirklich viel Sonnenschein gibt, und es dann auch sehr heiß ist, schützt ein vernünftiges Verhalten bei Hitze gleichzeitig vor Ozon. Wenn man alles ein bisschen ruhiger angeht und sich nicht überanstrengt, ist die Atemfrequenz niedriger, und dadurch dringt auch weniger Ozon in Atemwege und Lunge. Wenn man eine Vorerkrankung, etwa Asthma, hat, dann sollte man sich an solchen Tagen eher drinnen aufhalten.

Viele fragen sich: Dürfen meine Kinder bei hoher Ozonbelastung überhaupt draußen spielen? Klare Antwort: Kinder müssen nicht eingesperrt werden. Es gilt auch für sie, dass ein Herumtoben in der prallen Sonne und in der Mittagshitze keine gute Idee ist. Im Schatten spielen, speziell früh vormittags oder am frühen Abend, gilt aber als problemlos. Warum die Frage „Zu Hause bleiben oder nicht?" aber sinnvoll ist, erklärt sich daraus, dass die Ozonkonzentration in der Wohnung bzw. in Innenräumen um rund die Hälfte geringer ist als draußen.

Wirken sich die immer häufigeren Hitzewellen eigentlich auch auf all diese Schadstoffe in der Luft aus?

Das wird definitiv so sein. Je mehr Hitzewellen mit wolkenlosen Tagen es gibt, desto mehr werden wir mit Schadstoffen wie Ozon zu tun haben, deren Bildung von der UV-Strahlung „angeheizt" wird. Insgesamt steht uns neben dem Hitzestress und dessen Folgen auch gleich ein intensiveres Ozon-Problem ins Haus.

Dass Ozonbelastungen kein Spaß sind, hat die Weltgesundheitsorganisation bereits 2008 berichtet: Allein in Europa sind rund 21.000 vorzeitige Todesfälle und 14.000 Spitaleinweisungen aufgrund von Atemwegsproblemen pro Jahr auf die Ozonbelastung zurückzuführen.

Wie weit Gase in die Atemwege vordringen können

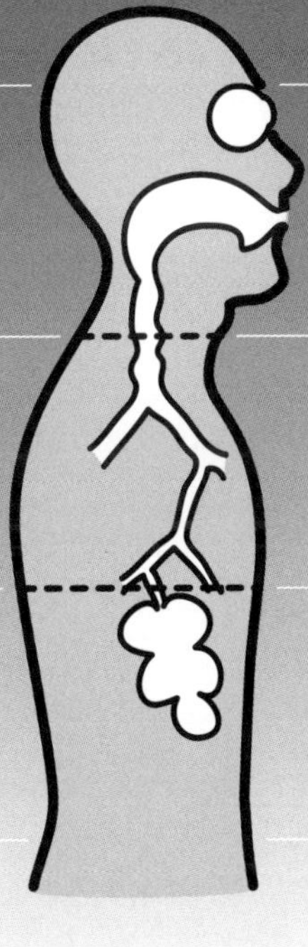

Wasserlöslichkeit	Angriffsorte	Stoffe
hoch	Auge Kehlkopf Luftröhre	Ammoniak Chlorwasserstoff Formaldehyd Acrolein Fluor
mittel	Bronchien Bronchiolen	Schwefeldioxid Chlorgas Brom
gering	Bronchiolen Lungenbläschen	Ozon Stickstoffdioxid

So kommen auf uns jede Menge Aufgaben zu. Man muss nur an die vielen Berufstätigen denken, die etwa im Straßenbau oder auf anderen Baustellen arbeiten. Da gilt es schon heute, entsprechende Überlegungen anzustellen (siehe auch das Kapitel Klimakrise in diesem Buch).

„Pro Jahr sind rund 21.000 vorzeitige Todesfälle in Europa auf die Ozonbelastung zurückzuführen."

Woran viele auch kaum denken, ist die stark pflanzenschädliche Wirkung von Ozon und den anderen stark reaktiven Stoffen, die in diesem photochemischen Cocktail mitschwimmen. Pflanzen leiden schon bei niedrigeren Konzentrationen unter dem Sommersmog mehr als der menschliche Organismus. Was in der öffentlichen Diskussion kaum eine Rolle spielt, verursacht teils drastische Ernteeinbußen. Allein in den USA sind es Kosten in Milliardenhöhe, die aufgrund der Ozonbelastung praktisch zu beklagen sind.

Fazit: Sind wir noch zu retten?

Zuerst etwas Positives: Es gibt viele, sehr viele gut durchgeführte Studien zu den wichtigsten Luftverunreinigungen und deren Auswirkungen auf unsere Gesundheit. Daher wissen wir auch, wie und was getan werden muss, um Schadstoffe in der Atemluft zu begrenzen, damit wir unsere Bevölkerung schützen können.

Außerdem können wir den Erfolg der Maßnahmen zur Reduktion etwa von Feinstaub auch messen, indem wir die gewonnene, längere Lebenserwartung darstellen. Daher kann ich sagen: Ja, wir sind noch zu retten, denn das Handwerkszeug dazu haben wir.

„Wenn alles so weitergeht wie bisher, dann wird die Rettung für einige zu spät kommen."

Aber nur dann, wenn die großteils mühsam zusammengetragenen wissenschaftlichen Erkenntnisse auch seitens der Politik ernst genommen und die vorgeschlagenen Maßnahmen umgesetzt werden. Die beste wissenschaftliche Erkenntnis nützt nichts, wenn sie nur in Fachzeitschriften abgedruckt und nett kommentiert wird. Wenn es aber überhaupt keine Umsetzung oder nur bis zur Unkenntlichkeit abgeschwächte Maßnahmen gibt, weil man sich z. B. vor der Automobil-Lobby fürchtet, und alles so weitergeht wie bisher, dann wird die Rettung für einige zu spät kommen.

Haben wir ein Zeitfenster?

Obwohl sich in den letzten Jahren zweifellos lufthygienisch einiges verbessert hat, gibt es nach wie vor Luft nach oben – sprich: Verbesserungsbedarf. Wir wissen also um die gegenwärtige Belastungssituation, die Aktionen erfordert.

Wenn einige meinen: „Naja, überlegen wir uns das in den nächsten 10 bis 20 Jahren", dann ist das doch verantwortungslos all jenen gegenüber, die jetzt leben. Es geht um das Hier und Jetzt unserer Gesundheit. Das Fenster ist offen, und das schon längst. Dementsprechend sehe ich hier Bedarf, Handlungen zu setzen, die heute und jetzt starten müssen.

WAS TUN?

PRAKTISCHE TIPPS FÜR JEDE/N EINZELNE/N

Viele dieser Tipps sind einfach im Alltag umsetzbar. Sie kosten nichts oder sparen sogar Geld und wirken sich nicht zuletzt auf die (eigene) Gesundheit und Umwelt aus.

- [x] Lokale, umweltfreundlich erzeugte Produkte bevorzugen: So ersparen Sie der Umwelt lange Transportwege und der Luft viele unnötige Abgase.
- [ ] Kurzfahrten mit dem Auto nach Möglichkeit vermeiden, mehr zu Fuß gehen oder Rad fahren.
- [ ] Hohe Geschwindigkeiten vermeiden. Selbst bei gleichförmigem Fahren steigt der Spritverbrauch mit zunehmender Geschwindigkeit. Noch ausgeprägter ist das bei häufigem Beschleunigen und Bremsen.
- [ ] Klimaanlage und Heckscheibenheizung bewusst (nicht) verwenden.
- [ ] Steht das Auto – Motor abschalten: Wer seine Nachrichten am Handy checkt, telefoniert oder wartet, muss das nicht bei laufendem Motor machen.
- [ ] Öffentliche Verkehrsmittel in die Überlegungen „Wie komme ich am besten da- und dorthin?“ einbinden.
- [ ] Fahrgemeinschaften bilden.
- [ ] Wenn Sie ein Dieselauto kaufen, dann bitte nur eines mit Partikelfilter.
- [ ] Die Wohnung nicht überheizen (Raumtemperatur etwa 21 °C).
- [ ] Energie sparen: z. B. Stand-by-Betrieb vermeiden, Fenster abdichten, Stoßlüften statt Fenster gekippt lassen.
- [ ] Regelmäßig vom Installateur oder Rauchfangkehrer die Einstellungen am Heizsystem überprüfen lassen (weniger Abgase).
- [ ] Alte Holz- und Ölheizungen ersetzen, den Einsatz einer thermischen Solaranlage erwägen.
- [ ] Den Ofen nicht für Müllverbrennung missbrauchen.
- [ ] Auf Fern-, Nahwärme umsteigen.

EINFACHE VORSICHTSMASSNAHMEN

- [x] An Tagen mit höheren Belastungen mit Luftschadstoffen, speziell durch Ozon und Feinstaub, sollten anstrengende Tätigkeiten im Freien vermieden werden. So atmen Sie weniger Luftverunreinigungen ein und ihr Organismus wird weniger gefordert.

- [ ] Achten Sie auf Meldungen zur aktuellen Luftsituation. Informieren Sie sich über den täglichen Stand, besonders, wenn in den letzten Tagen Schadstoffgrenzwerte überschritten wurden.

- [ ] FußgängerInnen und RadfahrerInnen sollten stark befahrene Straßen meiden und weniger befahrene Nebenstraßen nutzen.

- [ ] Ganz allgemein unterstützt ein gesunder Lebensstil (ausgewogene Ernährung, regelmäßige Bewegung, nicht rauchen etc.) die Abwehrkraft des Körpers. Damit können Sie gesundheitlichen Schäden durch negative Umwelteinflüsse vorbeugen.

5 INNENRAUM

Dicke Luft in unseren vier Wänden

Gute Raumluft ist für unser Wohlbefinden und unsere Leistungsfähigkeit entscheidend. Das haben wir auch zum Großteil selber in der Hand.

INTRO

Wie zettelt man in Österreich einen Streit an? Richtig, man wirft die Worte „Rauchverbot" oder „Passivrauchen" in die Runde und sieht zu, was passiert. Ein abendfüllendes Unterhaltungsprogramm ist garantiert. Sitzt zudem noch ein „Dampfer" am Tisch, wird die Diskussion um eine interessante Facette erweitert. So viel zu den Rahmenbedingungen.

M. zündet sich genüsslich eine Zigarette an und bläst den blauen Dunst in die Luft. Beim Ausblasen verschluckt er sich beinahe, fängt er sich doch von S. einen Rempler in die Seite ein. „Was? Ich werde doch zumindest in meinen eigenen vier Wänden eine rauchen dürfen, wenn ich's schon sonst nirgends mehr darf." Die Diskussion ist eröffnet: von eingeschränkter Freiheit über Respekt bis hin zu Selbstbestimmung über den eigenen Körper und die Gesundheit – die Einzelheiten sind hier auszusparen, wir waren vermutlich alle bereits Teil oder stille/r BeobachterIn einer solchen Runde. Von einer entspannten Atmosphäre kann jetzt jedenfalls keine Rede mehr sein.

Nach unzähligen Vorwürfen und Argumentationen, die mehr eine Weltanschauung widerspiegeln als wissenschaftliche Grundlagen, packt M. schließlich das Feuerzeug in die Zigarettenschachtel und legt sie demonstrativ genervt weg. S. versucht die gute Stimmung wiederherzustellen – das peinlich berührte Schweigen der Gäste nach einem Streit des Gastgeber-Pärchens ist immer eine durchaus herausfordernde Ausgangssituation –, und holt eine Duftkerze zum Tisch. „Jetzt denken wir gleich nicht mehr daran. Die habe ich aus dem letzten Urlaub mitgenommen, ein Traum!" Ein bisschen zu fröhlich zündet sie die Kerze mit einem Streichholz an. In der Luft hängt nun der Geruch von verbranntem Holz, der gleich darauf von einem künstlichen Nadelholzduft verdrängt wird. Die Kombination lässt mich kurz an ein Lagerfeuer im Wald denken. So einfach lässt sich der Tabakrauch aber nicht verdrängen.

„Stört es euch, wenn ich das Fenster ein bisschen aufmachen?" Wie erwartet kein Widerstand. Als ich den Fenstergriff drehe, mir endlich frische Luft entgegenströmt und sich im Raum breit macht, scheint sich die Stimmung tatsächlich wieder zu lockern. Erstes Gelächter, M. schenkt sich ein Bier ein, ich genieße noch einen kurzen Blick auf die nächtliche Stadt und nehme noch einen tiefen Zug der kalten Luft. Als ich das Fenster wieder schließe, fallen mir ein paar Kondenstropfen und kleine schwarze Flecken an der Fensterdichtung auf. Schimmelspuren.

Im selben Moment leuchtet auf meinem Handy eine Erinnerung auf: „09.00 Termin Hans-Peter Hutter – Kapitel Innenraum“. Ein früher Termin – ein guter Grund, mich aus der geselligen Runde zu verabschieden – und die dicke Luft hinter mir zu lassen.

1 RAUMKLIMA, RAUMLUFT UND HAUSSTAUB

Das Tückische ist offenbar: In unseren eigenen vier Wänden fühlen wir uns sicher, aber gerade so kann uns schlechte Luft – ganz unbemerkt und heimlich – Tag für Tag schädigen. Um welche Stoffe geht es konkret, was verunreinigt unsere Luft – und schadet uns letztlich?

Seit mehr als 30 Jahren klagen die Menschen in unseren Breitengraden zunehmend über Gesundheitsstörungen, deren Ursachen sie selbst dem Wohnumfeld zuschreiben. Aber was ist davor passiert? Eine beeindruckende Veränderung in der Baupraxis hat begonnen. Zum einen wurden die Bauhüllen immer dichter – um Energie zu sparen –, zum anderen kamen immer häufiger neue und damals zum Teil noch unbekannte Baustoffe bzw. Bauverfahren zur Anwendung. Und damit konnten bzw. können sich in den abgeschlossenen Räumen, besonders in den Wintermonaten, gefährliche Stoffe aus dem Bau, aber auch aus der Einrichtung oder von Reinigungs- und Hobbyarbeiten ansammeln und die Raumluft belasten. Gut bekannt sind das heute verbotene Asbest, Formaldehyd und andere Lösemittel, (Zigaretten-)Rauch, Holzschutzmittel und Pestizide.

Von allen negativen Faktoren, die unser Wohlbefinden in den Häusern und Wohnungen beeinflussen, sind neben dem Raumklima – also Temperatur und Luftfeuchtigkeit – aber vor allem biologische und chemische Verunreinigungen, „Elektrosmog“ und nicht zuletzt Radon zu nennen.

Die einzige sichtbare Luftverunreinigung ist ja Staub. Und offen gesagt: Staubwischen fühlt sich wie eine Sisyphos-Arbeit an – kaum erledigt, schon ist die Staubschicht wieder da. Hat auch Staub negative Auswirkungen auf unsere Gesundheit?

Hausstaub ist eine Mischung verschiedenster Partikel unterschiedlichster Herkunft, Form und Größe. So finden sich sichtbare Teilchen in Millimeter-Größe, aber auch solche, die mit wenigen Mikrometern so winzig sind, dass sie nicht mehr mit freiem Auge sichtbar sind.

Zum Großteil besteht er aus Ruß, Kunststoffteilchen, Abriebmaterial, Hautschuppen, Bakterien und Schimmelpilzbestandteilen sowie aus Inhaltsstoffen von Konsumprodukten. An diese Staubteilchen lagern sich viele Schadstoffe an, die in der Umgebungsluft vorhanden und schwer flüchtig sind, wie etwa Weichmacher oder Flammschutzmittel.

„Der größte Anteil der Hausstaubmilben befindet sich übrigens im Bett."

Da diese Staubteilchen leicht durch Verschlucken oder Einatmen in unseren Körper eindringen können, ist die Belastung des Hausstaubs mit Schadstoffen tatsächlich von gesundheitlicher Bedeutung. Immerhin sind Schadstoffe dabei, die unser Wohlbefinden beeinträchtigen und das Immunsystem schwächen können. Außerdem ist der Hausstaub ein optimaler Nährboden für die Hausstaubmilbe. Deren Exkremente sowie gewisse chemische Verbindungen im Hausstaub können beim Menschen vorhandene Allergien und Asthma auslösen bzw. verstärken. Der größte Anteil der Hausstaubmilben befindet sich übrigens im Bett.

Insgesamt sind Kinder besonders gefährdet, da der kindliche Organismus noch in Entwicklung und dadurch empfindlicher ist. Gerade Babys und Kleinkinder sind durch ihre Lebens- und Spielgewohnheiten dem Staub besonders ausgesetzt: Sie nehmen durch Krabbeln am Boden und Mundkontakt mit Spielzeug mehr Schadstoffe aus dem Staub auf als Erwachsene.

Wir haben jetzt ganz andere Chemikalien, andere Möbel, andere Geräte in den Wohnungen als noch unsere Großeltern und Eltern – hat sich der Hausstaub in den letzten Jahrzehnten verändert?

Hausstaub ist auch ein Spiegel der gesellschaftlichen bzw. technologischen Entwicklung: Früher wurde zum Beispiel sicherlich viel mehr daheim geraucht als heute. In den 50er Jahren waren aber etwa Räucherstäbchen praktisch unbekannt – dafür wurde noch viel öfter mit Kohle oder Holz geheizt. Auch elektronische Geräte gab es kaum – heute sind unsere Wohnungen voller Elektronik: Von der HiFi-Anlage über Laptops bis zum Drucker.

Auch hier gibt es Emissionen wie etwa Flammschutzmittel, die es gewiss damals in dieser Art und Menge nicht gab.

„Hausstaub ist ein Spiegel der gesellschaftlichen und technologischen Entwicklung."

Es hat sich also mit Sicherheit die Zusammensetzung geändert, aber nicht unbedingt die Gefährlichkeit, das heißt, man kann nicht sagen, dass der Staub vor 30 Jahren harmloser war. Schließlich gab es damals Holzschutzmittel wie Pentachlorphenol, Bleifarben oder auch PVC-Böden – alles andere als unproblematische Stoffe. Dafür sind heute andere Umweltchemikalien öfter anzutreffen, wie Biozide, Duftstoffe oder diverse Flammschutzmittel.

In den letzten Jahren sind Kamine und Schwedenöfen wieder modern geworden – der Geruch von Feuer und Holz sorgt für ein wohliges Gefühl. Und für viele darf es im Wohnraum auch gerne über 22 Grad haben. Inwiefern beeinflusst Heizen also das Raumklima?

Eines lässt sich in Österreich beobachten: Früh einzuheizen ist hierzulande beinahe schon zum Volkssport geworden. Kaum sinken die Temperaturen in frühherbstliche Bereiche, wird in kurzer Hose und Leiberl zuhause gefroren und schnell die Heizung angeworfen. Man will es sich im 28 Grad warmen Wohnzimmer im Sommeroutfit bequem machen.

Diese übertriebene Bequemlichkeit hat vordergründig negative Folgen für die Umwelt: Der Energieverbrauch an Heizöl, Holz etc. steigt und damit auch die Belastung der Umwelt durch den Hausbrand (Stichwort Feinstaub und CO_2-Emissionen, siehe das Kapitel Luftverschmutzung). Aber nicht nur für die Außenwelt ist es schlecht, sondern auch für die BewohnerInnen: Überheizen und die höheren Raumtemperaturen gehen auch mit unangenehm trockener Luft und mit Reizerscheinungen an Augen und den oberen Atemwegen einher (siehe weiter unten).

Die Art zu heizen macht also einen deutlichen Unterschied für die Innenraumluft. Ein Beispiel: Immer mehr Menschen schaffen sich Einzel- bzw. Kaminöfen an. Selbst wenn der offene Kamin romantische Gedanken vermittelt, sind die Feinstaubfrachten in die Raumluft massiv und gesundheitsgefährdend. Traditionelle Techniken der Holzverbrennung als Stückholz, z.B. in Kachelöfen oder gar in offenen Kaminen, produzieren hohe Feinstaubfrachten und haben zusätzlich einen vergleichsweise schlechten Wirkungsgrad (sehr unvollständige Verbrennung, hoher Wärmeverlust über den Kamin). Also alles andere als eine effektive Art des Heizens.

„Selbst wenn der offene Kamin romantische Gedanken vermittelt, sind die Feinstaubfrachten in die Raumluft massiv und gesundheitsgefährdend."

Die Verwendung von Holzöfen in Innenräumen wirkt sich in Abhängigkeit vom Modell mehr oder weniger auf die Innenraumluftqualität aus, selbst bei einer der Raumluft gegenüber abgeschlossenen Verbrennungskammer (z.B. aufgrund undichter Geräte). Besonders stark beeinträchtigen Holzfeuer in offenen Kaminen die Raumluft. Kohlenmonoxid, Stickoxide und speziell Ultrafeinstaub konterkarieren die trügerische Idylle.

In den letzten Jahren sind aber auch zunehmend dekorative abzugsfreie Zimmeröfen beliebt, die mit Ethanol „betrieben" und als emissionsfrei beworben werden. Leider ein Irrtum: Einige Studien belegen Belastungen u.a. mit Formaldehyd, Benzol, Stickstoffoxiden und Kohlenmonoxid.

INDIKATOREN FÜR GUTE ODER SCHLECHTE LUFT

Kohlendioxid

Die Konzentration von CO_2 in Innenräumen dient vor allem als allgemeiner Indikator für die Gesamtmenge der vom Menschen abgegebenen Emissionen und Geruchsstoffe. Als Produkt der menschlichen Atmung ist der CO_2-Gehalt der Innenraumluft daher unmittelbar Ausdruck der Intensität der Nutzung eines Raumes, also wie viele Personen im Haushalt sind und wie oft gelüftet wird. Andere CO_2-Quellen sind Gasherde sowie Ethanol- und Gasöfen ohne Abzug ins Freie. Bei steigendem CO_2 leidet unter anderem die Konzentrationsfähigkeit.

Lufttemperatur und Luftfeuchtigkeit

Speziell das richtige Verhältnis zwischen Temperatur und Feuchte sorgt für ideales Raumklima. Die optimale Temperatur beträgt 20 bis 22 Grad in Wohnräumen, in Schlafräumen 17 bis 18 Grad. Die relative Luftfeuchtigkeit soll zwischen 40 und 60 Prozent liegen.

Doch genau diese Parameter im Gleichgewicht zu halten, ist die große Herausforderung im Alltag. Denn ist die Luftfeuchtigkeit zu niedrig, weil etwa zu viel geheizt wird, dann trocknen die Schleimhäute vor allem im Nasen-Rachenbereich rasch aus. Wir bekommen trockene Augen, haben mehr Durst und zusätzlich treten diverse Befindlichkeitsstörungen auf, wie etwa Abgeschlagenheit, Müdigkeit und Konzentrationsschwierigkeiten. Nicht zu vernachlässigen ist auch die erhöhte Infektanfälligkeit. Umgekehrt begünstigt eine hohe Luftfeuchtigkeit Schimmelpilzwachstum und auch die Vermehrung von Milben.

Häufige Einflussfaktoren in Innenräumen und deren Quelle

Einflussfaktoren	Quellen
Kohlenstoffdioxid	Mensch (Ausdünstungen), offene Flammen
Kohlenstoffmonoxid	Undichte Öfen, Durchlauferhitzer ohne Abzug, Gasherde
Stickstoffoxide	Gasherde, (offene) Holzfeuerungen, Rauchen, Kfz-Abgase (Außenluft, (Tief-)Garagen)
Ozon	Laserdrucker, Kopierer, Luftionisatoren
Flüchtige Kohlenwasserstoffe	Lösungsmittel, Farben, Lacke, Kleber, Ausgleichsmassen
Formaldehyd	Tabakrauch, Spanplatten und Holzwerkstoffe, Dispersionskleber, Lacke, offene Gasflammen
Tetrachlorethen (Per)	Chemische Reinigung, chemisch gereinigte Kleidung
Polyzyklische aromatische Kohlenwasserstoffe (PAK)	Alte Parkettkleber, Feuchteabdichtungen, Karbolineum
Polychlorierte Biphenyle (PCB)	Früher Fugen- und Dichtungsmassen, Kondensatoren von Leuchtstofflampen, Brandschutzanstriche
Flammschutzmittel	Elektro-, Elektronikgeräte, Textilien, Polstermöbel
Phthalate (Weichmacher)	Tapeten, Bodenbeläge, Folien, Beschichtungen, Spielzeug
Biozide	Holzschutzmittel, Desinfektionsmittel, Lacke, Teppiche, Schädlingsbekämpfung, Elektroverdampfer
Tabakrauch	Zigaretten, Zigarren, Pfeifen
Ultrafeinstaub	Tabakrauch, Außenluft, Drucker, Kopierer, Räucherstäbchen
Asbest	Altes Brandschutz- und Dichtungsmaterial, Nachtspeicheröfen
Radon	Erdreich (v.a. Urgesteinsböden), Baustoffe
Allergene	Hausstaub, Milben, Schimmel, Bakterien

Vor allem in den heißen Sommermonaten vergeht kaum eine Woche, in der nicht über den Tod von Menschen durch Kohlenmonoxid-Vergiftungen berichtet wird. Also in Zeiten, in denen eigentlich gar nicht geheizt wird. Wie kommt es dann dazu? Und vor allem, wie kann man vorsorgen?

Dieses anorganische Gas entsteht – gemeinsam mit Stichstoffoxiden – vorwiegend bei Verbrennungsprozessen, also etwa auch beim Rauchen. Besonders gefährliche Kohlenmonoxid-Quellen im Innenraum sind undichte Kamine, 5-Liter-Durchlauferhitzer ohne Kaminanschluss, sowie schlecht gewartete Öfen und Heizungen.

Es kommt tatsächlich immer wieder zu Kohlenmonoxid-Vergiftungen im Haushalt. Eine akute CO-Vergiftung ist heimtückisch, da es keine Warnzeichen gibt. Das Gas ist farb-, geschmack- und geruchlos und vor allem lebensgefährlich, da es bereits innerhalb sehr kurzer Zeit töten kann. Es verdrängt rasch den lebenswichtigen Sauerstoff aus dem Blut, da Kohlenmonoxid im Vergleich zu Sauerstoff eine etwa 300-fach höhere Affinität zum Hämoglobin, dem roten Blutfarbstoff, besitzt. Kohlenmonoxid lagert sich an das Hämoglobin an und blockiert so die Aufnahme von Sauerstoff. Man erstickt also praktisch innerlich.

„Eine akute CO-Vergiftung ist heimtückisch, da es keine Warnzeichen gibt."

Traten früher Kohlenmonoxid-Unfälle meist nur im Winter bzw. den kühleren Monaten auf, kommt es jetzt immer öfter auch in den Sommermonaten zu solchen fatalen Situationen, speziell bei sehr hohen Außentemperaturen. Denn große Hitze kann rasch zu Fehlfunktionen bei defekten Gasthermen oder auch Durchlauferhitzern führen. Bei einer Gasheizungsanlage können sich um die Fangköpfe am Dach heiße Luftstoppel bilden, und das führt zu einem sogenannten Abgasrückstau, die Abgase können nicht mehr abgeführt werden. Während neuere Geräte diesen Rückstau erkennen und sich automatisch abschalten, fehlt bei etlichen älteren Geräten ein solcher Schutzmechanismus.

TECHNISCHE HILFSMITTEL FÜR EIN GUTES RAUMKLIMA

Einsatz von Luftbefeuchtern

Auch wenn das Gleichgewicht zwischen Luftfeuchtigkeit und Temperatur nicht immer einfach ist, ist es dennoch immer besser, ohne jegliche zusätzlichen technischen Hilfsmittel wie Luftbefeuchter auszukommen. Dazu ist es zunächst aber wichtig zu wissen, wie hoch der Feuchtigkeitsgehalt in der Raumluft ist. Die Anschaffung eines verlässlichen **Hygrometers** ist daher der erste Schritt.

Falls alle Maßnahmen wie maßvolles Heizen und Lüften wirklich wirkungslos sind, dann darf man jedenfalls nicht vergessen, dass – egal, welche Geräte ich einsetze – diese zu reinigen und zu pflegen sind. Es kann speziell bei Kaltverdampfern zu mikrobiellen Besiedelungen des Wassertanks kommen. In Folge können durch den Betrieb wiederum Bakterien in den Raum „geschleudert" werden und damit auch eine Infektionsquelle darstellen (Stichwort: Befeuchterfieber).

Kontrollierte Wohnraumlüftung

Eine moderne, gut gewartete mechanische Lüftungsanlage („Komfortlüftung") sorgt für einen kontinuierlichen Luftwechsel. Das bedeutet nicht, dass die Fenster immer geschlossen bleiben müssen, diese können jederzeit bei Bedarf geöffnet werden. Zusätzlich kann durch die Wärmerückgewinnung Energie gespart und dadurch auch die Umwelt gewissermaßen entlastet werden.

Die weltweit bisher umfangreichste Studie auf dem Gebiet der BewohnerInnengesundheit in neuen, energieeffizienten Wohnbauten wurde von der Medizinischen Universität Wien gemeinsam mit dem Österreichischen Institut für Baubiologie und Bauökologie durchgeführt. Sie konnte zeigen, dass Wohnen mit Wohnraumlüftungsanlagen sowohl für bessere Raumluftqualität als auch für höhere Wohnzufriedenheit sorgt. Während beispielsweise die Kohlendioxid-Konzentrationen bei Wohnhäusern, die kontrollierte Lüftungsanlagen hatten, größtenteils den Anforderungen entsprachen, konnten bei Wohnräumen, die rein über die Fenster belüftet werden, über 80 % nicht die Mindeststandards halten. Das belegen über 3000 Einzelmessungen in Wohnräumen sowie über 570 Befragungen der BewohnerInnen.

Die Ergebnisse zeigen, dass Wohnraumlüftungsanlagen die Gesundheit und das Wohlbefinden – entgegen gängiger Meinungen – positiv beeinflussen. Raumluftqualität und klimatische Zufriedenheit werden messbar gesteigert. Wichtig ist für Neubauten dabei die Verwendung von hochqualitativen Komfort-Lüftungssystemen mit Bedarfsregelung und Feuchterückgewinnung, so kann die Luftfeuchtigkeit optimiert werden.[34]

Aus medizinischer Sicht können Lüftungsanlagen also befürwortet werden.

Behaglichkeitsdiagramm

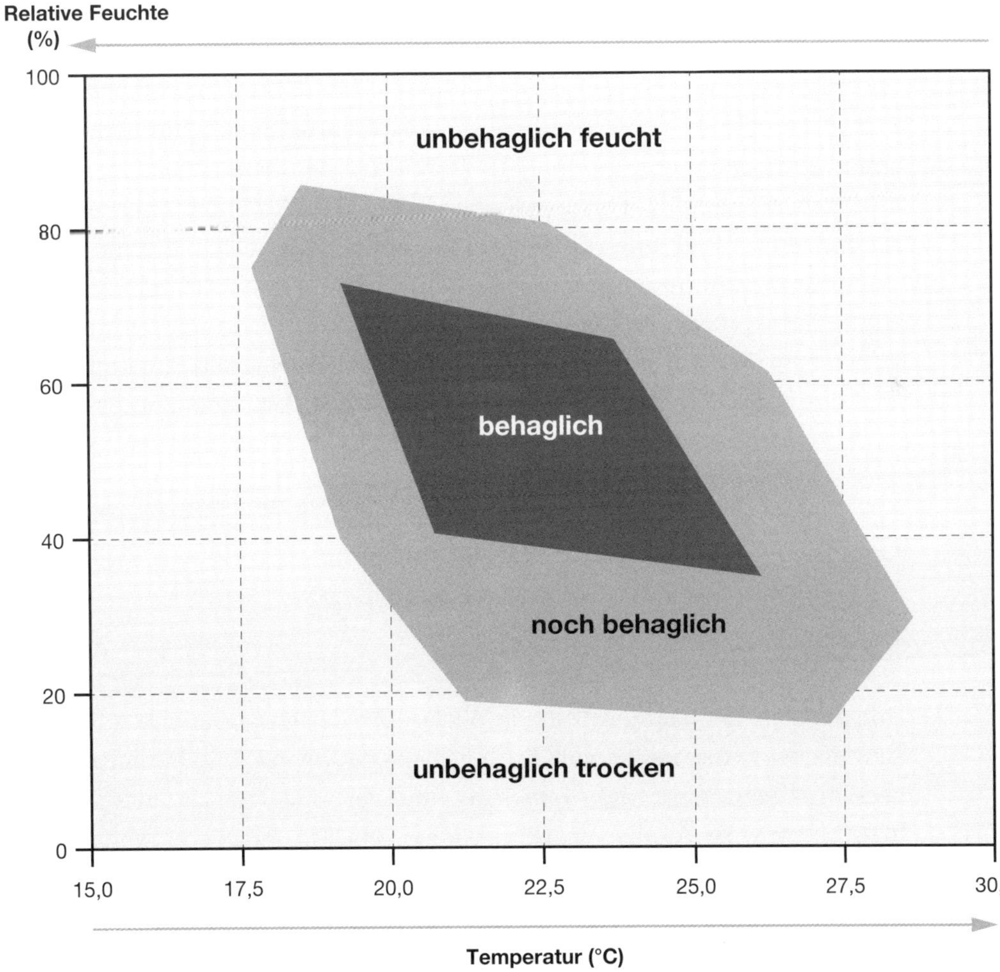

2 PASSIVRAUCHEN

Bei Diskussionen rund ums Rauchen – oder auch Passivrauchen – gehen in Österreich die Wogen hoch. Tatsächlich wurde hierzulande – nach langem Hin und Her – Ende 2019 doch das Rauchen in Lokalen verboten, um Gäste und Belegschaft zu schützen. Viele RaucherInnen fühlen sich dadurch in ihrer Freiheit beschränkt – sind sie doch der Meinung, sie schaden nur sich selbst. Wie schädlich ist Passivrauchen also wirklich?

Zunächst müssen wir klären, woraus Tabakrauch eigentlich besteht: Es ist ein Gemisch aus vielen verschiedenen Schadstoffen, dazu gehören Kohlenmonoxid (CO), Stickstoffoxide (NO_x), Formaldehyd und flüchtige organische Verbindungen (z. B. Benzol), Feinstaubpartikel und die an ihnen haftenden Schwermetalle, krebserregende polyzyklische aromatische Kohlenwasserstoffe (PAK) und auch Dioxine. Außerdem werden beim Rauchen Nikotin und krebserregende Nitrosamine abgegeben. Wird in einem Innenraum geraucht, so ist Tabakrauch die wichtigste Schadstoffquelle in diesem Raum.

Tabakrauch in Innenräumen führt als eingeatmeter Passivrauch vor allem dadurch, dass man feinen und ultrafeinen Partikeln und daran angelagerten Stoffen ausgesetzt ist, zu Beeinträchtigungen und Schädigungen. Und das in der Regel bei unfreiwillig betroffenen Personen – oft bei Familienmitgliedern.

„Die WHO (IARC) stuft nicht nur aktives, sondern auch passives Rauchen als krebserzeugend für den Menschen ein."

Und die Liste der nachgewiesenen Wirkungen des Passivrauchens ist mittlerweile lang: Sie reicht von Geruchsbelästigungen, Schleimhautreizungen von Augen, Nase und Atemwegen und verminderter Lungenfunktion, über chronische Atemwegserkrankungen bis hin zu vorzeitigen Todesfällen durch Lungenkrebs und Herz-Kreislauf-Krankheiten. Und gerade für Kinder sind die Gesundheitsrisiken beträchtlich. Die WHO (IARC) stuft übrigens nicht nur aktives Rauchen, sondern auch Passivrauchen als krebserzeugend für den Menschen ein.

Oft hört man, dass Passivrauchen sogar gefährlicher sei als aktives Rauchen. Stimmt das?

Nein. Und zwar aus folgenden Gründen: Passivrauch setzt sich aus dem sogenannten Nebenstromrauch – er entsteht beim Verglimmen der Zigarette zwischen den Zügen – und Teilen des Hauptstromrauchs zusammen. Mit rund 85 Prozent macht der Nebenstromrauch den größten Teil des Zigarettenrauchs in der Raumluft aus. Genau genommen tragen auch noch die vom/von der RaucherIn wieder ausgeatmeten Bestandteile des Hauptstromrauchs zur Passivrauch-Belastung bei.

Da der Nebenstromrauch bei wesentlich geringeren Temperaturen entsteht als der Hauptstromrauch, sind die beiden Raucharten unterschiedlich zusammengesetzt. So können etwa im Nebenstrom krebserregende Substanzen in einer deutlich höheren Konzentration enthalten sein als im Hauptstrom.

Inhaltsstoffe im Tabakrauch

Auf den ersten Blick könnte das zur Meinung führen, dass passives Rauchen gefährlicher sei, da auf diese Weise der wesentlich toxischere Nebenstromrauch eingeatmet wird, während der/die aktive RaucherIn überwiegend den Hauptstrom inhaliert.

Doch selbst wenn beim Passivrauchen der toxischere Nebenstromrauch eingeatmet wird, bedeutet das nicht, dass man beim Rauchen aufgrund des Inhalierens des weniger toxischen Hauptstromrauchs „besser dran" wäre. Man darf nicht vergessen, dass der/die RaucherIn ja zwischen den Zügen ebenfalls seinem/ihrem eigenen Passivrauch ausgesetzt ist. Außerdem ist es eine Frage des inhalierten Rauchvolumens, das beim/bei der aktiven RaucherIn natürlich ungleich höher ist.

In meiner Kindheit war es beinahe normal, dass Kinder in verrauchten Räumen spielen und leben, heute ist das für viele zum Glück schon ein No-Go. Aber welche Folgen hat es konkret, wenn man Kinder schon von klein auf Passivrauch aussetzt?

Leider werden viele Kinder dem Tabakrauch sogar noch früher ausgesetzt – und zwar bereits im Mutterleib. So können akute Folgen des Passivrauchens schon in der Schwangerschaft beobachtet werden, wie z. B. eine Verschlechterung der Durchblutung der Plazenta oder eine Steigerung der Herzfrequenz beim Ungeborenen. Passivrauchende Schwangere bringen ihre Babys häufig zu früh oder untergewichtig zur Welt. Später zeigen sich häufiger Störungen der Lungen- und Hirnentwicklung, besonders, wenn das Kind auch nach der Geburt weiter dem Passivrauch ausgesetzt ist.

In der wissenschaftlichen Literatur finden sich eine Vielzahl an Folgen, wie etwa eine verzögerte Lungenreifung, verminderte Lungenfunktion, erhöhte Infektanfälligkeit und vermehrtes Auftreten von Asthma. Aber auch kognitive Einbußen (z. B. Intelligenzdefizite, Leseschwäche, Aufmerksamkeitsstörungen), Verhaltensauffälligkeiten (aggressives Verhalten) und ein höheres Risiko für psychiatrische Symptome bzw. Störungen werden beschrieben.

Eine Belastung der Kinder durch Passivrauchen nach der Geburt gilt als Risikofaktor u.a. für den plötzlichen Säuglingstod sowie für Mittelohr- und Lungenentzündungen. Auch Spätfolgen sind bekannt, etwa frühzeitige Demenz oder höhere Risiken für Krebs-, Lungen- und Herz-Kreislauf-Erkrankungen.

Viele RaucherInnen steigen jetzt auf E-Zigaretten um – wie steht es um diesen Dampf, ist auch er für PassivraucherInnen schädlich?

Zweifellos sind die Emissionen einer E-Zigarette geringer als die einer Tabakzigarette. Das liegt daran, dass die Stoffe und Partikel beim Dampfen praktisch nur über das Ausatmen in die Raumluft gelangen, daher kommt es zu keiner Freisetzung von Substanzen über den Nebenstromrauch, wie bei der glimmenden Tabakzigarette.

Trotzdem beeinträchtigt Dampfen die Raumluftqualität, da u.a. die Substanzen, die im jeweiligen Liquid enthalten sind, in die Umgebungsluft gelangen, und zusätzlich produzieren die verdampften Substanzen in der E-Zigarette ultrafeine Partikel. Obwohl Dampfen also eine schwächere Verunreinigungsquelle ist, ist sie auch passiv nicht ganz ungefährlich. Beispielsweise belegen Untersuchungen, dass E-Zigaretten-Passivrauch bei Kindern und Jugendlichen Asthmaanfälle auslösen kann. Wie groß das Gesundheitsrisiko insgesamt ist, lässt sich derzeit allerdings noch nicht genau sagen.

3 SCHIMMEL

Bei Mietwohnungen ist Schimmel das Streitthema Nummer eins, manche ExpertInnen meinen sogar, es gibt kaum Neubauten ohne Schimmelbefall. Aber wodurch und wo kommt es überhaupt zu dem Befall?

Schimmelpilze gehören zum äußerst vielfältigen Reich der Pilze. Die Anzahl der verschiedenen Schimmelpilzarten ist schwer genau anzugeben, es dürften jedoch mehrere Zehntausend sein, und sie kommen in der Umwelt überall vor. Unter trockenen Bedingungen bilden Schimmelpilze Sporen, die in die Luft gelangen – so können sie neue Lebensräume besiedeln. Daher werden vor allem in trockenen Sommermonaten viele Sporen gebildet und verbreitet: Die Anzahl an Sporen bzw. Keimzahlen in der Außenluft zeigt einen typischen Jahresgang mit einem Maximum im Spätsommer – wobei im Winter einige 100, im Spätsommer bis zu 100.000 Keime pro Kubikmeter Luft gemessen werden. Die Lebensdauer der Sporen in der Luft ist unter anderem abhängig von der Temperatur, der Luftfeuchtigkeit und der Sonneneinstrahlung.

„Vielen ist gar nicht bewusst, dass sich in der Außenluft immer Schimmelsporen befinden."

Vielen ist gar nicht bewusst, dass sich in der Außenluft immer Schimmelsporen befinden und sie so auch in die Innenräume gelangen und sich an Oberflächen ablagern. Wenn diese Flächen aus irgendeinem Grund feucht sind, dann kann dort das Schimmelwachstum beginnen, es bilden sich Kolonien, die sich weiter vermehren. Neben Feuchtigkeit, also Wasser, brauchen Schimmelpilze auch organische Substanzen, die sie etwa in Tapeten, Malerfarben oder in Holz- und Kunststoffkonstruktionen ausreichend vorfinden.

Schimmel entsteht also, wenn Feuchtigkeit in die Bausubstanz eindringt oder wenn die im Innenraum produzierte feuchte Luft nicht ausreichend durch Lüftung abtransportiert wird, sondern an kühlen Oberflächen kondensiert – es wäre daher ein komplett falscher Umkehrschluss zu sagen: Man lüftet nicht, damit keine Schimmelsporen in die Wohnung eindringen können. Schimmel kann grundsätzlich überall in der Wohnung entstehen, trotzdem sind Nassräume oder Fensterbereiche besonders anfällig.

Eine thermische Sanierung von Gebäuden hilft beispielsweise, das Risiko für Schimmelbefall zu reduzieren. Eine fachgerechte, außenseitige Wärmedämmung vermindert die Gefahr von Schimmelwachstum, da dadurch die Innenseite der Außenwände wärmer ist und es weniger sogenannte Wärmebrücken gibt, also Stellen im Innenraum, die besonders kalt sind.

Entstehung von Feuchtigkeit im Innenraum

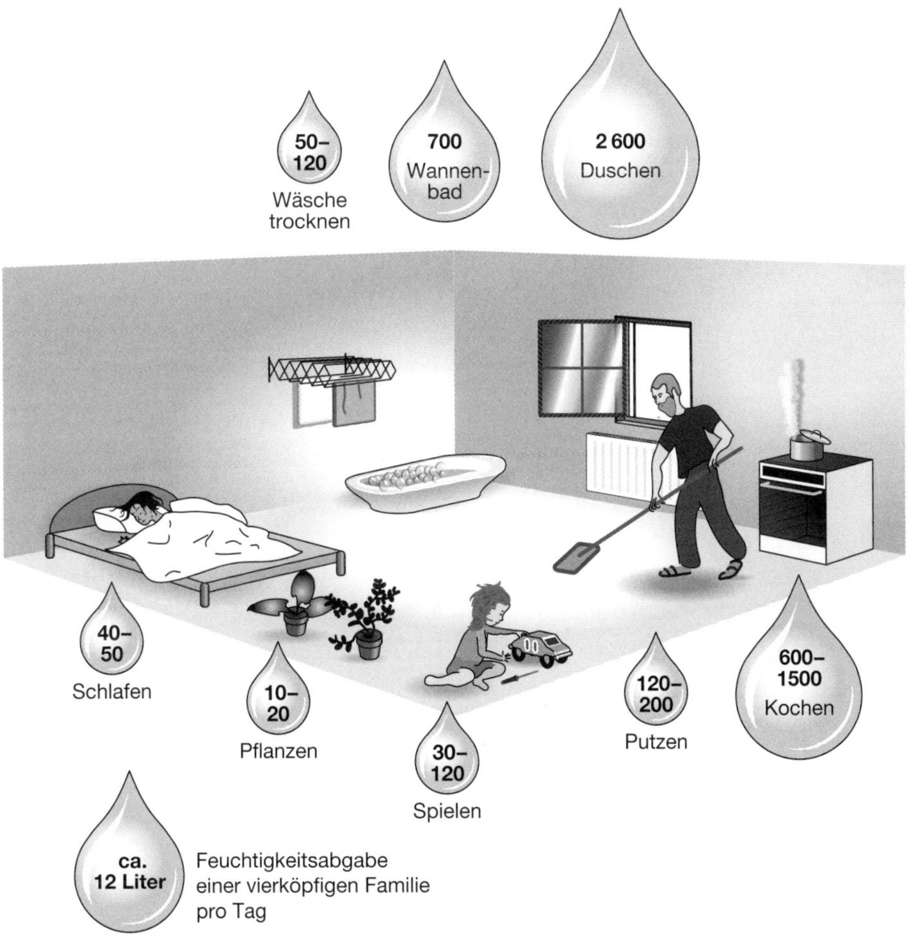

Hingegen kann Schimmelbefall auch begünstigt werden, wenn z.B. dicht schließende Fenster eingebaut, aber Wände nicht gleichzeitig wärmegedämmt werden und damit die Außenwände in der Wohnung wiederum kalt bleiben. Dann kann es bei unzureichender Lüftung zu erhöhter Luftfeuchte im Innenraum kommen, die an den kalten Wänden kondensiert und zu Schimmelbefall führt. Bei einer Sanierung sollten also immer alle Bauteile berücksichtigt werden.

Was macht Schimmel jetzt aber so gesundheitsschädlich?

Generell gilt: Immer wenn Schimmel in der Wohnung auftritt, ist von einer gewissen Risikoerhöhung für gesundheitliche Beschwerden auszugehen. Epidemiologische Studien belegen seit langer Zeit, dass gesundheitliche Beeinträchtigungen mit dem Auftreten von Feuchteschäden und Schimmelwachstum zusammenhängen. Beobachtet wurden unspezifische Symptome wie Augenbindehaut-, Hals- und Nasenschleimhautreizungen sowie Husten, Kopfschmerzen oder Müdigkeit.

Einige dieser Symptome (z.B. Augenreizungen, Konjunktivitis) können sowohl aufgrund einer Reizwirkung als auch mit der Entwicklung einer Allergie auftreten.

Fakt ist, dass Schimmelpilze den Organismus sensibilisieren können und letztlich eine Allergie entstehen kann. Gegenwärtig geht man davon aus, dass drei bis zehn Prozent der europäischen Bevölkerung eine Sensibilisierung gegenüber Schimmelpilzen aufweisen.[35] Meist sind die betroffenen Personen bereits gegenüber mehreren Allergenen sensibilisiert.

Zu den allergischen Symptomen, die durch schimmelpilzhaltige Raumluft ausgelöst werden können, gehören Rhinitis (heuschnupfenähnliche Symptome) oder Asthma. Rhinitis- und Asthma-Anfalle können innerhalb weniger Minuten nach dem Einatmen von schimmelpilzhaltigen Aerosolen auftreten und gehören damit zur Typ-I-Allergie.

Auch an Infektionen durch Schimmelpilze ist zu denken. Diese kommen allerdings glücklicherweise äußert selten und fast ausschließlich bei stark immungeschwächten und damit besonders empfänglichen PatientInnen vor, etwa nach Transplantationen oder Chemotherapien.

Allgemein ist Schimmelwachstum im Innenraum als hygienisches Problem anzusehen und darf grundsätzlich nicht hingenommen werden. Die Weltgesundheitsorganisation formuliert es so: Die Anwesenheit von

Feuchtigkeit und/oder Schimmel im Innenraum ist als potenzielle Gefährdung anzusehen.[36]

Wenn es nun bereits Schimmelspuren in meinem Zuhause gibt, welche Möglichkeiten habe ich dann? Kann ich Schimmel einfach selbst beseitigen?

Die Betonung liegt auf Schimmelspuren. Nur kleine, oberflächliche Schimmelflecken können in Eigenregie entfernt werden – unter klein versteht man Flächen unter einem halben Quadratmeter.

Bei der Schimmelbeseitigung sind aber jedenfalls gewisse Schutzmaßnahmen notwendig: Dazu gehören das Tragen von Handschuhen, einer Brille und eines Mund-Nasen-Schutzes (FFP2-Maske), und die Fenster sollten geöffnet werden. Für die Schimmelbeseitigung eignet sich bei kleinem und oberflächlichem Befall vor allem 70-prozentiger Alkohol (= medizinischer Alkohol). Wasserstoffperoxid und Brennspiritus sind ebenfalls Schimmelkiller.

„Drei bis zehn Prozent der europäischen Bevölkerung sind gegenüber Schimmelpilzen sensibilisiert."

Eine Bekämpfung mittels schimmelabtötender, fungizider Chemikalien ist dagegen nur in wenigen Sonderfällen zu empfehlen, da manche dieser Produkte selbst im Verdacht stehen, die Gesundheit zu belasten.

Bei verschimmelten Flächen ab einem halben Quadratmeter Größe sollten immer zuerst Fachleute befragt werden. „Do it yourself" ist in diesem Fall keine gute Idee.

Angenommen, man reinigt – etwa bei Fenstern – die Stellen, an denen es schimmelt – man beseitigt ihn also sichtbar –, ist er dann auch wirklich weg?

Das hängt immer davon ab, wie man bei der Problemlösung vorgegangen ist. Aber ganz generell gilt, dass bloße oberflächliche Kosmetik in der Schimmelbekämpfung wenig nützt. Das Bekämpfen der Ursachen ist unbedingt notwendig, um den Schimmel dauerhaft loszuwerden – die wichtigste Maßnahme bei Schimmelpilzbefall im Innenraum ist also eine (bauphysikalische) Ursachenklärung.

„Bei der Schimmelbeseitigung sind Schutzmaßnahmen notwendig."

Was man aber ebensowenig vergessen darf: Schimmel ist nicht immer sichtbar. Schimmelpilze können auch versteckt wachsen, etwa im Bereich von Zwischenwänden, und so praktisch unsichtbar ihre Sporen an die Raumluft abgeben. Ein erstes Alarmzeichen ist das Wahrnehmen des typisch muffigen Geruchs. Und auch hier gilt es selbstverständlich, als Erstes eine fundierte Abklärung zu veranlassen. Denn eines steht fest: Wer das Übel nicht an der Wurzel packt, wird immer wieder mit Schimmelproblemen rechnen müssen.

Dann wollen wir es gar nicht erst so weit kommen lassen – wie kann ich vorsorgen?

Neben möglichen baulichen Mängeln kann auch das NutzerInnenverhalten zur Schimmelbildung beitragen. Schließlich werden auch größere Wassermengen durch BewohnerInnen an die Raumluft abgegeben: Ein Vierpersonenhaushalt produziert mehr als zehn Liter verdampftes Wasser pro Tag (Ausdünstungen, Kochen, Duschen, Baden etc.). Das muss man sich mal vor Augen halten.

„Ein Vierpersonenhaushalt produziert mehr als zehn Liter verdampftes Wasser pro Tag."

Schimmelbefall vorzubeugen heißt daher in erster Linie, Maßnahmen zu ergreifen, um erhöhte Feuchtigkeit in der Innenraumluft effektiv zu vermeiden und/oder rasch zu beseitigen – durch ausreichendes Lüften und Heizen können viele Schimmelprobleme vermieden werden, egal ob im gerade bezogenen Neubau oder in einem schlecht gedämmten, alten Gebäude.

4 CHEMIE IN DER WOHNUNG

Mittlerweile hört man auch immer wieder den Begriff „Wohngifte“ – das klingt erst recht bedrohlich. Was versteht man darunter und wie schaden sie uns?

Fakt ist, dass wir mehr als 90 Prozent unserer Lebenszeit in Innenräumen verbringen – der Wohnbereich ist folglich für unser Wohlbefinden besonders bedeutend. Wenn von „Wohngiften“ die Rede ist, sind damit vor allem chemische Substanzen aus Quellen innerhalb des Wohnraums gemeint, die mit gesundheitlichen Störungen in Zusammenhang gebracht werden.[37] Fast immer kommen sie in sehr geringen Konzentrationen vor, die nicht zu akuten Wirkungen im Organismus führen. Dazu werden unter anderem anorganische Gase (z. B. Kohlenmonoxid, Stickstoffoxide), Tabakrauch, Stäube und Fasern, biologische Belastungen (z. B. Milben, Schimmelpilze, Bakterien) sowie Radon und elektromagnetische Felder gerechnet (siehe dazu die Tabelle am Beginn dieses Kapitels).

Unter „Wohngifte“ im engeren Sinne versteht man eine Vielzahl von organischen Chemikalien mit unterschiedlichsten Eigenschaften, die aus Baumaterialien und Inneneinrichtungen oder von Reinigungsmitteln und Handwerks-, bzw. Bastelmaterialien stammen. In der Fachwelt nennt man sie flüchtige organische Stoffe (engl. Volatile Organic Compounds, „VOC“). Sie lassen sich grob danach unterscheiden, bei welcher Temperatur sie verdampfen, also zu Gasen übergehen und damit „flüchtig“ werden.

Auswirkungen einzelner flüchtiger Verbindungen auf die Gesundheit und das Wohlbefinden reichen von sensorischen Wahrnehmungen (Gerüchen, Reizerscheinungen der Schleimhäute) bei niedrigen Konzentrationen bis hin zu toxischen Effekten, die aber meist erst bei hohen Konzentrationen auftreten. Bestimmte Verbindungen wie z. B. Benzol sind auch krebserregend.

Gemische von VOC können in niedrigen Konzentrationen verschiedene unspezifische Effekte auslösen: Reizungen an den Schleimhäuten der Augen, Nase und Atemwege, Kopfschmerzen, Müdigkeit, Konzentrationsschwäche, Übelkeit, erhöhte Körpertemperatur etc.

VERMEIDBARER CHEMIKALIENEINSATZ IM HAUSHALT

Umgang mit Reinigungsmitteln: Regelmäßige Reinigung macht Spezialreiniger und andere Haushaltschemikalien in der Regel überflüssig. In den meisten Fällen genügt ein sparsam verwendeter Allzweckreiniger. Auf Produkte mit antibakteriellen Wirkstoffen kann verzichtet werden.

Raumluftbeduftung: Häufig auftretende oder anhaltende Geruchsprobleme sind an der Quelle zu bekämpfen (mangelnde Hygiene, mangelnde Lüftung, Baustoffprobleme etc.), statt sie zu übertünchen.

Vorsicht beim Einsatz von Bioziden: Regelmäßige Anwendungen von „Schädlingsbekämpfungsmitteln" (Gelsensteckern, Sprays, Elektroverdampfern etc.) in der Wohnung besser vermeiden. Bei starkem Insektenbefall ist eine Beratung einzuholen. Je nach Befallsart gibt es Alternativmethoden (z. B. Entzug der Nahrungsgrundlage, Austrocknen mit Diatomeenerde).

Besonders dann, wenn man in neue oder frisch ausgemalte Wohnungen kommt, oder auch bei neuen Möbeln, riecht es oft ein bisschen chemisch. Nach allem, was ich von dir höre, läuten da natürlich die Alarmglocken. Ist das gefährlich?

Dieser typische Geruch ist ein Hinweis darauf, dass aus einem Möbelstück oder von den Wandfarben Chemikalien ausgasen. Da etliche dieser Stoffe schon in sehr geringen Konzentrationen, die toxikologisch oft noch ohne Relevanz sind, geruchlich wahrgenommen werden können, bedeutet ein Geruch nicht gleichzeitig, dass man geschädigt wird. Allerdings ist es ein Zeichen, dass man deutlich mehr lüften sollte. Wenn dieser typische Geruch nach „frisch ausgemalt" oder „neuen Möbeln" allerdings nach einigen Wochen noch immer nicht verschwunden ist, sind „Nachforschungen", also einfache, orientierende Messungen sinnvoll. Dazu sollte man nur erfahrene Messinstitute mit entsprechenden Referenzen beauftragen.

Am einfachsten ist es, sich vor einer Renovierung bzw. einem Kauf von Möbeln gründlich zu informieren. Mittlerweile gibt es einige Gütesiegel und vor allem verlässliche Beratungsstellen – damit sorgt man vor und vermeidet hinterher mühsame und oft umständliche bzw. auch kostenintensive Maßnahmen.

Damit es in einer Wohnung gut riecht, oder auch einfach zur Entspannung, greifen viele gerne zu Duftlampen, Duftkerzen oder Räucherstäbchen. Nachdem das ja auch chemische Stoffe sind, befürchte ich, dass du uns diese Entspannung gleich verderben wirst?

Alles, was mit Duft zu tun hat, wird von vielen, was die Auswirkung auf die Raumlauft betrifft, stark unterschätzt. Es sind die Verbrennungsvorgänge, die unzählige winzigste Partikel freisetzten. Zusammen mit Duftstoffen und anderen Substanzen, die in die Luft übergehen und in den Räumen fein verteilt werden, können Beduftungen die Raumluft deutlich belasten.

„Schlechte Innenraumluft sollte nicht mit Duftstoffen bekämpft werden.“

Räucherstäbchen bestehen beispielsweise aus einer Reihe von organischen Grundkomponenten (Sägemehl als Brennstoff, Harz als Klebstoff, Aromastoffe für den Geruch), oft mit unklaren Mischungsverhältnissen und unbekannten zugesetzten Duftstoffen. Beim langsamen Abglühen der Stäbchen verbrennen diese Stoffe nur unvollständig. Damit finden sich im Rauch hohe Konzentrationen ultrafeiner Partikel ebenso wie bedenkliche Schadstoffe (z. B. Benzol, Formaldehyd). Mögliche Gesundheitsfolgen für die VerbraucherInnen können damit nicht ausgeschlossen werden.

Das bedeutet: Wenn ab und zu für kurze Zeit eine Duftlampe in der Vorweihnachtszeit verwendet wird, um das Weihnachtsgefühl noch intensiver zu erleben, ist das in Anbetracht der Kurzfristigkeit eher unproblematisch.

Es empfiehlt sich aber, Räucherstäbchen, Duftlampen etc. immer zurückhaltend zu verwenden und danach die Räume zu lüften. Schlechte Innenraumluft sollte aus medizinischer Sicht jedenfalls nicht mit Duftstoffen bekämpft bzw. überdeckt werden, schon gar nicht dort, wo sich Kinder länger aufhalten, oder in Schlafräumen.

Fazit: Am besten sehr sparsam mit Raumdüften umgehen und nur geprüfte Produkte verwenden, bzw. auf die Qualität der Produkte achten.

HYGIENE IM HAUSHALT

Nach wie vor wird dafür geworben, im Haushalt Desinfektionsmittel bzw. Reinigungsmittel mit antibakteriellen Zusätzen einzusetzen. So sollen speziell Sanitärbereiche wie WC und Bad sowie Küche, aber auch Geschirr, Kinderspielzeug oder Kleidung „desinfiziert" werden.

Im Allgemeinen ist aber der Einsatz von Desinfektionsmitteln im Haushalt unnötig – außer unter ärztlicher Indikation und Anweisung. Im Gegenteil: Er stellt ein Risiko für Gesundheit und Umwelt dar. So erhöht etwa die häufige Verwendung von Desinfektionsmitteln das Asthmarisiko von Kindern, sie stellen im Haushalt außerdem eine zusätzliche Vergiftungsgefahr für Kinder dar. Zudem kann es zur Bildung von gefährlichem Chlorgas kommen, wenn „Hygiene-Reiniger", die Natriumhypochlorit enthalten, zusammen mit Säuren bzw. sauren Reinigern verwendet werden.

Zu bedenken ist aber auch, dass antibakterielle Reinigungs-Mittel die natürliche Hautflora beeinträchtigen können. Bei manchen Substanzen (z. B. Triclosan) ist auch die Gefahr der Entwicklung von Resistenzen gegeben[38], und das kann dann Bakterien gegen Antibiotika unempfindlich machen. Daher sprach sich zum Beispiel die American Medical Association dafür aus, in Verbraucherprodukten keine antibakteriell wirksamen Substanzen einzusetzen, für die eine Resistenzbildung nachgewiesen wurde.[39]

Für die Anwendung von Desinfektionsmitteln ist daher Sachkunde notwendig – und die ist in Haushalten im Allgemeinen nicht vorhanden, sodass man eigentlich damit rechnen muss, dass die zur Keimabtötung nötigen Konzentrationen im Anwendungsfall oft nicht erreicht werden. Es besteht also die Gefahr, dass sich AnwenderInnen in falscher Sicherheit wiegen und „klassisches" Sauberkeits- und Hygieneverhalten wie Händewaschen vernachlässigen.

Etliche Desinfektionsmittel belasten auch die Umwelt: Wenn die Mittel nach dem Gebrauch ins Abwasser gelangen, können sie – bedingt durch die Abtötung und Hemmung von Bakterien – etwa die Leistung von Kläranlagen verringern.

Auch in Zeiten von COVID-19 sind sanfte Reinigungsmittel (normale Haushaltsreiniger, Spülmittel, Waschmittel) und übliche allgemeine Hygiene – Händewaschen! – vollkommen ausreichend. Nur im Fall, dass sich im Haushalt eine an COVID-19 erkrankte Person befindet, kann man unter Anleitung Desinfektionsverfahren einsetzen.

So kann Radon ins Haus eindringen

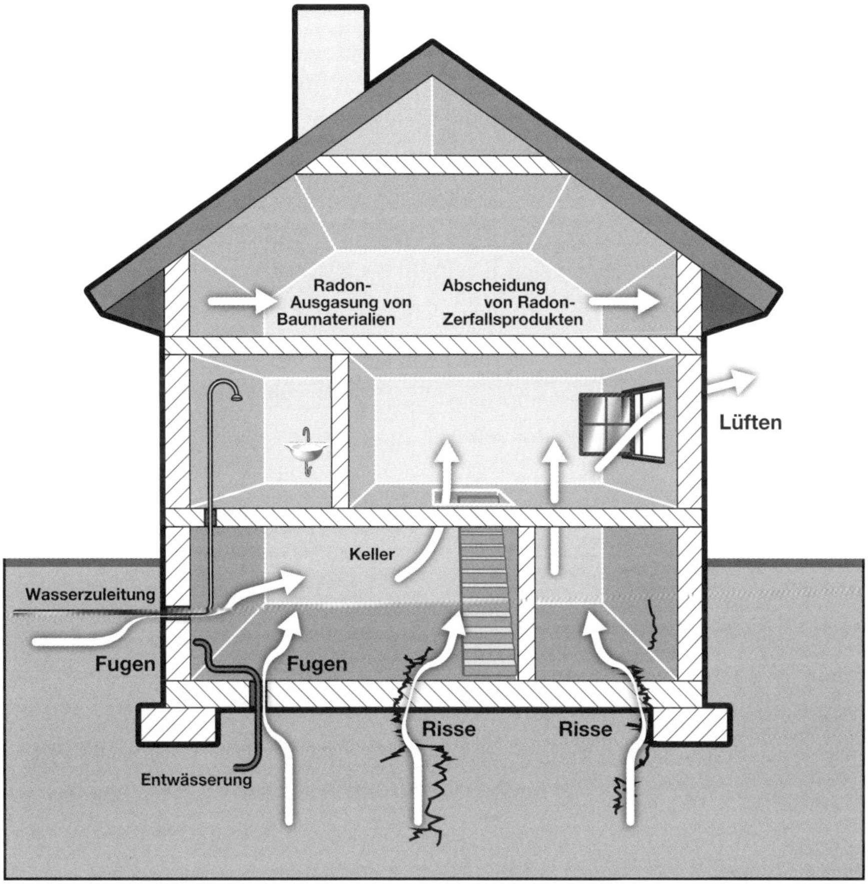

DEEP DIVE: RADON

Das natürlich vorkommende, radioaktive Gas Radon kann in der Raumluft von Gebäuden in erhöhter Konzentration auftreten und Lungenkrebs verursachen. Die wichtigste Radon-Quelle in Innenräumen ist der Bauuntergrund.

Aus Uran entsteht über eine Reihe von Folgeprodukten Radium, das sich in das radioaktive, farb- und geruchlose Edelgas Radon umwandelt. Als Edelgas, das keine Bindung mit anderen Elementen eingeht, kann sich Radon im Boden ausbreiten. Je durchlässiger der Untergrund ist, desto eher kann das Radongas bis zur Erdoberfläche aufsteigen und so an die Luft gelangen.

Im Freien wird das Gas im Allgemeinen stark verdünnt, in Gebäuden treten jedoch oft höhere Konzentrationen auf. Radon selbst ist radioaktiv und zerfällt in weitere radioaktive Folgeprodukte – diese lagern sich beim Einatmen im Atemtrakt und in der Lunge ab und können so zu Lungenkrebs führen. Laut WHO stellen Radon bzw. seine Folgeprodukte ein mit Abstand größeres Lungenkrebsrisiko dar als andere Umweltkarzinogene[40] – etwa 5 bis 15 % der Lungenkrebs-erkrankungen werden Radon zugeschrieben.[41]

Ob Radongas aber aus dem Bauuntergrund in das Haus eindringen kann, hängt davon ab, wie dicht das Gebäude in Kontakt zum Untergrund ist. Seinen Weg kann es sich durch Risse und Fugen in Böden und Wänden, durch Kabel- und Rohrdurchführungen oder durch Kellerböden bahnen.

Verantwortlich für den Transport ins Gebäude ist vor allem der Kamineffekt: Warme Luft im Haus steigt auf und bewirkt im Keller einen kleinen Unterdruck, wodurch radonhaltige Luft aus dem Boden praktisch angesaugt wird. Dieser Effekt kann auch durch Verbrennungsöfen und Abluftventilatoren erzeugt werden. Auch bestimmte Baumaterialien können die Radonkonzentration erhöhen.

Minimierung

Die Radongaskonzentration wird in Becquerel pro Kubikmeter (Bq/m^3 = Anzahl Zerfälle pro Sekunde und Kubikmeter Luft) ausgedrückt. Die Außenluftkonzentrationen von Radon liegen üblicherweise in einem Bereich zwischen 1 und 15 Bq/m^3. In Innenräumen können auch Konzentrationen bis 10.000 Bq/m^3 vorkommen. Da es für Radon keinen Schwellenwert gibt, also eine Konzentration, unter der man sichergehen kann, dass es keine Gesundheitsgefährdung gibt, sollte die Radonkonzentration in Innenräumen jedenfalls so niedrig wie möglich sein.

Radonmessungen können kostengünstig von Fachleuten durchgeführt werden. Liegen die Messwerte über dem Referenzwert von 300 Bq/m^3, so können Sanierungsmaßnahmen nach entsprechenden technischen Vorgaben (z. B. Ö-NORMEN, DIN) am Gebäude Abhilfe schaffen (z. B. Beseitigung von undichten Stellen, Be- und Entlüftung, Absaugungen, Regulierung von Druckverhältnissen). Bei Neubauten sollte man primär „radonsicher“ bauen.

5 ELEKTROMAGNETISCHE FELDER

Eine Möglichkeit der Verunreinigung des Innenraums fehlt uns nun noch, der so genannte Elektrosmog. Was ist das konkret und wie wirkt er auf unseren Körper?

Unter „Elektrosmog" versteht man eigentlich künstliche elektrische, magnetische und elektromagnetische Felder (EMF) – sie sind heutzutage fast überall in unserer Umwelt vorhanden. Unterschieden wird dabei zwischen dem nieder- und dem hochfrequenten Frequenzbereich. Während niederfrequente Felder hauptsächlich im Zusammenhang mit der Stromversorgung bzw. beim Gebrauch elektrischer Geräte entstehen, werden hochfrequente Felder überwiegend durch drahtlose Kommunikationstechniken wie Radio, Fernsehen, Mobilfunk oder Radar erzeugt.

Die Wirkungen niederfrequenter elektrischer und magnetischer Felder sind dabei unterschiedlich: Obwohl niederfrequente elektrische Felder den menschlichen Körper nicht durchdringen, können elektrische Wechselfelder mit dem menschlichen Körper interagieren. So führen diese Felder zum Beispiel bei hoher Intensität auf der Haut zu „Kribbeln" und können bei sehr hohen Stärken zu einem Spannungsüberschlag mit Verbrennungen oder sogar zum Tod führen. Solche Unfälle kommen immer wieder vor, wenn Personen z. B. in die Nähe der Leiterdrähte der Bahn kommen.

Demgegenüber können niederfrequente magnetische Felder den Körper ungehindert durchdringen und rufen dort ein elektrisches Wirbelfeld hervor, das bei ausreichender Stromdichte Nerven und Muskelzellen erregen kann. Wird der Herzmuskel intensiv erregt, dann kann das zu Kammerflimmern und zum Tod führen.

Es gibt dazu mehrere Studien, die sich mit Kinderleukämie durch niederfrequente Magnetfelder beschäftigt haben, und die zeigen, dass sich bei einer häuslichen Belastung ab etwa 0,3 – 0,4 Mikrotesla (µT) das Leukämierisiko verdoppelt. Magnetfelder in dieser Höhe finden sich in rund einem Prozent aller Wohnungen. Im Jahr 2001 klassifizierte die Weltgesundheitsorganisation WHO deshalb – auf Basis dieser Studien – niederfrequente elektromagnetische Felder als möglicherweise krebserregend. Darüber hinaus lieferten Studien aber auch Hinweise auf Zusammenhänge mit Fehlgeburten, Alzheimer-Erkrankungen, Brustkrebs und Hirntumoren.

Fazit: Sind wir noch zu retten?

Generell steht es gut um Österreichs Haushalte. Seit den 1980er Jahren wird das Thema der Innenraumqualität auch viel stärker in der Öffentlichkeit beachtet. Zur erhöhten Sensibilität in der Bevölkerung gibt es auch viel mehr verlässliche Beratungsangebote und speziell auch einfachere Möglichkeiten zur klugen Produktauswahl (Stichwort: Gütesiegel). Nicht zuletzt wird auf dem Gebiet des „Gesunden Wohnens" viel geforscht.

Aus medizinischer Sicht muss nun stärker ein weiterer innenraumklimatologischer Aspekt berücksichtigt werden: Umweltungerechtigkeit. So sind Menschen, die ein geringeres Einkommen haben, immer öfter nicht in der Lage, ihre Wohnung entsprechend zu heizen oder kühl zu halten. Die zu geringe Durchwärmung im Winter bedingt, dass es über vermehrte Wandfeuchte zu Schimmelbildung kommt. Im Sommer heizen sich schlecht isolierte Wohnungen und solche ohne gute Durchlüftung stark auf und geben diese Wärme in der Nacht ab, sodass die Bewohner in ihrem Schlaf beeinträchtigt werden.

Wenn wir uns auch diesen vermeidbaren Missständen widmen, sind wir definitiv zu retten.

WAS TUN?

WIE KANN MAN FESTSTELLEN, OB DIE LUFT IM EIGENEN ZUHAUSE BELASTET IST?

Aus jahrelanger Erfahrung mit wohnmedizinischen Anfragen und Beschwerdefällen stehen ungewöhnliche Geruchswahrnehmen am Anfang. Die BewohnerInnen machen sich Sorgen, dass etwa gefährliche Chemikalien hinter den plötzlich auftretenden Geruchswahrnehmungen stehen.

Ob mit diesen Wahrnehmungen auch erhöhte Schadstoff-Konzentrationen verbunden sind, kann mit einer orientierenden Raumluftmessung auch recht einfach abgeklärt werden. Aufwendige Schadstoffmessungen etwa von sehr ausgefallenen Chemikalien sind ohne eingehende, seriöse innenraumanalytische und ärztliche Begleitung nicht sinnvoll. Nicht zuletzt sind damit Kosten verbunden. Wichtig ist jedenfalls, dass solche Messungen durch erfahrene und kompetente Messinstitute durchgeführt werden.

WIE LÜFTET MAN RICHTIG?

Wichtig ist, regelmäßig und oft genug zu lüften, abhängig davon, wie lange man sich zuhause aufhält, aber mindestens 2 bis 3 Mal täglich jeweils 3 bis 5 Minuten. Am besten lüftet man, wenn möglich, quer, das heißt, man öffnet alle Zimmertüren und Fenster. Kippfenster in der kalten Jahreszeit nicht offen stehen lassen.

Eine regelmäßige Lüftung ist vor allem in Neubauten (ohne mechanische Lüftung) und nach dem Einbau neuer Fenster in Altbauten entscheidend für die Vermeidung von Feuchtigkeitsproblemen und ihren Folgen (Stichwort: Milbenvermehrung, Schimmelbefall).

TIPPS ZUR REDUKTION VON EMF IN WOHN- UND SCHLAFRÄUMEN

- ☑ Netzfreischalter verwenden – beim Einsatz darauf achten, dass keine „versteckten Verbraucher“ (z. B. Elektrogeräte im Stand-by-Betrieb oder mit Transformatoren, Kühlschrank) an die entsprechende Sicherungsgruppe angeschlossen sind, da sonst die Netzfreischaltung nicht funktioniert.
- ☐ Elektrische Geräte bei Nichtverwendung komplett abschalten, nicht nur in den Standy-by-Modus setzen (besonders Fernsehgeräte & Stereoanlagen) – auch hier entstehen schwache magnetische Felder (und Kosten).
- ☐ Verlängerungskabel vermeiden (speziell unter dem Bett) oder zumindest so kurz wie möglich halten – 3-adrige Kabel reduzieren im Vergleich zu 2-adrigen Kabeln meist die Feldstärken.
- ☐ Energiesparlampen mit mindestens einem Meter Abstand zu den NutzerInnen aufstellen – als Bettlampen sind sie mit Zurückhaltung zu verwenden.

Besonders auf die **Innenraumsituation in den Kinderzimmern und Schlafbereichen** sollte generell mehr geachtet werden, da man sich hier am längsten aufhält und hier die Regeneration und Erholung des Organismus stattfinden.

- ☐ Elektroleitungen mindestens einen Meter von Ruhe- und Schlafzonen entfernt verlegen
- ☐ In der Nähe des Bettes sollten sich keine elektrischen Geräte wie z. B. Radiowecker befinden (Empfehlung: ein Meter Abstand zum Kopf).
- ☐ Babyphone mindestens einen Meter vom Kind entfernt aufstellen
- ☐ Möglichst keine Elektrogeräte im Stand-by-Betrieb im Schlafzimmer aufstellen (z. B. Fernseher, Computer).
- ☐ Eingeschaltete Handys oder Funktelefone sollten sich ebenfalls nicht im Schlafbereich befinden.
- ☐ Heizkissen und Heizdecken verursachen hohe Felder und sind in der Nacht auszustecken.

6

HANDY & CO.

Komplett verstrahlt oder alles harmlos?

Die Telekommunikation ist immer und überall – Mobilfunk aus dem Alltag nicht mehr wegzudenken, der Fortschritt unaufhaltsam. Doch es regt sich Gegenwehr, vor allem gegen den neuen Mobilfunkstandard 5G. Doch was kommt da tatsächlich auf uns zu?

INTRO

Nur ein Wort: „Aluhutträger“. Und schon geht die Diskussion am Nebentisch los. Der als „Aluhutträger“ bezeichnete Gast stellt seinen Kaffee wütend und heftig auf die Untertasse, sodass das gesamte Geschirr klirrt. Einige Köpfe drehen sich zu ihm um, das hindert ihn aber nicht daran, sich lautstark zu rechtfertigen: „Die haben 5G in Brüssel sogar verboten!“ – „Genau, und die Vögel sind alle wegen 5G vom Himmel gefallen, weiß ich schon“, sagt der andere und nimmt gelassenen einen Schluck von seinem Espresso. Eine Diskussion, die ich – in genau dieser Form – schon unzählige Male miterlebt habe. Die zwei Männer, geschätzt Mitte vierzig, beide in Jeans und betont lässigem Hemd, legen jetzt erst richtig los – der eine fühlt sich nicht ernst genommen, der andere lässt jedes Argument mit einem abschätzigen Lächeln von sich abprallen – eine durchaus akademische Diskussion, bei der auch mit Fachausdrücken wie „Frequenzbereich“, „Transferprotokolle“ und „Absorptionsrate“ um sich geworfen wird. Und wie immer bei einem solchen Schlagabtausch mischt sich auch noch ein Herr ein, der einen Tisch weiter in seine Zeitung vertieft war – weil er just in dem Moment einen Artikel dazu gelesen hat. Klassiker. Ich versuche mich wieder auf meine Unterlagen zu konzentrieren. Ich muss zugeben, bei jeder komplett unwissenschaftlichen Äußerung bin ich versucht, mich einzumischen – komme aber immer noch rechtzeitig zur Vernunft.

Es gibt kaum ein Thema, über das so emotional diskutiert wird, wie die Einführung der neuen Mobilfunkgeneration 5G – die Bandbreite reicht von den neuen Möglichkeiten, die diese Technik erlaubt, bis hin zur Angst, dadurch an Krebs zu erkranken. Ein Richtig und ein Falsch will derzeit keine Seite zulassen.

Am Nebentisch hat sich die Diskussion mittlerweile zugespitzt. Der vermeintliche „Aluhutträger“ knallt jetzt einen 5-Euro-Schein auf den Tisch, zieht genervt seine Jacke an und steckt sein Smartphone in die Hosentasche. „Ah, das traust du dich also? Weißt du nicht, dass das Handy in der Hose angeblich zu Unfruchtbarkeit führt?“, sagt der andere. Die Provokation sitzt. Ein letztes leises, aber unüberhörbares Schimpfwort raunt ihm der „Aluhutträger“ noch zu, dann dreht er sich um und rempelt im Gehen einen verdutzten Arzt im rosa Hawaiihemd an. Hans-Peter Hutter sieht mich fragend an, ich lächle nur. Ich glaube, ich weiß sehr genau, wie wir dieses Kapitel beginnen.

Wenn es um 5G geht, reden plötzlich alle von der Handystrahlung. Doch was ist damit eigentlich gemeint?

Genau genommen ist jedes Mobiltelefon bzw. Smartphone gleichzeitig sowohl Sender als auch Empfänger, denn um mit der nächsten Basisstation (also dem „Handymasten") Kontakt herzustellen, muss auch das Telefon Informationen über Funk absenden. Und genau diese Sendeleistung bzw. Abstrahlung des Endgeräts wird oft als „Handystrahlung" bezeichnet. Angegeben wird die Stärke bzw. Intensität der Abstrahlung mittels der sogenannten spezifischen Absorptionsrate (SAR). Wie hoch die beim eigenen Handy ist, lässt sich übrigens in den Tiefen der Einstellungen herausfinden – meist in den allgemeinen Einstellungen bei den rechtlichen Hinweisen unter dem Begriff „HF-Belastung". Der von der Weltgesundheitsorganisation WHO empfohlene SAR-Grenzwert für Mobiltelefone liegt bei 2,0 Watt pro Kilo Körpermasse (W/kg).

Diskutiert wird das nun aktuell aufgrund der Einführung der „neuen" Mobilfunktechnologie 5G. Und unter dem Begriff „5G" werden verschiedene Transferprotokolle und Frequenzbereiche zusammengefasst. Bei den Frequenzbereichen muss man allerdings hinsichtlich der Länge unterscheiden. Es gibt Dezimeterwellen – sie ähneln den bereits bestehenden Mobilfunkanwendungen wie UMTS und LTE –, außerdem Milli- und Zentimeterwellen. Dabei handelt es sich um Frequenzen zwischen sechs und 100 Gigahertz, die bislang noch nicht breit zum Einsatz gekommen sind. Und daher gibt es dazu auch noch kaum Anwendungsdaten.

Aber Funk ist doch Funk, oder nicht? Was ist der Unterschied zu früheren Techniken, wie 3G, 4G oder LTE?

5G hat zwar ein ähnliches, aber nicht identes Signalmuster wie 3G oder 4G. Die größere Bandbreite ermöglicht eine schnellere Datenübertragung (bis 10 Gigabit pro Sekunde) und das bei kleineren Latenz- bzw. Reaktionszeiten (weniger als 1 Millisekunde). Diese hohen Datenkapazitäten und Übertragungsraten in Echtzeit ermöglichen dann etwa autonomes Fahren oder auch medizinische Operationen, bei denen Roboter den Eingriff durchführen, während sie von einem Arzt gesteuert werden, der tausende Kilometer entfernt ist. Wesentlich ist aber, dass 5G den LTE-Standard nicht ersetzen, sondern ergänzen wird.

DIE FÜNF MOBILFUNKGENERATIONEN

1G – Analog-Advanced Mobile Phone Service (AMPS): Ältester Mobilfunkstandard, in 1980er Jahren kommerziell eingeführt, AMPS nutzt das FDMA-Zugriffsverfahren (Frequency Division Multiple Access) bei 800 MHz mit einem Dauersignal.
2G – Globales System für mobile Kommunikation (GSM) und Code Division Multiple Access (CDMA) sind Varianten von 2G-Systemen, eingeführt in den 1990er Jahren, die Text- (SMS), Multimedia-Nachrichten und Internetzugang ermöglichten. Diese wurden in den ersten digitalen Handys verwendet. Verwendete Frequenzen: 850 und 1900 MHz oder 900 und 1800 MHz.
3G – Universeller Mobiler Telekommunikationsdienst (UMTS): Eingeführt 1998 mit Breitbandfunktionen zur Datenübertragung, mobilem Internet und Videogesprächen. Dutzende von Frequenzbändern verfügbar im Bereich 800-900 MHz und im Bereich 1700-2100 MHz, je nach Träger.
4G – Long Term Evolution (LTE): seit 2008 in Verwendung; Breitband mit höherer Frequenz, was einen schnelleren Web-Zugang, Spiele, Videokonferenzen und mobiles HD-Fernsehen unterstützt. Verwendete Frequenzen: 700 MHz, 1700/2100 MHz sowie 2500-2690 MHz.
5G – Geräte-zu-Geräte-Kommunikation: für die Erweiterung des Internets der Dinge (IoT). Frequenzen von 30 bis 100 GHz, möglicherweise bis zu 300 Ghz.

Erst 2019 hat es einen Bürgerprotest gegeben, weil die Österreichischen Bundesbahnen einen Sendemast im Haager Siedlungsgebiet im Bezirk Amstetten errichten wollten. Und das ist bei Weitem nicht die einzige Initiative gegen die Errichtung solcher Sendemasten in den letzten Jahren. Nun heißt es aber, 5G-Anwendungen benötigen noch mehr Sendemasten. Ist das tatsächlich so?

2019 wurde in Österreich der Frequenzbereich um 3,45 GHz vergeben – und der wird nur wenige zusätzliche Antennen erfordern. Die eigentliche 5G-Ausrollung, für die nun auch der Millimeterwellenbereich eingesetzt wird, steht aber noch bevor, und dazu müssen tatsächlich tausende neue Antennen errichtet werden. Nachdem aber noch gar nicht klar ist, wie diese Technik konkret genutzt werden soll, lässt sich auch noch nicht abschätzen, wie sehr man, und vor allem wer, dieser Technik ausgesetzt sein wird. Vermutlich wird 5G zunächst in Betrieben eingesetzt und daher insbesondere ArbeitnehmerInnen betreffen.

Viele haben aber tatsächlich Angst vor gesundheitlichen Schäden durch die zusätzlichen Antennen und die davon ausgehenden elektromagnetischen Felder. Wenn man das alles hört, wird man klarerweise unsicher – ist diese Angst begründet?

Man muss hier unterscheiden zwischen der Frage nach der Wirkung von hochfrequenten elektromagnetischen Feldern (HF-EMF) im Umfeld von Antennen und der Wirkungen durch die körpernahe Nutzung des Mobiltelefons.

Nüchtern betrachtet muss man festhalten, dass sich gewisse gesundheitlich nachteilige Effekte durch Mikrowellen rund um Sendemasten (= Basisstationen) durch die bisher genutzten Mobilfunktechniken wie GSM, UMTS oder LTE nicht ausschließen lassen. Da 5G aber nun nicht nur stationär, sondern in Zukunft auch in mobilen Quellen eingesetzt wird, also etwa in Fahrzeugen aller Art, muss man von zusätzlichen, neuen Belastungssituationen ausgehen. Deren Ausmaß ist aktuell schwer bis kaum einschätzbar und bisher auch nicht untersucht worden.

„Sorglosigkeit ist hier ebenso wie Angst fehl am Platz.“

Wenn es um die Nutzung von Mobiltelefonen geht, muss ich auf die Einstufung der Mikrowellen als möglicherweise krebserregend durch die IARC-WHO (2011) verweisen – und diese Einschätzung ist ja bereits jetzt ernst zu nehmen.

Das bedeutet also: Obwohl Angst vor zusätzlichen massiven Beeinträchtigungen nicht angebracht ist, ist dies sicher kein Freibrief für eine kopflose, ungebremste und ungeprüfte Verbreitung neuer Technologien – Sorglosigkeit ist hier ebenso wie Angst fehl am Platz.

DEEP DIVE: WAS SIND EIGENTLICH ELEKTRISCHE, MAGNETISCHE UND ELEKTROMAGNETISCHE FELDER?

Elektrische Felder treten in der Umgebung von Ladungen auf. Die elektrische Feldstärke wird in Volt pro Meter (V/m) angegeben. Elektrische Felder treten überall dort auf, wo Ladungen z. B. mit technischen Mitteln getrennt werden. Liegt eine Spannung vor, dann existiert auch ein elektrisches Feld. Technische elektrische Felder in der Umwelt können Werte von etwa 10 kV/m erreichen – z. B. unter einer Hochspannungsleitung. Gerät man in ein Gebiet mit sehr hoher Feldstärke – etwa in der Nähe des Leiterdrahtes der Bahn –, so kommt es zum Spannungsüberschlag, da die Körperoberfläche ein wunderbarer Leiter ist – und das kann zu Gewebsverbrennung oder Schock führen.

Ein **magnetisches Feld** wirkt auf bewegte Ladungen. Es entsteht durch magnetische Dipole (z. B. Stabmagneten) oder durch Bewegung von Ladungen. Die magnetische Feldstärke wird in Ampere pro Meter (A/m) angegeben. Häufig wird auch die magnetische Flussdichte mit der Einheit Tesla verwendet.

Die Stärke des Magnetfelds der Erde hängt u.a. von der geografischen Breite ab und ist mit zirka 31 bis 62 Mikrotesla (μT) an der Erdoberfläche relativ klein. Das Magnetfeld der Erde lenkt die geladenen Teilchen des Sonnenwindes ab und schützt uns somit vor einem Teil der kosmischen Strahlung.

Technisch erzeugte Magnetfelder entstehen z. B. überall dort, wo Strom fließt. In der Nähe des Leiterdrahtes der Bahn misst man einige Hundert μT, unter einer Hochspannungsleitung 6-8 μT, der Elektromotor von Haushaltgeräten (Haarfön, elektr. Dosenöffner, Staubsauger etc.) kann in einigen Zentimetern Entfernung über 1000 μT erzeugen.

Im **elektromagnetischen (Wechsel-)Feld** verschmelzen die elektrische und die magnetische Feldkomponente zu einer Einheit. Da sich elektrische und magnetische Felder gegenseitig erzeugen („induzieren"), koppeln sich diese Komponenten aneinander, sobald sie sich von der Feldquelle abgelöst haben. Das kann nur auftreten, wenn die Frequenz, mit der die Ladungen schwingen, so hoch (und die Wellenlänge daher so klein) ist, dass das Verhältnis zwischen Antennenhöhe und Wellenlänge groß wird (am besten bei 1:2). Dies ist bei Frequenzen ab etwa 100 kHz der Fall. Durch die enge Kopplung beider Feldkomponenten ist es im Fernfeld (in einiger Entfernung von der Strahlungsquelle) möglich, aus der Stärke der einen Komponente auf jene der anderen zu schließen. Auch Blitze erzeugen Hochfrequenzpulse (merkbar z. B. durch die Störung des Fernsehbildes).

Technische Anwendungen hochfrequenter Felder sind alle Funktechniken (z. B. Radio, Fernsehen, Handy, Radar), aber auch der Mikrowellenherd oder medizinische Anwendungen wie die Diathermie oder die Magnetresonanztomografie.

Elektromagnetisches Spektrum

NF: Niederfrequenz, RF: Rundfunk- bzw. Radiowellen

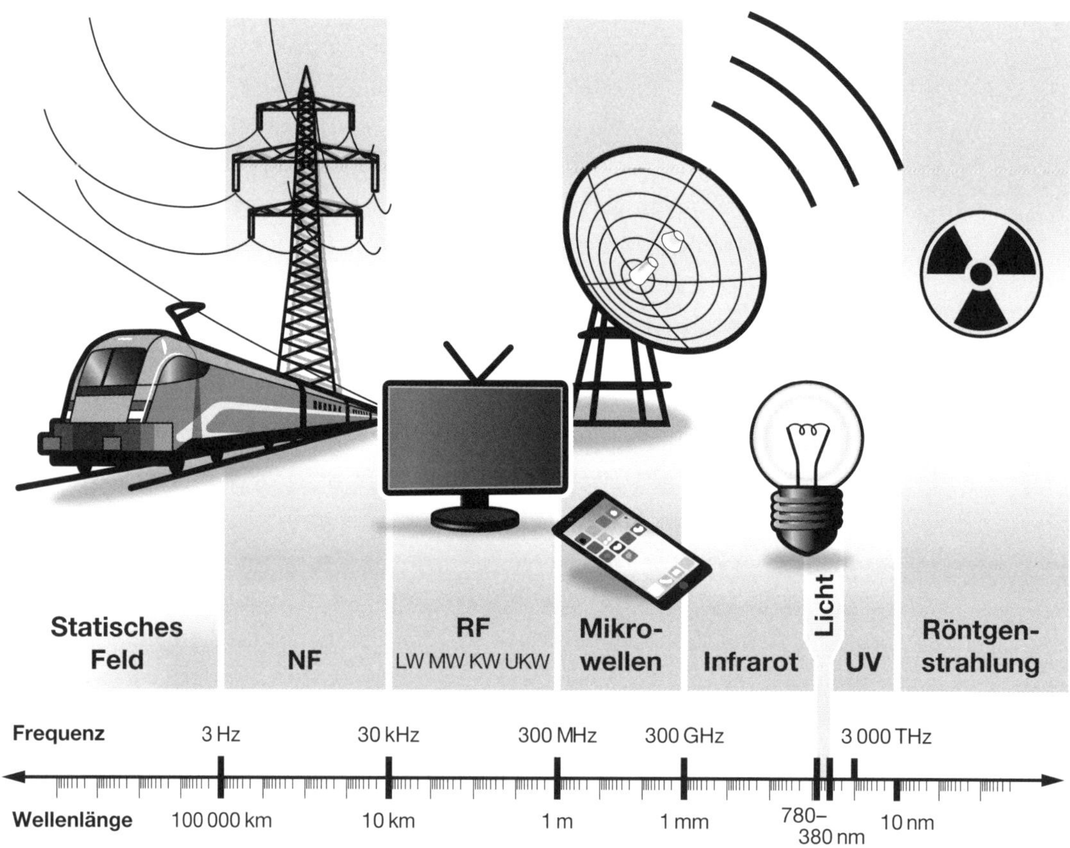

Von welchen gesundheitlichen Beeinträchtigungen sprechen wir denn konkret?

5G ist die kommende Mobilfunktechnik, die – ebenso wie die Mobilfunk-Generationen davor – praktisch ohne große Überlegungen hinsichtlich gesundheitlicher Verträglichkeit und auch anderer gesellschaftlicher Folgen eingeführt wird – man denke nur an das Thema Suchtverhalten.

Jedenfalls liegen bisher keine ausreichenden Daten zu Auswirkungen dieser speziellen hochfrequenten Strahlung auf biologische Systeme vor. Wir können daher nur von bestehenden Erkenntnissen ausgehen, die bereits zu anderen hochfrequenten Funktechniken vorhanden sind. Wenn es um die Exposition rund um Antennen geht, stehen – abhängig von der Intensität – vor allem Befindlichkeitsstörungen wie etwa Kopfschmerzen und Müdigkeit im Vordergrund.[42]

„Wir können die Wirkung nicht beurteilen, wenn es keine Untersuchungen gibt.“

Anders sieht die Situation hinsichtlich einer langfristigen Mobiltelefonnutzung aus: Hier besteht tatsächlich ein erhöhtes Risiko für bestimmte Hirntumore wie das Akustikusneurinom oder Gliome. Aber auch dabei spielt die Dauer und die Häufigkeit der Nutzung eine entscheidende Rolle.[43]

Manche Städte, wie etwa Brüssel, verbieten den Ausbau von 5G sogar. Eine weitreichende Entscheidung – das wirkt so, als hielte die Brüsseler Regierung 5G tatsächlich für gefährlich?

Es geht nicht darum zu sagen, dass 5G besonders gefährlich ist. Aber wir können die Auswirkungen einer Technologie nicht beurteilen, wenn es zu der betreffenden Technologie noch keine biologischen und medizinischen Untersuchungen gibt. Es hätten schon längst entsprechende Untersuchungen hinsichtlich möglicher gesundheitlicher Auswirkungen durchgeführt werden müssen – im Sinne einer vorausschauenden Technologiefolgenabschätzung.

Die verschiedenen Verzögerungen gründen auf einer einfachen Tatsache, nämlich, dass es viele offene Fragen gibt. Aber auch aus der Forschungsgeschichte der bisherigen Mobilfunkgenerationen liegen ausreichend Belege für gesundheitliche Einflüsse und Wirkungen vor.

Zusätzlich finden sich in der wissenschaftlichen Literatur zu Millimeterwellen ganz allgemein ebenso Hinweise auf verschiedene Effekte, die – aufgrund der geringen Eindringtiefe dieser Wellen – vorwiegend die Haut und die Augen betreffen. Trotzdem scheinen auch gewisse systemische Auswirkungen, also auf den gesamten Organismus, nicht ganz ausgeschlossen zu sein. Dabei bleibt zu berücksichtigen, dass bei den vorhandenen Studien zu Millimeterwellen noch keine mit dem 5G-Standard einbezogen ist.[44]

Damit drängt sich nun aber eine Frage auf: Erhöht sich durch Handynutzung das Krebsrisiko?

Die Erkenntnisse aus epidemiologischen Studien weisen derzeit auf ein erhöhtes Risiko der MobiltelefonnutzerInnen für Hirntumore hin (speziell Akustikusneurinom, ein Tumor des Hörnervs und Gliome). Aufgrund der nach wie vor eher kurzen Nutzungsgeschichte von Mobiltelefonen – im Vergleich zur Entwicklungsdauer von Tumorkrankheiten – kann die Höhe des Risikos aber noch nicht konkret beziffert werden.

Statistische Auswertungen vollständiger Tumorregister (z. B. Dänemark) zeigen jedenfalls ein Ansteigen von Hirntumoren, was aber derzeit wegen der Latenzzeit – also der Zeit zwischen „Bestrahlung“ und Auftreten der Erkrankung – nicht auf eine krebsauslösende, sondern eher krebspromovierende Wirkung der Mikrowellenstrahlung zurückgeführt werden muss. Krebspromovierend bedeutet in diesem Sinn, dass sich eine geschädigte Zelle durch Mikrowellenstrahlung schneller und früher zum Tumor entwickelt. Diese Wirkung kann als gesichert angesehen werden. Zusätzlich finden sich auch Belege z. B. aus dem ATHEM-Projekt[45], dass spezielle Reparaturprozesse ausgelöst werden, was wiederum bedeutet, dass durch die Strahlung Schäden am Erbgut verursacht wurden, die der Körper wieder reparieren will.

Warum wird diese Frage nie mit Ja oder Nein beantwortet?

Jede/r WissenschaftlerIn, der/die die Faktenlage nüchtern betrachtet und sich um eine objektive Aussage bemüht, wird sagen müssen, dass vieles für einen Zusammenhang zwischen Mobiltelefonnutzung und Krebserkrankungen spricht. Aber aufgrund des raschen technologischen Wandels hinkt die Forschung immer hinterher. Viele der Untersuchungen behandeln Handys, die speziell in den Industrienationen gar nicht mehr verwendet werden.

2017 führte aber ein Gericht in Italien einen Hirntumor auf die Handynutzung zurück. Wie ist das also möglich, wenn die Frage nicht eindeutig beantwortet werden kann?

Wenn es darum geht, wie sicher man sich einer Ursache ist, so gelten in der Rechtsprechung im Rahmen zivilgerichtlicher Verfahren ganz andere Maßstäbe als in der Wissenschaft. Während in der Wissenschaft ein Beleg erst dann als hinreichend gesichert gilt, wenn man mit an Sicherheit grenzender Wahrscheinlichkeit Zufall, Fehler und Störeinflüsse ausschließen kann, reichen in der Rechtswissenschaft bereits 51 % Sicherheit aus, um – wie in diesem Fall – einen Rückschluss als kausal gelten zu lassen, also zu sagen, die Handynutzung ist die Ursache des Hirntumors.

Der Hirntumorpatient – er litt an einem Akustikustumor – konnte glaubhaft darstellen, dass er über rund 15 Jahre aus beruflichen Gründen täglich drei bis vier Stunden mobil telefonierte. Im Zusammenspiel mit der Einstufung als „möglicherweise krebserregend“[46] durch die Internationale Agentur für Krebsforschung der WHO urteilte das italienische Gericht im Sinne des Patienten, da ein Zusammenhang eher wahrscheinlich als unwahrscheinlich sei.[47]

Die WHO sagt also, Handynutzung ist möglicherweise krebserregend beim Menschen – praktisch genauso wie Kaffee, der ja auch lange als möglicherweise krebserregend eingestuft wurde. Die meisten von uns trinken – wie du und ich – noch immer Kaffee. Was sagt das also schon aus?

Die Internationale Agentur für Krebsforschung der Weltgesundheitsorganisation (IARC) hat Kaffee nicht in diese Kategorie eingestuft, sondern als nicht klassifizierbar bezeichnet.[48] Die IARC hat ein vierstufiges System der Einordnung von Umwelteinflüssen, das von krebserregend bis wahrscheinlich nicht krebserregend reicht. Die zweite Stufe ist noch einmal unterteilt in wahrscheinlich und möglicherweise krebserregend. Das Tückische aber ist: Diese Bezeichnungen haben gar nichts mit diesen Begriffen, wie wir sie im Alltag verwenden, zu tun, sondern charakterisieren nur das durch die Arbeitsgruppe beurteilte Ausmaß der Fakten, die für eine Krebserregung sprechen. Manche Felder des Mobilfunks wurden der Kategorie 2B zugeordnet, also als möglicherweise krebserregend eingestuft, wie z. B. auch Blei oder Chlordan. Das ist eine ernste Warnung, die selbstverständlich zu Vorsorgemaßnahmen führen sollte.

Die Industrie verwässert gerne diese Einstufung, beispielsweise mit dem Hinweis, dass auch Kaffee, Aloe Vera, eingelegtes Gemüse oder andere Konsumartikel in dieser Gruppe 2B zu finden sind. Das ist aber eine Verzerrung der Wahrheit.

„Die Forschung hinkt dem technologischen Wandel hinterher."

Kaffee wurde erstmals 1991 als möglicherweise krebserregend klassifiziert. Dass es sich dabei tatsächlich um Kaffeesäure handelt und nicht um Kaffee als solchen, fällt dann meist unter den Tisch. Diese verharmlosende Formulierung ist jedoch durchaus beabsichtigt. Abgesehen davon fand 2016 eine Neubewertung statt: Kaffeetrinken wurde wie erwähnt nun in die Kategorie 3 eingestuft, nämlich als nicht klassifizierbar.

Und beim berühmten „eingelegten Gemüse" handelt es sich um asiatisches, stark fermentiertes Gemüse mit einem sehr hohen Nitrosamingehalt. Aufgrund dieses Stoffes erfolgte die Einstufung in 2B und nicht, weil eingelegtes Gemüse generell „gefährlich" wäre.

Vonseiten der Mobilfunkindustrie heißt es dann aber oft, dass die WHO sage, es sei unwahrscheinlich, aufgrund von Mobilfunk an Krebs zu erkranken. Doch das hat die WHO so nie gesagt. Diese Behauptung wird seitens der Mobilfunkindustrie verbreitet, um die Einstufung herunterzuspielen. In Wahrheit ist im Fact Sheet 193 der WHO Folgendes zu lesen: „... hat die IARC hochfrequente elektromagnetische Felder als möglicherweise krebserregend für Menschen eingestuft (Gruppe 2B), eine Klassifizierung, die benutzt wird, wenn ein möglicher Zusammenhang glaubwürdig erscheint, aber Zufall, Bias oder Störfaktoren nicht mit ausreichender Sicherheit ausgeschlossen werden können"[49].

IARC-KLASSIFIKATION

Einstufungen von chemischen, physikalischen und biologischen Faktoren durch die Internationale Agentur für Krebsforschung

Gruppe 1: karzinogen (krebserregend) für Menschen (121 Agentien)
Gruppe 2A: wahrscheinlich karzinogen (89)
Gruppe 2B: möglicherweise karzinogen (315)
Gruppe 3: nicht einstufbar hinsichtlich der Karzinogenität für Menschen (497)

Stand Dezember 2020

Ganz ehrlich: Man sitzt als VerbraucherIn zwischen den Stühlen und weiß nicht, wem man glauben soll. Warum ist 5G denn überhaupt so umstritten?

Diskussionen und gegensätzliche Meinungen in der Wissenschaft gab und gibt es bei vielen Umweltthemen zahlreich. Das ist nichts Neues – weder in der Umweltmedizin noch in einer anderen Wissenschaft. Ähnliche Auseinandersetzungen fanden schon vor Jahrzehnten bei Asbest und auch bei Chemikalien jüngeren Datums statt – etwa bei Weichmachern oder Glyphosat –, und hier prallen manchmal Gegensätze aufeinander, sogar wenn es heute um Fragen zum Thema Atomkraft geht, etwa betreffend Immissionen rund um Atomkraftwerke.

„Das ist eine ernste Warnung, die zu Vorsorgemaßnahmen führen sollte.“

Allen gemeinsam ist, dass es sich meistens um eine komplizierte fachliche Materie handelt, und um Einwirkungen, die mit teils sehr niedrigen Konzentrationen verbunden sind und über eine lange Zeit gehen. Die wissenschaftlichen Ergebnisse sind dann häufig auch unterschiedlich und einzigartig, schwer zu durchschauen und lassen Interpretationsspielräume zu.

Fest steht aber, dass es besonders heikel wird, wenn es um handfeste ökonomische Interessen geht. Gerade im Falle des Mobilfunks fallen viele dieser ungünstigen Einflüsse zusammen. Auch was das Vorgehen der Industrie betrifft, so ist dieses wenig zimperlich – Stichwort „War Gaming".

Fazit: Was wissen wir also wirklich?

Es ist im Grunde ganz einfach: Hinweise zeigen unzweifelhaft, dass ein umsichtiges, sorgsames Vorgehen notwendig ist. Das betrifft sicher nicht nur die Auswirkungen der hochfrequenten EMF, es stellen sich auch darüber hinaus viele gesellschaftliche Fragen, denn eines ist klar: Mit den neuen Möglichkeiten durch 5G werden sich unsere Gesellschaft, der Umgang miteinander und letztlich auch unsere Welt stark verändern. Wir sollten doch mittlerweile etwas aus der Vergangenheit gelernt haben – und deutlich besonnener mit neuen Technologien umgehen. Gedankenlosigkeit bringt uns nicht weiter.

Wir haben jetzt hauptsächlich über ein mögliches Krebsrisiko durch Handynutzung gesprochen. Aber gibt es auch andere gesundheitliche Auswirkungen?

Im Zentrum medizinischer Überlegungen stehen die sogenannten Wirkungen im Niedrigdosisbereich. Solche Effekte, die praktisch „nicht mit Erwärmung im Zusammenhang stehen", werden athermische Wirkungen genannt (genauer: Effekte, die mit oder ohne Gewebserwärmung auftreten, aber nicht auf diese zurückgeführt werden können).

Für diese Wirkungen ist nicht nur die Feldstärke entscheidend, auch andere Charakteristika des jeweiligen Mobilfunkstandards wie etwa die Pulsung spielen eine Rolle – und das muss in der Beurteilung berücksichtigt werden.

Der überwiegende Teil der Studien wurde an Mobiltelefonen durchgeführt oder unter Anwendung von Feldern, die ein Mobiltelefon simulieren. Dabei konnte beobachtet werden, dass es sehr wohl Einflüsse auf Regelmechanismen und Organsysteme gibt, bzw. auch folgende Organbeeinträchtigungen:

- **Wohlbefinden:** Bevölkerungsbezogene (epidemiologische) Studien zeigen Zusammenhänge zwischen Intensität der Handynutzung und unspezifischen Befindlichkeitsstörungen wie z. B. Kopfschmerz und Nervosität[50].
- **Zentrales Nervensystem:** Schlaf, Einflüsse auf Gehirnströme, Verhalten, Gedächtnis und andere Denkleistungen, Einflüsse auf Neurotransmitter[51]
- **Immunsystem:** Aktivierung von Abwehrreaktionen[52]
- **Hormonsystem:** z. B. Veränderungen des Melatoninhaushalts[53]
- **Fortpflanzung:** negativer Einfluss auf die Spermienqualität[54]
- **Herz- Kreislauf-System:** Wirkung auf den Blutdruck[55]
- **Tumore:** Zusammenhang zwischen Mobiltelefonnutzung und Tumoren im Kopfbereich (Gliome, Meningeome, Akustikusneurinome)[56]
- **Wirkungen auf Zellebene:** z. B. Zellmembran-Durchlässigkeit, Transporte durch die Zellmembran, Einflüsse auf die Aktivität der Zelle (z. B. Eiweißsynthese), auf die Zellteilung und das Erbgut[57]

Oft heißt es ja auch, Männer sollten das Handy nicht in der Hosentasche tragen, weil das die Fruchtbarkeit beeinträchtigen könne. Ist da was dran?

Es ist kein Geheimnis, dass in den Industrieländern etwa zehn Prozent der Paare mit Kinderwunsch Probleme haben, Nachwuchs zu bekommen. Und obwohl die Ursachen in vielen Fällen nicht geklärt sind, ist in rund 40 % der Fälle die männliche Unfruchtbarkeit ursächlich. Außerdem ist zu beobachten, dass die Probleme der männlichen Fruchtbarkeit in den letzten Jahrzehnten stark zunehmen – konkret verringert sich die Anzahl der Spermien, und diese werden außerdem träger. Diese Entwicklung ist speziell in den westlichen Industrienationen vor allem deshalb bedenklich, weil es leider keine Anzeichen dafür gibt, dass sich dieser Trend abschwächt oder gar umkehrt.

Für den Spermienrückgang wird ein Zusammenspiel mehrerer Faktoren vermutet, wie etwa ein veränderter Hormonstoffwechsel aufgrund von Übergewicht, hormonähnliche Wirkungen von Umweltchemikalien, häufige Verwendung von Schmerzmitteln oder auch der Hormonmissbrauch für Muskelaufbau und nicht zuletzt (seelischer) Alltagsstress. Ebenfalls verdächtigt wird „das Handy in der Hosentasche“.

Zu genau dieser Frage, nämlich der Auswirkung von HF-EMF auf die männliche Fruchtbarkeit, findet sich eine Reihe Untersuchungen[58], die negative Einflüsse auf die Spermienqualität entdeckt haben, etwa eine verringerte Anzahl der Spermien pro ml, geringere Beweglichkeit und Lebensfähigkeit. Das bedeutet aber nicht, dass das Handy allein oder überhaupt für diesen Trend verantwortlich ist. Wer auf Nummer sicher gehen will, sollte das Handy der Fruchtbarkeit zuliebe anderswo als in der Hosentasche tragen.

Nun gibt es zahlreiche Hilfsmittel, die gegen die Strahlung, oder besser gesagt, die elektromagnetischen Felder, schützen sollen: Von der Unterwäsche, die abschirmt, bis hin zu speziellen Handytaschen oder Handy-Entstörungsaufklebern – können die tatsächlich schützen?

In den letzten Jahren sind viele Produkte auf den Markt gekommen, die als Vorrichtungen zur Abschirmung elektromagnetischer Felder beworben werden. Viele dieser Produkte sind schlicht und einfach wirkungslos. Andere Produkte, speziell solche, die an Handys angebracht werden sollen, erhöhen sogar die Belastung, weil die Sendequalität beeinträchtigt und dadurch automatisch vom Handy eine höhere Sendeleistung gewählt wird. Bei Handys gibt es daher im Grunde keine sinnvolle Abschirmung.

„Bei Handys gibt es im Grunde keine sinnvolle Abschirmung."

Gegenüber anderen elektromagnetischen Feldern, z. B. von Basisstationen oder Rundfunk- und Fernsehsendern, lässt sich mit hohem Aufwand und entsprechenden Kosten eine Abschirmung eines Gebäudes realisieren. Dabei muss aber berücksichtigt werden, dass man bei Benutzung eines Handys in einem abgeschirmten Gebäudebereich ebenfalls einer höheren Strahlenbelastung ausgesetzt ist.

Falls jemand Interesse an Minderungsmaßnahmen für seine Innenräume hat, dann gilt es, jene Materialien bzw. Maßnahmen anzuwenden, welche die Intensitäten tatsächlich dämpfen bzw. vermindern können. So lassen sich einzelne Bereiche wie etwa das Bett mit geeigneten Textilien abschirmen. Durch Sonnenschutzfenster lässt sich das Eindringen hochfrequenter Felder tatsächlich erheblich reduzieren. Im Allgemeinen sind solche Maßnahmen aber nicht notwendig, da die Feldstärken ohnehin sehr niedrig sind. Wenn man aber trotzdem vorhat, solche Maßnahmen bei sich zuhause einzusetzen, dann gilt es, den Hausverstand einzuschalten und die Meinung oder Prüfberichte anerkannter, akkreditierter Institutionen einzuholen. Vertrauen Sie nur solchen Verfahren, die tatsächlich von einer anerkannten Institution geprüft wurden – und bitte Hände weg von dubiosen Hilfsmitteln.

ELEKTROSENSITIVITÄT VS. ELEKTROSENSIBILITÄT

Grundsätzlich muss man zwischen **Elektrosensitivität** und **Elektrosensibilität** unterscheiden.

Elektrosensibilität spricht die unmittelbare Wahrnehmung elektromagnetischer Felder an, während **Elektrosensitivität** die Reaktion auf Einwirkungen von EMF bezeichnet, die auch ohne eine direkte Wahrnehmung auftreten kann.

Es gibt Personen, die sich für **elektrosensitiv** halten, also meinen, auf EMF besonders empfindlich zu reagieren. Das ist ähnlich wie wenn jemand sagt, er ist lärmsensitiv, also empfindlich auf Lärm reagiert. Da es bei dem Problem der Elektrosensitivität aber um so schwache Einwirkungen geht, dass indirekte Wahrnehmungseffekte wie die einer Erwärmung ausgeschlossen werden können, stellt sich die Frage, wie Elektrosensitive elektromagnetische Felder überhaupt wahrnehmen können.

Hingegen liegt der **Elektrosensibilität** eine unmittelbare Wahrnehmung von EMF zugrunde. Hinsichtlich **Elektrosensibilität** besteht zumindest für niederfrequente Felder Klarheit, dass Menschen unterschiedlich reagieren, d.h., unterschiedliche Schwellen besitzen, ab denen sie eine Wahrnehmung haben. Beispielsweise ist die Schwelle für die Wahrnehmung eines Stromflusses an der Körperoberfläche sehr unterschiedlich. Personen mit einer niedrigen Schwelle nennt man **elektrosensibel.** Das muss aber nicht bedeuten, dass diese Personen auch **elektrosensitiv** sind.

Viele von uns haben erst im Laufe ihres Lebens ein Handy bekommen, manche haben erst jenseits der 20 das erste Mal eine SMS geschrieben. Heute wachsen Kinder damit auf. Hat das Auswirkungen auf ihre Fähigkeiten – positiv wie negativ?

Welche Folgen die ungebremste Verbreitung der Telekommunikation auf das Leben unserer Kinder hat, davon können viele leidgeprüfte Eltern schon seit Jahren berichten: Man bekommt sie oft nicht mehr vom Smartphone weg. Es ist für viele das „Ein und Alles", ohne das nichts mehr geht. So leiden die Aufmerksamkeit bei Gesprächen und die Konzentrationsfähigkeit etwa bei Hausaufgaben unter ständig einströmenden Nachrichten per WhatsApp & Co. aus der digitalen Parallelwelt.

Das Abdriften in die Sucht nach ständiger Erreichbarkeit und sofortigem Austausch oder in scheinbar perfekte Parallelwelten mit Avataren ist praktisch überall wahrzunehmen. Das resultiert in vielen Stunden vernichteter Zeit, in der echte Kontakte gepflegt oder wirkliche Erfahrungen gemacht werden könnten.

„Manche Menschen beantworten Nachrichten sogar im Schlaf."

Untersuchungen zu den anstehenden technischen Möglichkeiten gibt es – ebenso wenig wie zu anderen Aspekten des 5G – derzeit keine. Dass hinsichtlich der schon heute bei vielen Kindern und Jugendlichen beobachtbaren problematischen Handynutzung keine günstigen Aussagen für die Zukunft ableitbar sind, liegt auf der Hand.

Wer hätte sich vor der Einführung des Smartphones vorstellen können, dass es „Sleep Texting" geben wird? Im Rahmen von US-Forschungen wurde gezeigt, dass Menschen sogar im Schlaf Nachrichten beantworten. Abgesehen davon, dass die meist im Halbschlaf verfassten Texte wirr und peinlich sind und vielleicht zu sozialen Problemen führen können, beeinträchtigt „Sleep Texting" die Gesundheit.[59]

DEEP DIVE: SMART METER

Das Thema Elektromagnetische Felder sorgt für Unsicherheit und Angst in der Bevölkerung. Nicht zuletzt auch durch die derzeitige Einführung der digitalen Stromzähler. Hier macht sich ein ähnlicher Protest wie bei Handymasten bemerkbar, nur, dass wir sie alle im Haushalt haben werden. Haben sie Auswirkungen auf unsere Gesundheit?

Geplant ist der flächendeckende Ersatz analoger Stromzähler durch sogenannte Smart Meter („Intelligente Stromzähler"). Diese Messsysteme sollen eine gleichmäßigere Auslastung der Stromnetze und eine Steuerung des Verbrauchs nach Verfügbarkeit etwa erneuerbarer Energie ermöglichen.

Solche „intelligenten Messsysteme" bestehen aus dem Smart Meter (sekundengenaue Erfassung des Verbrauchs) und einem System zur Übertragung der Daten zur Datenzentrale des jeweiligen Versorgungsunternehmens (Gateway). Kurz zur technischen Seite: Die Smart Meter können über Kabel, Stromleitung oder per Funk mit dem Gateway verbunden sein. Im Falle drahtloser Kommunikation können Frequenzbänder im Bereich einiger Dutzend oder hundert Megahertz genutzt werden, mit maximaler Sendeleistung von 10 bis 500 Milliwatt. Genauso können auch die Daten vom Gateway zur Datenzentrale des Versorgungsunternehmens übermittelt werden. Geräte, welche die Daten per Mobilfunk übertragen, nutzen dazu ein Übertragungsmodul, das in einem der bestehenden Mobilfunkbänder senden kann (z. B. maximal 2 Watt im 900- bzw. 1 Watt im 1.800-MHz-Band).

Was aber wichtig ist: Messgeräte und Gateways sind in der Regel nicht in jenen Räumen untergebracht, wo sich die BewohnerInnen länger aufhalten. Und da die Feldstärken mit dem Abstand zum Sender rasch absinken und auch nicht andauernd senden, sondern in Intervallen mit langen Pausen, ist man dieser „Strahlung" nur kurzzeitig und in geringem Maß ausgesetzt. Trotzdem sind Smart Meter eine weitere Quelle, von der elektromagnetische Felder ausgehen, die grundsätzlich vermeidbar wäre. Und rein aus medizinischer Sicht sind Belastungen – wenn möglich – zu vermeiden oder zu minimieren. Daher sollen bevorzugt jene Smart Meter zum Einsatz kommen, die ihre Daten kabelgebunden übertragen und nicht auf Funk zurückgreifen müssen.

Fazit: Die Nutzung von Handys wird immer intensiver, sie lösen zahlreiche andere Geräte ab. Sind wir also noch zu retten?

Wir wären zu retten, würde die Politik ihre Lenkungsaufgaben ernster nehmen und den vorsorgenden, breiten Gesundheitsschutz vor etwaige ökonomische Überlegungen stellen. Mehr auf unabhängige ForscherInnen zu hören, die nachweislich auf diesem Gebiet wissenschaftlich tätig waren, wäre schon ein guter Ansatz. Leider ist sehr oft das Gegenteil der Fall: Es wird gerne auf die Mobilfunklobby gehört – selbst dann, wenn diese mit völlig ahnungslosen und kenntnisarmen Argumenten auftritt, und nicht zuletzt auch dreist bei Medien interveniert, wenn ihr gewisse journalistische Beiträge nicht zusagen.

Wir wären zu retten, würden wir nicht auf jeden Zug sofort kopflos aufspringen, sondern neue Technologien zunächst Schritt für Schritt hinsichtlich ihrer gesellschaftlichen und auch ökologischen Nebeneffekte untersuchen. Aber einen breiten Diskurs oder gar eine demokratische Abstimmung über diese Zukunft gibt es vor einer solchen Technologieeinführung leider nicht. Es wird a priori angenommen, dass jede/r mehr und schnellere Datentransfers möchte oder dringend benötigt.

Technologiefolgenabschätzungen im breitesten Sinn finden schlichtweg nicht statt – diskutiert wird nur die Frage rund um die Strahlung. Abhängigkeiten, soziale Verwerfungen, Rohstoff- und Ressourcenfragen wie etwa Stromverbrauch und Gewinnung seltener Erden bleiben im Hintergrund.

WAS TUN?

Da eine abschließende Bewertung der gesundheitlichen Folgen des mobilen Telefonierens noch nicht möglich ist, raten wir dazu, ein paar einfache Vorsorgemaßnahmen zu beachten – diese empfiehlt auch der Oberste Sanitätsrat. Ziel ist es, sich nicht unnötig dem Handy auszusetzen und einen vernünftigen, umsichtigen Umgang nahezulegen:

- ☑ In Situationen, wo man zwischen Handy und Festnetz wählen kann, sollte das Festnetz genutzt werden.
- ☐ Kurze Gespräche führen.
- ☐ Wenn möglich, nicht bei schlechtem Empfang telefonieren.
- ☐ Möglichst wenig im Auto telefonieren.
- ☐ Beim Verbindungsaufbau ein wenig warten, bevor das Handy an den Kopf geführt wird (gilt für ältere Handys mit GSM-Technologie).
- ☐ Headsets oder andere Freisprecheinrichtungen benutzen.
- ☐ Handy im eingeschalteten Zustand über Nacht in einiger Entfernung vom Bett (nicht auf oder unter dem Kopfpolster) platzieren.
- ☐ Achten Sie beim Kauf eines Handys auf niedrige SAR-Werte.
- ☐ Tragen Sie das Handy möglichst nicht unmittelbar am Körper.
- ☐ Eher per SMS, Messenger etc. kommunizieren als telefonieren
- ☐ Gönnen Sie sich Pausen – der Stress, ständig erreichbar zu sein, wird derzeit noch immer unterschätzt.

7 LÄRM

Nervt, stresst und macht krank

Lärm nervt, stresst und macht krank. Obwohl Lärm sehr viele Menschen betrifft, werden nach wie vor lärmbedingte Gesundheitsfolgen unterschätzt.

INTRO

„Schaun' Sie sich bitte einfach um – hier links ist gleich das WC und Platz für eine Garderobe, und hier kommen wir in die große Wohnküche. Die ist wirklich großzügig bemessen mit knapp 40 Quadratmetern." Eine Wohnungsbesichtigung in einem neu gebauten Wohnhaus. Hochwertiger Eiche-Parkettboden, der Geruch von frischem Beton und Wandfarbe in der Luft. Ich sehe mich um, wirkt alles eigentlich sehr schön und gut verarbeitet – soweit ich das als Laie beurteilen kann.

Für einen kurzen Moment bleibe ich stehen und lausche einfach nur. Nichts zu hören. „Sehen Sie, Dreifach-Verglasung – da hört man gar nichts von der Straße", sagt der Makler zufrieden, der meine Absicht gleich erkannt hat. Stimmt soweit. Doch jetzt kommt der ultimative Härtetest: Ich öffne die Tür, die vom Wohnzimmer auf die ebenfalls großzügige Terrasse führt. Und schon ist das leider altbekannte Grundrauschen da: Verkehr. Und dazu gesellt sich gleich noch ein etwas lauteres Rattern. Die laut Wohnungsinserat „gute Verkehrslage" rächt sich jetzt: Die Straßenbahn fährt direkt am Haus vorbei – nicht unbedingt die Idylle, die man sich zum Erholen auf der Terrasse wünscht. „Dafür, dass Sie wirklich direkt in der Stadt sind und vor der Türe eine perfekte Anbindung haben, ist das doch überraschend leise, nicht?"

Was soll man darauf sagen? Ich zucke mit den Schultern: „Stimmt, es könnte durchaus schlimmer sein", ich gehe zurück in den Wohnbereich. Der nächste Härtetest: Das Fenster im Schlafzimmer. Da hört man das Rauschen tatsächlich nur noch sehr leise, das Vogelgezwitscher drängt es in den Hintergrund. Immerhin. Aber das Herzstück, die Terrasse, mit Dauer-Straßenlärm und 5-Minuten-Bim-Intervall? Eine eher schwierige Vorstellung. Aber das ist wohl der Preis der Stadt.

Plötzlich macht sich ein Dröhnen bemerkbar, das immer lauter wird. Großartig, also auch die Einflugschneise führt direkt über das Wohnhaus. Der Makler ignoriert dieses Geräusch und lenkt mich professionell mit weiteren Erklärungen ab. Höflich verabschieden wir uns – mit weiteren Fragen könne ich mich jederzeit an ihn wenden. Wir wissen beide, dass das nicht passieren wird.

Zurück auf der Straße nutze ich die gute Verkehrsanbindung, warte auf die Straßenbahn und beobachte den Verkehr. Ein Auto nach dem anderen brettert vorbei, darunter auch das eine oder andere E-Auto – das beinahe Erholungswert hat, so ganz ohne Motorlärm –, hier bleibt eigentlich nur noch das Abrollgeräusch der Reifen. Doch das wird gleich wieder überlagert: Die Rettung rast vorbei, wirft das Folgetonhorn an und quert die Kreuzung. Ich bemerke, wie mich dieser Lärm, die Geräuschkulisse zunehmend stresst. Zeit für die Wunderwaffe: ein Griff in die Tasche, die Kopfhörer links und rechts ins Ohr, Musik los und Noise-Canceling an. Ich schließe die Augen, die Welt verschwindet – ich atme durch, ein kurzer Moment der Erholung. Als ich die Augen wieder öffne, steht die Straßenbahn vor mir: also auf zu Hans-Peter Hutter. Während sich die Tür schließt und das rote Licht oberhalb blinkt, weiß ich, dass dieser Vorgang von einem hellen Piepen begleitet wird – ich höre es zum Glück nicht. Ein letzter Blick nach draußen – ein Kondensstreifen am Himmel. Ach ja, die Einflugschneise.

Was hat das Thema Lärm überhaupt in diesem Buch zu suchen?

Lärm und seine Folgen werden in unserer Gesellschaft nach wie vor stark unterschätzt. Allein in Österreich gaben beim letzten Mikrozensus – einer Befragung der Statistik Austria – fast 40 Prozent der Bevölkerung an, durch Lärm tagsüber und/oder nachts gestört zu sein.[60] Laut der Europäischen Umweltagentur[61] sind mehr als 100 Millionen EuropäerInnen gesundheitsschädlichen Schallpegeln ausgesetzt. Die damit verbundenen, „unsichtbaren" Gesundheitsfolgen sind beträchtlich: Rund 6,5 Millionen haben schwere Schlafstörungen, 12.000 vorzeitige Todesfälle sind auf den Umgebungslärm zurückzuführen. Die Weltgesundheitsorganisation WHO schätzt, dass – unter konservativen Annahmen – die EuropäerInnen jährlich mindestens eine Million gesunde Lebensjahre durch die gesundheitlichen Auswirkungen von Umgebungslärm verlieren. Damit ist Lärm nach Luftverschmutzung jener Umweltfaktor mit den zweitstärksten Auswirkungen auf die Gesundheit.

Schlafstörungen, vorzeitige Todesfälle – wie kann Lärm so etwas beim Menschen anrichten?

Vierundzwanzig Stunden wach; sieben Tage die Woche permanent aktiv und arbeitswillig. Für unseren Körper als Gesamtheit ist das unvorstellbar – für unser Ohr aber gehört genau das zum täglichen Geschäft. Dabei vollbringt es Höchstleistungen am laufenden Band: Es fängt Schallwellen auf, leitet sie in sein Innerstes weiter und wandelt sie in jene elektrischen Impulse um, die im Gehirn als akustische Information erkannt und verarbeitet werden.

Der menschliche Organismus ist zwar lange Zeit in der Lage, die ständig auf ihn einprasselnden Reize zu verarbeiten und im Sinne eines „Widerstands- oder Anpassungsverhaltens" gegenzusteuern. Dauert diese Belastung aber zu lange an und kommen dann auch noch andere belastende Faktoren hinzu, kann das System kippen: Es kommt zur Erschöpfung und es entwickelt sich eine manifeste Störung (siehe „Krankheitsentstehung durch Lärm"). Fazit: Lärm ist ein Stressfaktor und kann tatsächlich krank machen.

DER WEG VOM SCHALL INS GEHIRN

Der Schall dringt in den Gehörgang des Ohrs und versetzt das Trommelfell in Schwingung. Von dort wird der Schall weiter über die Gehörknöchelchen bis in die Hörschnecke im Innenohr weitergeleitet und von mechanischer in elektrische Energie umgewandelt: Das Innenohr ist mit Flüssigkeit gefüllt und mit rund 15.000 Haarzellen ausgekleidet, die an ihrer Oberfläche zahlreiche kleine Sinneshärchen besitzen. Werden diese durch die Schwingung bewegt, kommt es zu einer Ausschüttung von Botenstoffen (Neurotransmittern) und zu elektrischen Impulsen in den nachgeschalteten Nervenzellen. Die Hörnerven leiten diese Impulse bis zur Hörrinde im Gehirn weiter, zu sehen auf der Abbildung „Der Weg vom Schall ins Gehirn.

Damit das reibungslos funktioniert, muss alles perfekt zusammenspielen. Nur wenn alle Teile des Ohrs intakt sind und vom Trommelfell über die Gehörknöchelchen bis zu den Haarzellen alles wie geschmiert läuft, haben wir einen guten Höreindruck.

Ein lauter Bass, das Geräusch eines Motors – was für mich Musik in den Ohren ist, kann für dich störend sein. Wann ist Lärm überhaupt Lärm, und ab wann wird er tatsächlich zur Belastung?

Lärm, ist „unerwünschter, belästigender, störender und eventuell schädigender Schall" – so die genaue Definition laut dem Österreichischen Arbeitsring für Lärmbekämpfung.[62]

Unter den direkten bzw. auralen Wirkungen versteht man Effekte der Schalleinwirkungen auf das Hörorgan, die zu spezifischen, lärmbedingten Gehörschädigungen führen können. Typische – und den meisten bekannte – Gesundheitsfolgen sind die Innenohrschwerhörigkeit, die bei Dauerlärm ab 85 Dezibel (dBA) auftritt, oder das Knalltrauma aufgrund einer sehr kurzen Schalleinwirkung mit hoher Intensität. Auch der Tinnitus zählt zu den auralen Effekten (siehe Infobox „Tinnitus").

Weiter verbreitet sind aber die indirekten bzw. extraauralen Wirkungen, bei denen neben dem objektiv messbaren Schallpegel auch die subjektive Empfindung „Lärm" eine wesentliche Rolle spielt. Auf dem Weg vom Schall

Der Weg vom Schall ins Gehirn

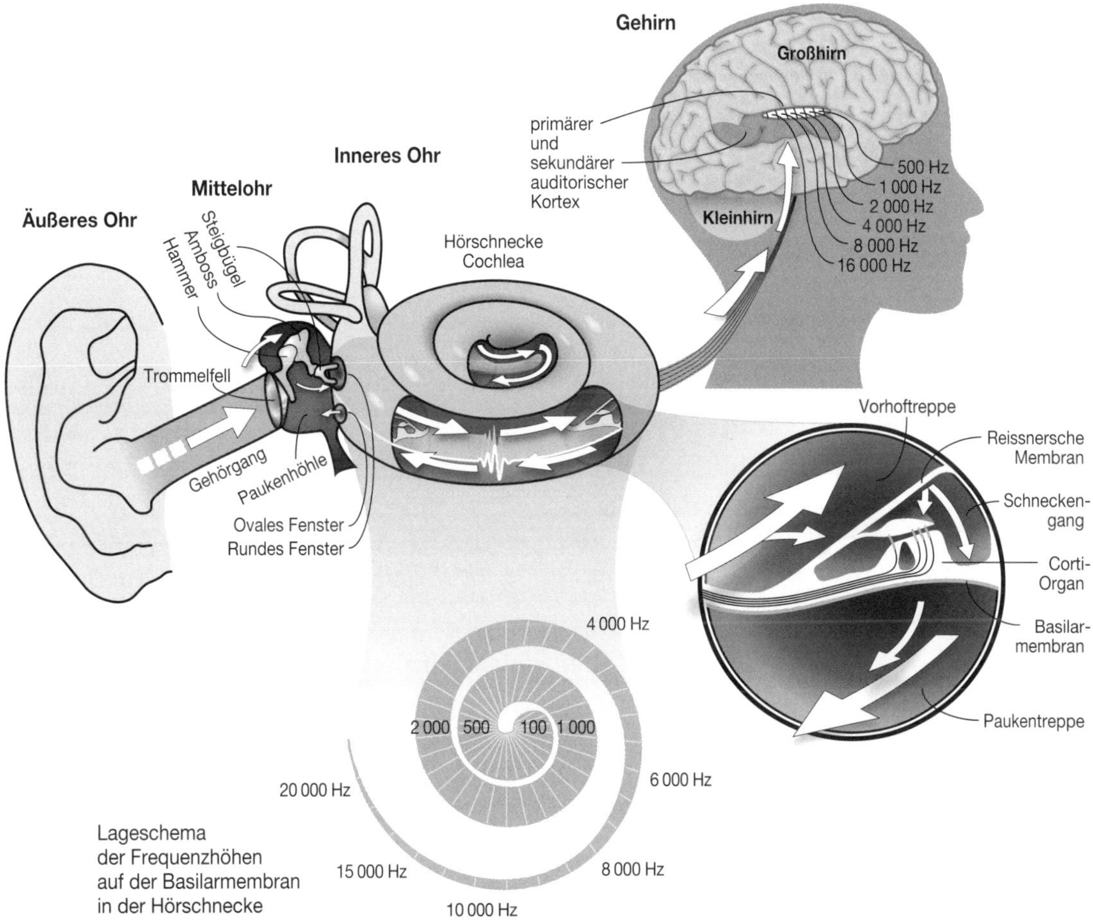

als physikalischer Größe zur Erlebnisqualität „Lärm“ auf psychischer Ebene kommt es im Gehirn zu einer komplexen Bedeutungsanalyse, die unter anderem stark auf Assoziationen mit früheren Erfahrungen aufbaut. Es hängt also nicht nur von physikalischen Größen wie Lautstärke, Frequenz und Dauer der Schalleinwirkung ab, ob wir etwas als Lärm empfinden, sondern auch von persönlichen und situativen Faktoren, wie etwa dem Gesundheitszustand, der Lärmempfindlichkeit des Einzelnen, der Kontrollier- und Vorhersagbarkeit, der Einstellung zur Lärmquelle oder der Aktivität zur Zeit der Exposition und Tageszeit.[63] Lärm ist daher mehr als bloße Schalleinwirkung. Und da fängt das Problem schon an: Was die einen stört, bringt andere nicht aus der Ruhe, was für die einen zu laut ist, empfinden andere als angenehm. Bei gleicher Lautstärke kann daher Lärm individuell unterschiedlich wahrgenommen und bewertet werden. Während der Pegel des Schalls objektiv gemessen werden kann, haftet dem Lärm stets eine subjektive Bewertung an – und dieses Problem zieht sich durch die gesamte Lärmwirkungsforschung.

„Lärm verursacht im Körper Stress und führt zu einer ständigen Kampf- oder Fluchtbereitschaft."

Fakt ist aber: Lärm wirkt belästigend und stört geistige Arbeit und Kommunikation. Darüber hinaus kann er auch – auf lange Sicht gesehen – durch die Beeinträchtigung des Schlafs oder der Entspannung und Erholung zu negativen Effekten auf die Gesundheit führen. Sehr gut untersucht sind gesundheitliche Auswirkungen auf das Herz-Kreislauf-System: Immer mehr Studien belegen, dass das Risiko für Herz-Kreislauf-Erkrankungen wie Herzinfarkt oder Schlaganfall ab einer gewissen Lärm-Exposition kontinuierlich ansteigt. Diese Grenze liegt bei einem Dauerschallpegel gemittelt über 24 Stunden (L_{DEN}) von rund 50 dB (Dezibel).

Erklärbar ist dieser Effekt folgendermaßen: Durch den Stressor Lärm kommt es zu einer Erhöhung der Muskelspannung, zu einer Verengung der peripheren Blutgefäße und zur Erhöhung der Herzfrequenz und des Herzschlagvolumens. Diese Effekte entstehen dadurch, dass Lärm als psychosozialer Stressor auf das sympathische Nervensystem und das Hormonsystem wirkt, was zu einer vermehrten Ausschüttung von Stresshormonen wie etwa Kortisol führt. Gleichzeitig nimmt der elektrische Hautwiderstand ab und es sinkt die Hauttemperatur und die Durchblutung der Haut. Das heißt, der Organismus wird ständig in eine „Kampf- oder Fluchtbereitschaft" versetzt. Und dass dieser Stress auf Dauer nicht gesund sein kann, ist leicht nachvollziehbar. Hier scheint allerdings die individuelle Sensibilität eine große Rolle zu spielen: Menschen, die sich durch Lärm stärker gestört fühlen, erfahren auch einen größeren Stress.

Krankheitsentstehung durch Lärm

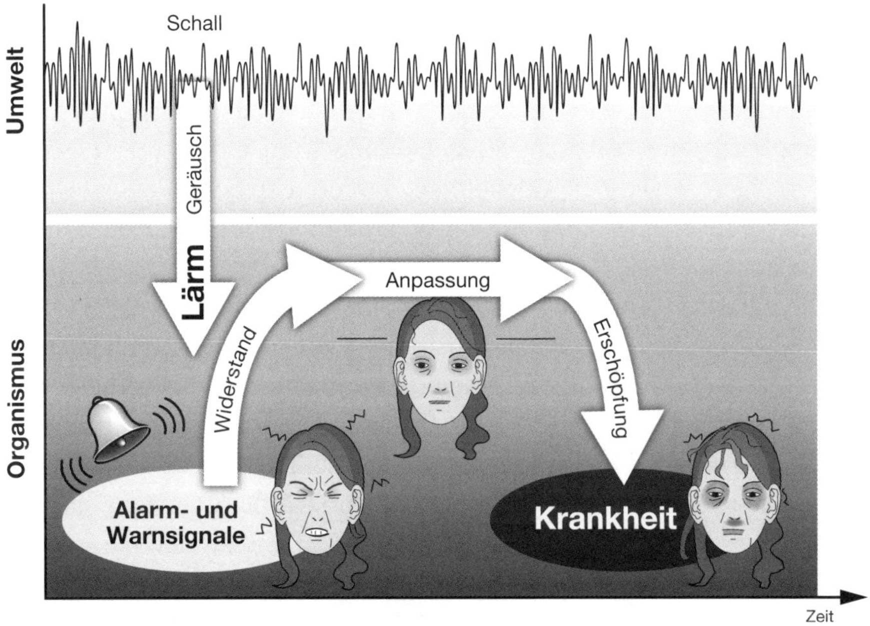

TINNITUS

Das plötzliche Auftreten von Geräuschen oder Tönen im Ohr ohne erkennbare äußere Schallquelle deutet auf das Symptom Tinnitus hin. Es kann für wenige Sekunden in leichter Form bestehen, sich aber auch ein Leben lang, nicht selten auch sehr quälend bemerkbar machen.

Tinnitus kann durch gehörbezogene (z.B. Hörsturz, Knalltrauma, Lärmschwerhörigkeit) und nicht-gehörbezogene Ursachen (Durchblutungsstörungen, Bluthochdruck, Erkrankungen der Halswirbelsäule und des Kiefergelenks, Infektionen) entstehen. Er ist außerdem praktisch immer subjektiv, das heißt, die oft quälenden Töne und Geräusche werden nur von den Betroffenen selbst wahrgenommen. Kein Außenstehender, kein technisches Instrument kann diese Töne wahrnehmen oder messen. Für lärmempfindliche Menschen ist dabei ein Ohrgeräusch oft bedeutsamer als für Personen, die sich eher als lärmunempfindlich bezeichnen. Eine ursächliche Therapie ist derzeit nur bedingt möglich.

Laut WHO-Studie verlieren die EuropäerInnen jedes Jahr also mindestens eine Million gesunde Lebensjahre durch die gesundheitlichen Auswirkungen von Umgebungslärm – wie kommt man auf diese Zahl?

Abschätzungen von Gesundheitsfolgen dienen hauptsächlich Vergleichszwecken, um politische Entscheidungen zu unterstützen. Solche Abschätzungen zeigen auf, welche Risikofaktoren zu besonders vielen Erkrankungen oder Todesfällen führen und damit verlorene Lebenszeit zur Folge haben.

Solche Analysen fußen auf fundierten wissenschaftlichen Erkenntnissen, etwa wie bestimmte Lärmexpositionen mit gesundheitlichen „Endpunkten", z. B. chronischen Krankheiten, Krankenhauseinweisungen oder akuten Gesundheitsfolgen (z. B. Herzinfarkten) zusammenhängen. Man nutzt dazu wissenschaftlich anerkannte Methoden, um genau den durch Lärm verursachten Anteil an Erkrankungen und Todesfällen zu ermitteln. Die „objektive" Belastung der Bevölkerung kann man aus den Lärmkarten (für Österreich zu finden unter www.laerminfo.at) herauslesen, und mit den bekannten Expositions-Wirkungs-Beziehungen errechnet man das sogenannte attribuierbare Risiko. Und daraus kann man wiederum die dadurch verlorengegangenen Lebensjahre berechnen. Diese können noch angepasst werden, damit auch Beeinträchtigungen der Lebensqualität (z. B. durch einen Krankenhausaufenthalt) berücksichtigt werden können. Diese Werte nennt man DALYs (disability-adjusted life years).

Die Weltgesundheitsorganisation WHO hat in einem Bericht[64] die Ergebnisse umfassender Analysen für Länder der Europäischen Union und anderer westeuropäischer Staaten zusammengestellt. Demnach beträgt die Gesamtsumme von „verlorenen gesunden Lebensjahren" durch Umweltlärm mindestens eine Million pro Jahr. Denn 903.000 DALYs sind allein auf Schlafstörungen zurückzuführen, 654.000 auf Störungen des Wohlbefindens durch Umweltlärm und 61.000 DALYs auf lärmbedingte ischämische Herzkrankheiten, 45.000 DALYs gehen auf kognitive Beeinträchtigungen bei Kindern sowie 22.000 auf Tinnitus zurück.

Diese Auswirkungen auf die menschliche Gesundheit sind seit Langem bekannt. Mittlerweile weisen aber auch immer mehr Forschungsergebnisse darauf hin, dass sie bereits bei niedrigeren Lärmpegeln auftreten, als bisher angenommen wurde.

Lärmquellen

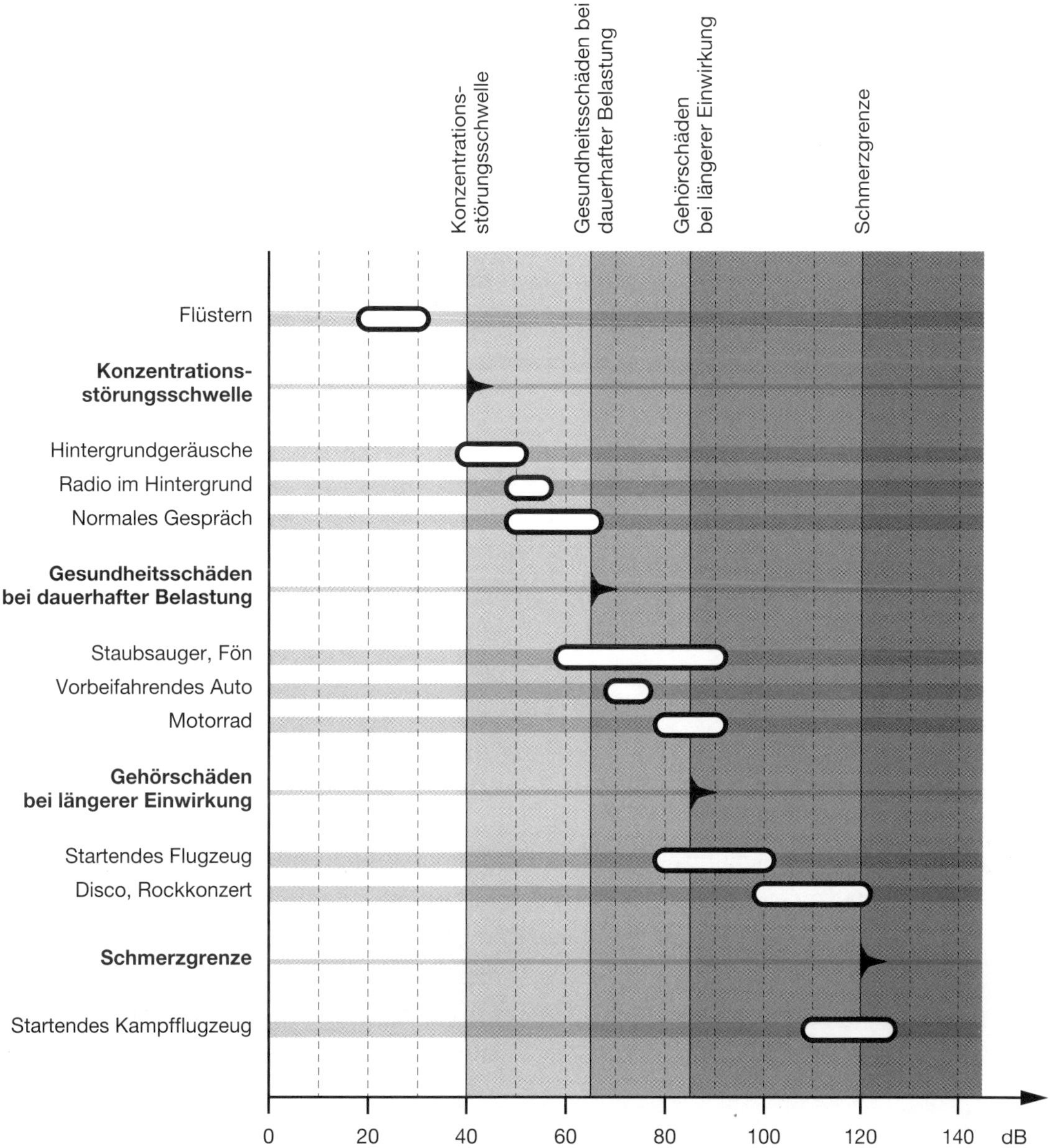

Aber ist Lärm nicht ein reines Stadtproblem? Oder anders: Können Geräusche aus der Natur auch Lärm sein?

Umgebungslärm betrifft viele Menschen. In Städten ist die Betroffenheit in der Regel häufiger und stärker als auf dem Land, allein schon aufgrund der vielen Lärmquellen. Schon das Freizeitangebot speziell in größeren Städten ist vielfältiger – und nicht wenige dieser Angebote bzw. Aktivitäten sind mit Lärmentwicklung verbunden. Speziell in Wohngebieten treten während der Nachtzeiten häufig Probleme auf. Aber von einem rein urbanen Problem zu sprechen wäre übertrieben und entspricht sicher nicht der Lärmrealität. Man muss nur an die Situation der Bevölkerung in der Nähe von vielbefahrenen Lkw-Transitstrecken oder entlang beliebter Motorradrouten denken.

„Lärm ist akustische Umweltverschmutzung."

Gegenwärtig nimmt der Lärmpegel aber tatsächlich vor allem in Ballungszentren der westlichen Industrieländer zu. Im Gegensatz zu den auch oft lästigen Naturgeräuschen, wie dem Krähen eines übermütigen Hahns, ist es heute Lärm durch unsere technische Umwelt, der die Menschen belastet und belästigt. Und ein Ende ist nicht abzusehen, wenn es nach den Prognosen für Europa geht. Die akustische Umweltverschmutzung wird zum Dauerthema.

Die Geschichte zeugt davon, dass erstens Lärm kein neues Phänomen und zweitens der Wunsch nach Ruhe ein fundamentales menschliches Bedürfnis ist, dessen Durchsetzung gelegentlich auch zu unvorhersehbaren Reaktionen führen kann: Als Immanuel Kant seinem Nachbarn einen Hahn abkaufte und in seiner Küche verarbeiten ließ, um endlich wieder in Ruhe arbeiten zu können, war das Lärmbeseitigung in ihrer radikalsten Form.

RECHTSGRUNDLAGEN ZU LÄRM IN ÖSTERREICH

Grundsätzlich darf in Österreich – sowohl in Ruhezeiten als auch tagsüber – kein störender Lärm „in ungebührlicher Weise" erregt werden – was allerdings „ungebührlich" konkret bedeutet, muss in jedem Fall individuell geprüft werden. Meist geschieht das durch die Polizei. Es gibt hierzulande allerdings auch keine gesetzlich festgelegte Ruhezeit zwischen 22 und 6 Uhr, wie viele meinen, auch in diesem Zeitraum muss geprüft werden, ob es sich tatsächlich um eine „ungebührliche" Lärmerregung handelt.

Tatsächlich gibt es in Österreich aber kein allgemeines Gesetz zum Schutz vor Lärm – es ist eine Querschnittsmaterie. Daher sind die Rechtsgrundlagen für die Lärmbekämpfung auf zahlreiche verschiedene Gesetze und Verordnungen verteilt. Beispiele für Bestimmungen zu Lärmemissionen/-immissionen sind das Bundes-Umgebungslärmschutzgesetz, das Umweltverträglichkeitsprüfungsgesetz, die Gewerbeordnung, die Bundesstraßen-Lärmimmissionsschutzverordnung und die Schienenverkehrslärm-Immissionsschutzverordnung.

Neben diesen gesetzlichen Vorgaben sind speziell die ÖAL-Richtlinien wesentliche Grundlagen im Lärmschutz bzw. in der Lärmbeurteilung.[65]

Menschen telefonieren überall, ständig machen sich Handys akustisch bemerkbar, Verkehrslärm, Kaufhaus-Berieselung: Hat die akustische Umweltverschmutzung in den letzten Jahrzehnten insgesamt zugenommen?

Unsere Gesellschaft hat viel anzubieten. Nur eines immer weniger: Stille und Ruhe. Obwohl Ruhe immer öfter als wertvolles Gut betrachtet wird, das erhalten werden sollte, gehen die gesellschaftlichen Entwicklungen in eine ganz andere Richtung: Wir nähern uns immer mehr einer permanenten Rast- und Ruhelosigkeit an.

So sollen Geschäfte, Einkaufs- und Vergnügungszentren immer länger offen sein. Debatten um die Verlängerung der Öffnungszeiten finden in immer kürzeren Intervallen statt. „Viele möchten eben rund um die Uhr einkaufen!", heißt es. Der damit verbundene Wirbel – und andere gesellschaftliche Folgen – werden ausgeblendet.

Die akustische Kulisse hat sich also weniger qualitativ als quantitativ gewandelt. Mehr Gast- bzw. Schanigärten, die übers Jahr gesehen länger geöffnet haben, mehr telefonierende Menschen in der Öffentlichkeit, bis hin zu mehr Straßenverkehr. So nimmt die „Verlärmung" ruhiger Randzeiten wie der Sonn- und Feiertage und bisher ruhiger Räume in der Stadt (z. B. Innenhöfe) immer stärker zu. Dadurch wird es auch in den kommenden Jahren immer mehr Menschen geben, die übermäßigem Lärm ausgesetzt sind.

Aber ist nicht davon auszugehen, dass es zumindest mit dem Umstieg auf Elektromobilität – und der damit verbundenen Reduktion von Lärm – einen positiven Trend zur Richtung „Beruhigung" gibt?

Auch punkto Lärmminderung werden durch den Hype rund um Elektrofahrzeuge viele Vorteile zumindest erwartet. Messreihen und Berechnungen deuten allerdings auf ein stark limitiertes lärmminderndes Potenzial bei Elektroautos hin. Soll heißen: Speziell das Abrollgeräusch bleibt ein hörbares Problem. Während bei geringeren Geschwindigkeiten von rund 25 bis 30 km/h das Antriebsgeräusch beim Pkw mit Verbrennungsmotor im Vordergrund steht (abhängig von Fahrbahnoberfläche und dem individuellen Fahrverhalten wie Gangwahl und Beschleunigung), bestimmt bei höheren Geschwindigkeiten das Reifen-Fahrbahn-Geräusch die „Lautstärke" des Autos. Elektroautos sind also prinzipiell bei den sehr niedrigen Geschwindigkeiten in der Stadt deutlich leiser, bei höheren Geschwindigkeiten aber vergleichbar laut wie herkömmliche Pkw (BMU 2019).

„Wir nähern uns immer mehr einer permanenten Rast- und Ruhelosigkeit an."

Eine deutliche Lärmentlastung können Elektromobilität bzw. elektrische Antriebe allerdings bei Mopeds und Motorrädern, aber auch bei Bussen und diversen Nutzfahrzeugen bewirken. Das gilt speziell für Kraftfahrzeuge, die innerstädtisch unterwegs sind und sehr häufig anfahren und wieder abbremsen.

Trotz dieser akustischen Vorteile werden wir nur mit dem Einsatz von Elektrofahrzeugen dem leisen Verkehr nicht zum Durchbruch verhelfen. Da muss man den Enthusiasmus etwas bremsen.

Fazit: Das sind alles in allem wenig optimistische Aussichten. Sind wir noch zu retten?

Offen gesagt ist angesichts der Tendenz zur 24-Stunden-Gesellschaft mit einer zeitlichen und räumlichen Ausdehnung des Lärms zu rechnen. Damit verbunden erwarte ich auch eine weitere Reduktion der Ruhezeiten. Ärztlich gesehen eine echte Fehlentwicklung.

Gerade die wertvollen Ruhe- und Erholungsphasen sind unbedingt zu schützen. Wenn uns das entgegen dem derzeitigen Trend gelingt und wir erkennen, dass wir als LärmverursacherInnen auch schnell zu Lärmopfern werden, dann sind wir noch zu retten.

WAS TUN?

TIPPS FÜR DIE LÄRMVERMEIDUNG IM WOHNBEREICH

Es sind oft einfache Maßnahmen, mit denen der Lärm zu Hause für sich selbst und die Nachbarn reduziert werden kann. Hier eine praktische Auswahl:

- ☑ Gerade Lärm, den man selbst erzeugt, wird oft unterschätzt, z. B. nächtliches lautes Fernsehen oder Radiohören bei offenen Fenstern, oder abendliche Gespräche im Garten. Auf Nacht- und Ruhezeiten sollte Rücksicht genommen werden.

- ☐ Manche Wohngebäude sind sehr „hellhörig". Teppiche oder andere textile Fußbodenbeläge können zur Trittschalldämmung beitragen. Das gilt besonders für das Kinderzimmer (da kann die Geräuschentwicklung schon mal ausarten). Bei der Auswahl textiler Fußbodenbeläge ist darauf zu achten, dass sie nicht nur pflegeleicht, sondern auch schadstoffarm sind.

- ☐ Apropos: Kindern besser kein lautes, geräuschintensives Spielzeug schenken (z. B. Kindertrompete, Quietschente). Selbst einmalige hohe Lärmspitzen können zu dauerhaften Hörstörungen führen. Auch die Nachbarn wird das freuen.

- ☐ Vorhänge „schlucken" zusätzlich den Schall und dämpfen geräuschvolle Aktivitäten aller Art.

- ☐ „Lärmstopper" wie Filzgleiter für Sessel- und Tischbeine sind ebenfalls sehr wirksam.

- ☐ „Leise" Haushaltsgeräte – vom Staubsauger, Mixer, Geschirrspüler bis hin zum Rasenmäher – können einen großen Beitrag zur individuellen Lärmvermeidung leisten.

- ☐ Die Waschmaschine sollte nicht direkt auf die Fußbodenfliesen gestellt werden, sondern auf Materialien (Gummilager, Dämmmatten), die die Schwingungen nicht oder nur vermindert auf den Untergrund übertragen. Sonst wird das Schleudergang-Rumpeln für die Nachbarn zum „Nervtöter".

- ☐ Ein kleiner Abstand zwischen motorgetriebenen Aggregaten (z. B. Kühlschrank) und der Wand verhindert die Übertragung von Schwingungen.

- ☐ Lautes Zuschlagen von Fenstern und Türen, v.a. zu Ruhe- und Nachtzeiten, tunlichst vermeiden.
- ☐ Wenn es in der Wohnung durch Partygäste oder auch wegen Umbauten einmal laut werden kann, sollten die Nachbarn rechtzeitig – auch über die Dauer – informiert werden.
- ☐ Wenn es einmal laut wird: Manchmal hilft mehr Toleranz, manchmal ein persönliches Gespräch.

TIPPS FÜR DEN LÄRMSCHUTZ IM STRASSENVERKEHR

- ☑ Lärmbewusst, also langsamer fahren (niedertourig, gleichmäßig, vorausschauend).
- ☐ Unnötige Beschleunigungsvorgänge vermeiden.
- ☐ Lärmarme Reifen kaufen: Wären alle Fahrzeuge auf Österreichs Straßen mit lärmarmen Reifen ausgestattet, würde sich der Straßenverkehrslärm um rund 3 dB verringern. Zum Vergleich: Eine Reduktion des Verkehrsaufkommens auf die Hälfte würde einen gleich starken Effekt hervorrufen!
- ☐ Fahrzeugtüren möglichst leise schließen.
- ☐ Fahrgemeinschaften nutzen, auf öffentliche Verkehrsmittel umsteigen.
- ☐ Unnötige Autofahrten vermeiden.

8

KLIMAKRISE

Sind wir noch zu retten?

Es wird sehr, sehr wehtun! Kinder und Kindeskinder werden die Klimakatastrophe zu spüren bekommen. Hier tatenlos zuzusehen ist unverantwortlich. Noch können wir das Ruder herumreißen.

INTRO

Ein Sommerabend im Juli. Kühler als gewohnt. Wobei, gewohnt ist so eine Sache. Wenn man ihn mit den Sommerabenden der letzten Jahre vergleicht, dann kühler. In Wahrheit aber: Ein Sommer wie damals, mit gemäßigten Temperaturen, einigen wenigen Tagen über 30 Grad und Nächten unter 20 Grad. Von schweißtreibend derzeit keine Spur. Es ist einer dieser Abende, an denen man nicht selten hört: „Na, wo ist er denn, der Klimawandel? Es könnte ruhig ein paar Grad wärmer sein."

Ich schlendere durch die Wiener Innenstadt, vorbei an Geschäften, die langsam ihre Rollläden schließen und die Schilder auf „Geschlossen" drehen. Doch beinahe aus jeder Ladentür, die sich öffnet, strömt kalte Luft. Das Geschäft auf wenig sommerliche 18 Grad runterzukühlen gehört offenbar zum guten Ton. Suchend blicke ich mich um, während ich mich Hans-Peter Hutters Stammcafé nähere – „rosa Büro" nennen wir es –, aber noch ist kein Doktor in Sicht. Also nutze ich die Zeit, das Treiben im Szene-Lokal nebenan zu beobachten. Hier trifft sich die – wie heißt es so schön? – Hautevolee, es wird geprostet, getrunken, es werden Visitenkarten getauscht und Geschäfte angebahnt. Und das alles in kurzen Ärmeln und Trägerkleidchen – während ich hier fröstelnd sitze und mir meine Jacke überziehe. „Schau dir das an, die sitzen unter Heizstrahlern – und das im Juli", ein leicht vorwurfsvoller Unterton ist hier von Hans-Peter Hutter durchzuhören, während er sein Fahrrad neben unserem Tisch absperrt.

„Giftpilz" und „Klimakiller" werden mit Propangas betriebene Heizstrahler von Umweltschutzorganisationen gern genannt, denn sie sorgen nicht nur für wohlige Wärme, sondern auch für einen erheblichen CO_2-Ausstoß. In vielen Städten – wie auch in Wien – sind sie verboten. Ersetzt werden sie durch strombetriebene Heizstrahler, die stoßen zwar kein CO_2 aus, haben aber einen erheblichen Energieverbrauch, und auch der Strom muss erst mal erzeugt werden – was ebenso meist mit CO_2-Ausstoß verbunden ist. Und je kühler es wird, desto mehr Heizschwammerl sprießen in den Schanigärten. Aber müssen nun auch schon kühlere Sommerabende künstlich aufgeheizt werden?

„Ja, wegen den paar Watt Stromverbrauch regen sie sich auf, die Umweltfanatiker, aber dann wollen's, dass wir mit Strom Auto fahren, das nenn' ich verrückt", wirft eine grauhaarige Dame – ein etwas grantiges Wiener Original – am Nebentisch ein. Sie hat unserem Gespräch wohl gelauscht, ist an einer Antwort auf ihren Kommentar aber wohl gar nicht interessiert, sondern steckt den Kopf wieder in ihre Zeitung und genießt ihren Einspänner. Gar nicht so einfach, diese Klimadiskussion. Nur: „Tausche: laue Sommernächte gegen Klimakrise" kann die Antwort wohl nicht lauten. Wie schnell man etwas verändern könnte, hat sich im Jahr 2020 gezeigt: Die Anfänge der Corona-Krise und die ersten Lockdowns haben einen kurzen Lichtblick für das Klima gebracht. Aber es war nur ein Aufblitzen – schon wieder vergessen. Jetzt wird der Juli wieder mit Heizstrahlern erwärmt.

Gerade der Sommer 2020 war jetzt nicht unbedingt ein Hitzesommer, die Winter sind milder, ja, aber insgesamt geht es uns doch recht gut. Viele fragen sich deshalb: Sind wir in Österreich wirklich vom Klimawandel betroffen?

Diese scheinbare „Ruhe“ ist vielleicht etwas trügerisch, Fakt ist jedenfalls: Diese Frage stellt sich seit Langem nicht mehr. Das Klima ändert sich weltweit, und diese Veränderungen zeigen sich auch in Österreich mehr als deutlich: Seit dem Jahr 1880 ist die Temperatur in Österreich um fast 2°C gestiegen, also um doppelt so viel wie im globalen Mittel. Und die Hälfte der Erwärmung hierzulande ist seit 1980 festzustellen.

Der Temperaturanstieg schreitet auch bei uns voran: In der ersten Hälfte des 21. Jahrhunderts wird mit einem Temperaturplus von etwa 1,4°C gerechnet. Wie sich die Temperatur danach entwickelt, hängt vor allem davon ab, um wie viel die von Menschen verursachten Treibhausgasemissionen in den nächsten Jahren ansteigen werden, bzw. ob wir Klimaschutzmaßnahmen umsetzen werden. Es liegt jetzt also tatsächlich an uns – und die Uhr tickt.

Was der Klimawandel global betrachtet bedeutet, hat der Welt-Klimarat (Zwischenstaatlicher Ausschuss für Klimaänderungen, Intergovernmental Panel on Climate Change, IPCC) in vier verschiedenen Szenarien berechnet (siehe Klimaprognosen auf der folgenden Seite). Sie zeigen, wie hoch die CO_2-Konzentration in der Erdatmosphäre und der damit verbundene Temperaturanstieg im Jahr 2100 sein könnten. Und diese Berechnungen sind sehr ernüchternd: Können wir den Ausstoß an Treibhausgasen nicht drastisch reduzieren (Szenario RCP 8,5), so könnte die Temperatur um rund fünf Grad Celsius ansteigen – und der Meeresspiegel um knapp 100 Zentimeter. Die Folgen wären – und an dieser Stelle kann man nichts beschönigen – katastrophal.

Ein weit optimistischeres Szenario (RCP 2,6) geht davon aus, dass die Treibhausgase bis 2100 nur wenig höher sind als heute – und die Temperatur deshalb auch „nur“ um ein bis zwei Grad Celsius und der Meeresspiegel um etwa 26 bis 60 Zentimeter ansteigen. Als Realist muss man allerdings sagen: Dieses Ziel ist derzeit in weiter Ferne, denn dazu hätten wir eigentlich schon gestern beginnen müssen, unser Verhalten drastisch zu verändern. Die Wahrheit liegt wohl in den beiden Szenarien dazwischen (RCP 6,0 und RCP 4,5) – aber auch dafür müssen wir alle etwas tun.

Entwicklung der Oberflächentemperatur

Abweichung der mittleren globalen Oberflächentemperatur (°C) vom Durchschnitt des ersten Jahrzehnts des 20. Jahrhunderts, historische Entwicklung sowie vier Gruppen von Zukunfts-Szenarien: Ohne Verminderung der Treibhausgasemissionen kommt es bis 2100 zu einem Temperaturanstieg von bis zu 5 Grad.
Datenquellen: IPCC SRES (Nakicenovic et al. 2000), IPCC WG I (2014) und GEA (2012).

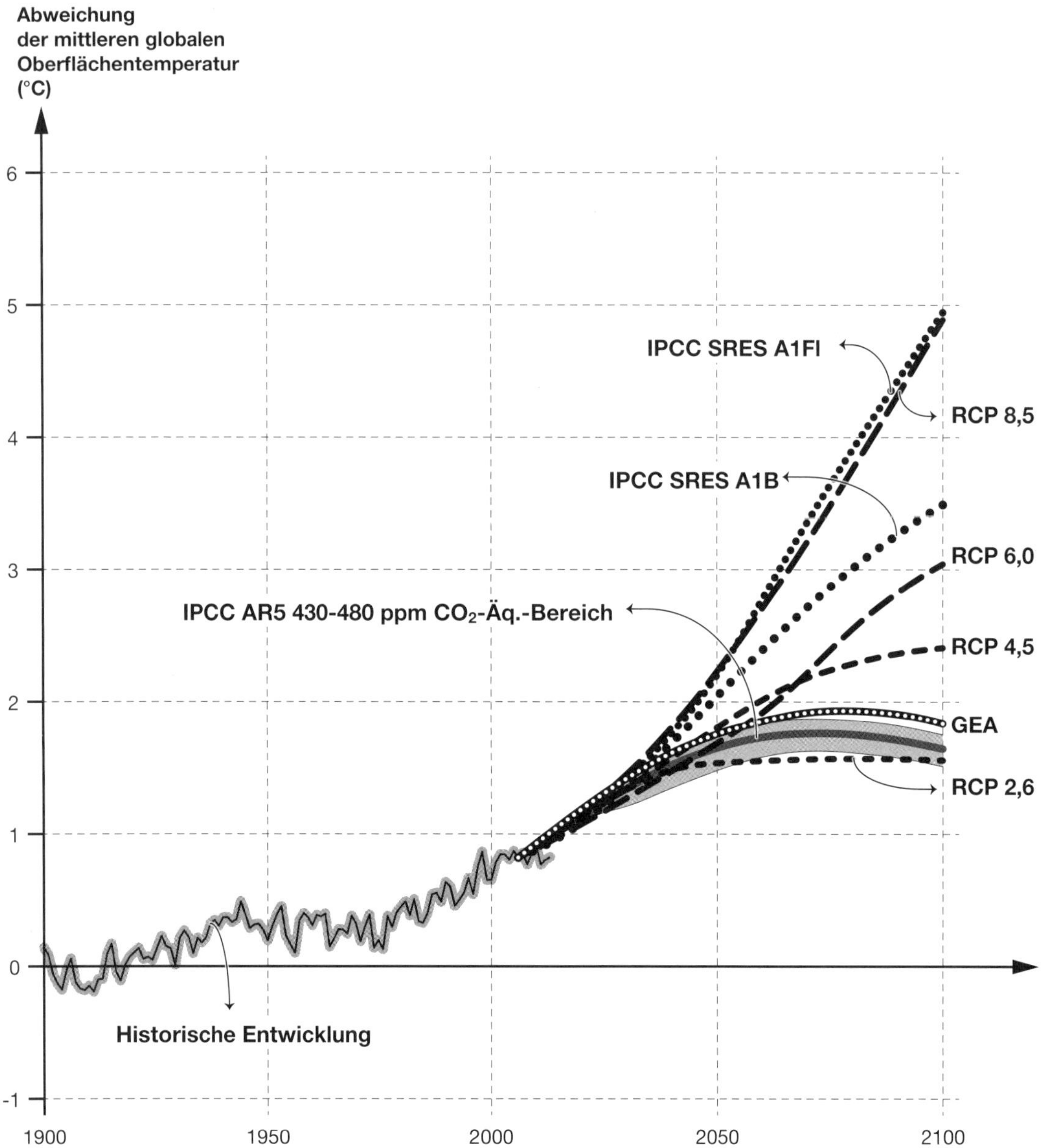

Dürren, Überschwemmungen, Ernteausfälle – dass die Klimakrise bereits jetzt für die Umwelt weitreichende Folgen hat, ist den meisten mittlerweile klar. Worüber in diesem Zusammenhang aber kaum geredet wird, ist unsere Gesundheit. Hat die Klimakrise auch direkte Auswirkungen auf uns?

Leider ja, es sind eine Fülle von Auswirkungen auf unsere Gesundheit zu erwarten. Speziell direkte Auswirkungen wie extreme Wetterereignisse haben ein hohes Gefährdungspotenzial. Denken wir an Stürme, Starkniederschläge mit Hochwasser und Überschwemmungen oder Vermurungen – dann sind das nicht nur Auswirkungen auf die Umwelt, sie gehen oft auch mit körperlichen und psychischen Schäden direkt am Menschen einher.

Auch Hitzewellen werden uns zukünftig deutlich stärker zusetzen, denn die Zahl der Hitzetage wird sich bis Mitte des Jahrhunderts verdoppeln, genauso wird die Anzahl der Tropennächte mit Temperaturen über 20°C steigen, es kühlt nachts also nicht mehr ab. Gerade in dicht verbauten Gebieten („urbane Hitzeinseln“) ist das mit teils massiv erhöhten Gesundheitsrisiken verbunden. Davon betroffen sind besonders ältere Menschen, Kinder, PatientInnen mit Herz-Kreislauf-Erkrankungen und psychischen Erkrankungen sowie Personen mit eingeschränkter Mobilität. Was außerdem erschwerend hinzu kommt: Diese vermehrten Hitzeperioden treffen auf eine immer ältere Gesellschaft, denn der Anteil an Personen über 65 Jahren wird bis Mitte des Jahrhunderts um zehn Prozent gestiegen sein.

„Die Zahl der Hitzetage wird sich bis Mitte des Jahrhunderts verdoppeln.“

Vor allem für AllergikerInnen wird der Klimawandel eine Herausforderung, denn es ist mit erhöhter Pollenbelastung zu rechnen, u.a. durch die zunehmende Verbreitung des hoch allergenen, ursprünglich aus Nordamerika stammenden Ragweed (Traubenkraut, Ambrosia). Aber auch die Pollensaison der heimischen allergenen Arten (z.B. Birke) wird durch die steigenden Temperaturen verlängert. Wenn man bedenkt, dass derzeit bereits mehr als 20 Prozent der Bevölkerung unter einer oder mehreren Allergien leiden, liegen die gesundheitlichen Folgen wohl auf der Hand. Folgt

Österreich dem europäischen Trend, könnten in den nächsten zehn Jahren fünfzig Prozent von Allergien betroffen sein.

Man hört außerdem immer wieder von Infektionskrankheiten, die wir früher nur aus tropischen Gebieten bzw. von Urlaubsreisen gekannt haben – ich nehme an, auch das ist ein Symptom der Klimakrise?

Ja, das stimmt tatsächlich. Der Klimawandel macht Mitteleuropa auch zu einer neuen Heimat für viele Tierarten, auf die die meisten lieber verzichten würden: Er begünstigt die Ansiedlung oder Ausbreitung verschiedener Gliederfüßer (Arthropoden) wie Zecken, aber auch subtropische und tropische Stechmückenarten (z. B. Tigermücke und Buschmücke) finden hierzulande bessere Überlebensbedingungen vor und erfordern eine Überwachung der Ausbreitung sowie der Erkrankungen, denn viele von ihnen sind Wirte und Überträger einer Vielzahl an Infektionskrankheiten, etwa des Dengue-, des Chikungunya- oder des West-Nil-Fiebers. Aber auch heimische Stechmückenarten kommen als Überträger z. B. des West-Nil-Virus in Frage. Bei heimischen Zecken – diese sind Überträger von Infektionskrankheiten wie Lyme-Borreliose und FSME –, wird eine Ausbreitung in höher gelegene Regionen beobachtet, wodurch neue Gebiete von Krankheitsrisiken betroffen sein können.

ALLERGIEN IN ZEITEN DER KLIMAKRISE

Steigende Temperaturen sind eine nicht zu unterschätzende Einflussgröße für pollenbedingte allergische Atemwegserkrankungen – das wird immer deutlicher. Abhängig von Witterungsbedingungen können prinzipiell Beginn und Dauer der Pollenflugzeit variieren. Aufgrund der steigenden Durchschnittstemperaturen beginnt die Blütezeit bestimmter Pflanzen heute deutlich früher als noch vor zwei Jahrzehnten – mit Folgen für Menschen mit Pollenallergie, deren Beschwerden und Leiden sich dadurch verlängern.

Aber nicht nur ein Anstieg der Lufttemperatur, sondern auch die erhöhte Kohlendioxid-Konzentration in der Atmosphäre führt zu einer Zunahme der Pollenproduktion allergieauslösender Pflanzenarten.

Aufgrund der Belastungssituation – vorwiegend durch Stickstoffdioxid, Ozon und Feinstaub – ist besonders in Städten mit vermehrten Allergieproblemen zu rechnen, denn allergene Pollenproteine können sich z. B. an Feinstaub anlagern.[66]

Außerdem greifen bestimmte Luftschadstoffe sowohl in die Sensibilisierungs- als auch in die Auslösephase eines allergischen Prozesses ein[67], und die höheren Temperaturen fördern zusätzlich noch die Allergenfreisetzung aus Pollen.[68]

Prognosen zeigen, dass auch die Ragweed-Konzentration in der Luft bis zum Jahr 2050 etwa viermal höher sein könnte als heute.[69]

Durch die Verlängerung der Pollenflugsaison, die höhere Pollenkonzentration und die anderen allergenverstärkenden Einflüsse kommt es zu einer stärkeren Belastung der Bevölkerung: Die Gefahr, eine Allergie zu entwickeln, nimmt ebenso zu wie die Belastung von bereits an Allergien leidenden Personen.

„Vor allem für AllergikerInnen wird der Klimawandel eine Herausforderung."

Die Zahl der Hitzetoten steigt. 2018 waren es fast doppelt so viele Hitzetote wie Verkehrstote. Das klingt nach Alarmstufe Rot. Wie ist deine Prognose?

Es wird Tote geben. Spätestens seit dem Hitzesommer 2003 weiß man, dass Hitze kein Spaß ist, sondern das Leben von vielen Menschen vorzeitig beendet, auch in Österreich. Diese massive europäische Hitzewelle zeichnete sich durch ihre lange Dauer und Intensität als besonders gravierend aus und forderte insgesamt rund 70.000 Todesopfer im europäischen Raum – fast 15.000 davon allein in Frankreich. Gleichzeitig hat diese Hitzewelle aber auch gezeigt, dass die Behörden nicht ausreichend auf ein solches Ereignis vorbereitet waren, was die Katastrophe verstärkt hat. Umso wichtiger ist es eben, entsprechende Anpassungsmaßnahmen zum Schutz der Bevölkerung zu etablieren. Das allein ist allerdings zu wenig, denn wenn keine Klimaschutzmaßnahmen ergriffen werden, schaut die Zukunft alles andere als rosig aus.

WAS PASSIERT, WENN SICH DIE ERDE UM EIN BIS ZWEI GRAD CELSIUS ERWÄRMT?

Wenn wissenschaftlich vom Temperaturanstieg geredet wird, dann wird von einer **durchschnittlichen globalen Temperatur** gesprochen. Diese Zunahme der Lufttemperatur betrug seit 1900 rund 1°C. Das klingt nach sehr wenig, selbst wenn in Österreich die Zunahme fast 2°C beträgt. Was bedeuten schon 1–2°C mehr? „Das ist doch im Alltag kaum wahrnehmbar", meinen viele. Und viele freut es, wenn es gerade in den Übergangszeiten draußen schon um einige Grad wärmer ist, etwa um bequem im Gastgarten zu sitzen. Aber das ist eine Fehlinterpretation dieser Angaben über die Erwärmung. Denn die Durchschnittswerte sind nur Ausdruck des Temperaturverlaufs weltweit, was populär gerne mit „Fieberkurve der Erde" bezeichnet wird. Dass damit verschiedenste Wetterextreme verbunden sind, wird außer Acht gelassen. Aber genau auf diese Hitzewellen und neuen Krankheitserreger kommt es mitunter an, wenn es um Gesundheitsfolgen geht.

Wer ist besonders gefährdet, sprich – das klingt jetzt hart –, wer ist tatsächlich das klassische „Hitzeopfer"?

Extreme Hitze belastet das Herz-Kreislauf-System. Die Folgen sind eine verminderte Leistungsfähigkeit, sowohl körperlich als auch mental. Daher sind wir im Grunde genommen alle betroffen – die einen mehr, die anderen weniger. Besonders gefährdet durch den Hitzestress sind aber natürlich vulnerable Personengruppen. Physiologisch gesehen zählen Menschen im Alter über 75 Jahre, Personen mit chronischen Krankheiten und/oder Vorerkrankungen sowie Kinder zu den Hauptrisikogruppen. Über den Grad der Gefährdung entscheiden aber auch Anpassungsfähigkeit und -verhalten des/der Einzelnen sowie sozioökonomische Faktoren (z. B. einsame, alleinstehende Menschen, Personen, die in schlecht gedämmten Wohnungen in überhitzten Gebieten leben).

Das Wohnen in Hitzeinseln ist besonders belastend: Dichte Bebauung mit eingeschränkter Windzirkulation, Mangel an Grünflächen, Absorption der einfallenden Sonnenstrahlung durch die vielen versiegelten Flächen, sowie die Abwärme von Betrieben und Verkehr tragen zu einer Verstärkung der hohen Temperaturen und zum Hitzeinseleffekt bei, der die Aufheizung tagsüber steigert und die nächtliche Abkühlung teils massiv reduziert.

„Das Wohnen in Hitzeinseln ist besonders belastend.“

Aufgrund dieses Hitzeinseleffekts ist die Temperatur in Ballungsgebieten nachts um bis zu elf Grad höher als im Umland. Damit sind städtische Regionen mit einer hohen Anzahl von älteren Personen überdurchschnittlich von Hitzeeffekten bedroht. Man muss jedenfalls betonen: Die Klimakrise trifft die ökonomisch und gesundheitlich benachteiligten Gruppen deutlich stärker.

Urbane Hitzeinseln

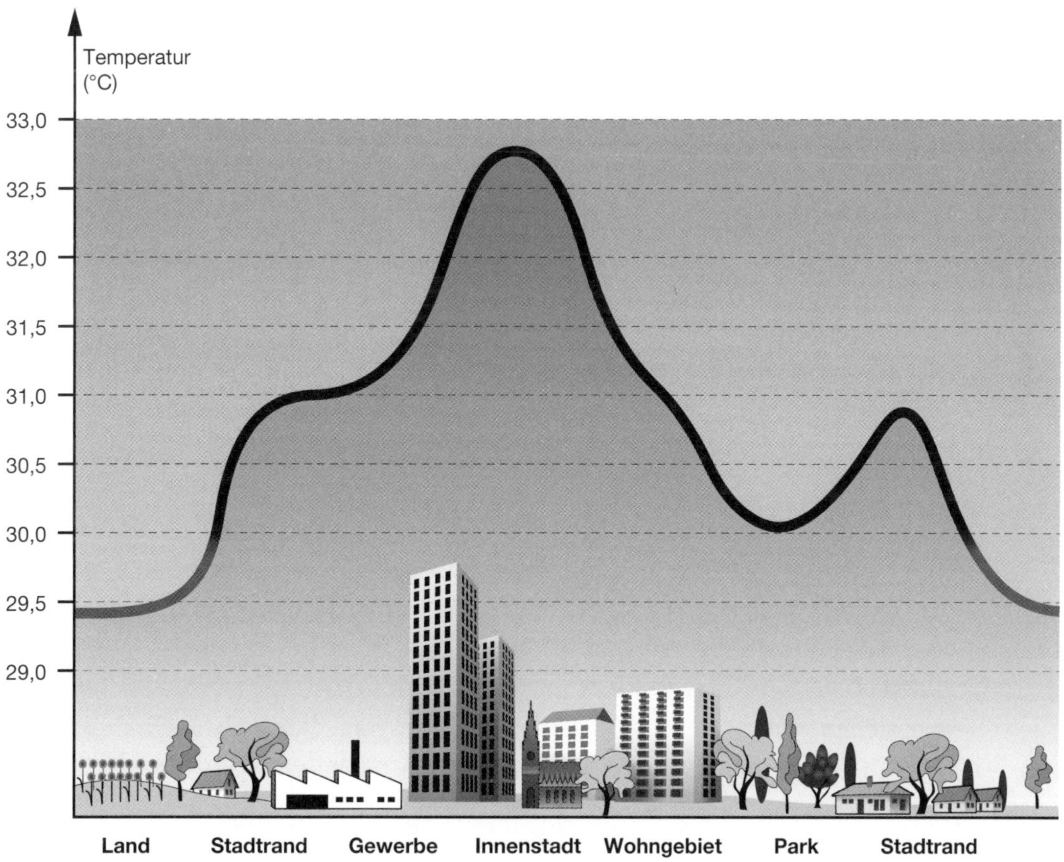

Viele scheinen aber in der Statistik der Hitzetoten gar nicht auf, etwa jene, die durch eine hitzebedingte Kognitionsverminderung gegen einen Baum fahren. Oder BauarbeiterInnen, denen schwindlig wird und die dadurch Gefahren übersehen.

Das klingt doch alles nach Alltagsproblemen durch die Hitze, die man noch nicht wirklich bedacht hat? Gibt es dafür Lösungsansätze?

Gerade rund um die Hitzefolgen und die entsprechenden Vorsorgemaßnahmen gibt es bereits viele Empfehlungen, die oft sehr einfach und banal klingen, doch die tatsächliche Umsetzung im Alltag ist oft viel komplizierter als vermutet. Die Schwierigkeiten liegen häufig im Detail, beispielsweise, wenn es um den Umgang mit Medikamenten im Sommer geht, denn die Einnahme gewisser Medikamente kann bei einer Hitzewelle zu einem zusätzlichen Gesundheitsrisiko werden. So fördern einige Arzneimittel die Dehydrierung (z. B. Diuretika), andere wiederum beeinflussen die Wärmeregulation.

Wenig bekannt ist außerdem, dass die Dosierung verschiedener Medikamente an die Hitze anzupassen ist. Kaum jemand weiß das, geschweige denn macht man das. Eine blutdrucksenkende Therapie etwa kann die notwendige Herz-Kreislauf-Anpassung bei Hitzestress unterdrücken. Den PatientInnen das rechtzeitig zu erklären ist Aufgabe von HausärztInnen. Erfahrungsgemäß ist das aber nach wie vor die Ausnahme und wird kaum praktiziert.

„Die Bevölkerung hält unbeirrt und unbeeindruckt an falschen Verhaltensweisen fest."

Auch die Einrichtung und Öffnung sogenannter „Community Cooling Center" während Hitzewellen klingt bestechend gut und einfach. Die Weltgesundheitsorganisation hat schon vor Jahren gefordert, solche klimatisierten, kühlen, öffentlich zugänglichen Orte für Menschen bereitzustellen, die in besonders heißen Wohnungen „dahinschmachten". Schon einige Stunden in einem kühlen Bereich haben einen deutlichen Entlastungseffekt für den Körper.

Die tatsächliche Umsetzung ist allerdings alles andere als einfach: Wo sollen diese Räume lokalisiert sein? Wer stellt sie zur Verfügung und betreibt sie? Fest steht, dass es organisatorisch viele Hürden gibt. Die Räume können ja nicht irgendwo sein, sondern müssen für Risikogruppen wie Ältere mit Vorerkrankungen unweit ihrer Wohnung sein. Es bedarf daher eigentlich einer ziemlich großen Anzahl an solchen Räumen. Aufgrund der Umsetzungsschwierigkeiten heißt es bisher: Einfach Einkaufszentren, Kinos, Supermärkte oder Kirchen aufsuchen – das kann aber natürlich höchstens als Zwischenlösung gelten, denn z. B. in Supermärkten wird sich wohl niemand länger als eine Stunde hinsetzen und ausruhen können. In Zeiten von Corona, wo wir gefordert sind, Menschenansammlungen zu vermeiden und Physical Distancing zu betreiben, ist das erst recht keine Option.

Wenn es um fehlende Umsetzung von Verhaltensempfehlungen bei Hitze geht, kommt man nicht umhin festzustellen, wie unbeirrt und unbeeindruckt die Bevölkerung an falschen Verhaltensweisen festhält. Trotz vielfacher Aufklärung kann man nach wie vor an heißen Tagen beobachten, dass in vielen Wohnungen Fenster geöffnet/gekippt sind und ein Verdunkeln nicht erfolgt. Die dadurch aufgeheizte Wohnung kühlt dann speziell in den Hitzeinseln nachts kaum mehr ab. Und die hitzegeplagten BewohnerInnen greifen dann gerne auf kleine, mobile Klimageräte zurück, die alles andere als klimaneutral sind.

DEEP DIVE: KLIMAGERÄTE GEGEN DIE HITZE – EINE GUTE IDEE?

Der Einsatz von Klimaanlagen ist schon aufgrund des hohen Energieverbrauchs kritisch und ganz sicher nicht als Routinemaßnahme zu sehen, das gilt besonders für den Betrieb mobiler Klimageräte. Diese heizen die Umgebung auf und verursachen Lärm. Vor allem nachts kann das in Wohngegenden mit niedrigem Hintergrundpegel zu Lärmbeschwerden der Nachbarn führen.

Zweifellos wird es spezielle Fälle geben, wo Klimaanlagen sinnvoll und nützlich eingesetzt werden können: Zum Beispiel, um in Pensionisten-Wohnhäusern einen gekühlten Raum zur Verfügung stellen zu können. Dann ist selbstverständlich einer ökologisch sinnvollen Kühltechnik (solare Kühlung etc.) der Vorrang zu geben.

Wesentlich ist, Maßnahmen zum Klimaschutz und zur Anpassung an den Klimawandel gemeinsam zu betrachten. Dazu findet sich in der österreichischen Strategie zur Anpassung an den Klimawandel (2012) folgender Hinweis: „Die Bevölkerung muss befähigt werden, mit scheinbaren Widersprüchen umzugehen, um umweltverträgliche, nachhaltige Maßnahmen zu setzen. So können z. B. Anpassungsmaßnahmen (Klimaanlagen) im Widerspruch zu Klimaschutzmaßnahmen (erhöhter Energiebedarf für die Kühlung) stehen.“

Der weltweite Trend zu Klimaanlagen (Verdoppelung der Verkaufszahlen in der letzten Dekade) ist bedenklich. Es muss viel stärker darüber nachgedacht werden, wann, wo und welche Art von Klimaanlagen wir wirklich brauchen.

Neben architektonisch klimaorientiertem Handeln sind städtebauliche Maßnahmen erforderlich. Sehr wirkungsvoll zur Kühlung von Städten und Ballungsgebieten sind etwa Begrünungsmaßnahmen. Neben der Notwendigkeit, trotz hohem Baudruck Grünräume und somit kühle Inseln zu erhalten, ist die Neuschaffung von Grünräumen, Alleen oder horizontalen und vertikalen Begrünungen entscheidend: Die Begrünungen von Dachflächen haben sich beispielsweise als besonders effektiv herausgestellt – speziell, wenn ein Gebiet sehr dicht bebaut ist und damit eine große Zahl an Dachflächen vorhanden ist. Solche grünen „Klimaanlagen“ bewirken nicht nur eine Verbesserung des Mikroklimas, sondern gleichzeitig auch der Luftqualität.

Wie wirkt sich Hitze auf die Luftverschmutzung aus? Verschärft das die Situation?

Für die gesundheitlichen Folgen während Hitzeperioden sind auch Belastungen durch Luftschadstoffe sehr bedeutend. Dabei nimmt vor allem die Bildung von Ozon und anderen reaktiven Teilchen (Sauerstoffradikale) aus den Vorläufersubstanzen unter heißen sommerlichen Bedingungen stark zu (siehe das Kapitel Luftverschmutzung).

Dieser „Photosmog“ führt vor allem an den Atemwegen zu entzündlichen Veränderungen („oxidativer Stress“) und letztlich zu Zell- und Gewebeschäden. Auch in diesem Fall leiden vor allem Personen mit Vorerkrankungen und Ältere. Das bedeutet, dass nicht nur Hitze die Gesundheit von empfindlichen Personen belastet, sondern auch die erhöhte Luftverschmutzung während dieser Hitzeperioden.

Nicht zu vergessen ist, dass im Winter mehr inneralpine Inversionswetterlagen den Luftaustausch verhindern, wodurch es zu hohen Schadstoff-Konzentrationen aus lokalen Quellen (Verkehr, Industrie) kommt.

„Auch die erhöhte Luftverschmutzung während dieser Hitzeperioden belastet die Gesundheit.“

Der Klimawandel wird zwar Verteilung und Umwandlung von Luftschadstoffen beeinflussen, trotzdem sind die üblichen Verdächtigen – Stichwort Verkehr – für die Luftqualität bedeutender. Dadurch ist aber auch ist klar, dass Klimaschutz-Maßnahmen auch lokal vorteilhafte Effekte haben, indem sie die Emission von Luftschadstoffen verringern.

Man will all diese Phänomene und Situationen gar nicht weiter denken. Den Kopf in den Sand zu stecken bringt aber auch nichts. Wie kann man also seine Gesundheit unter diesen Bedingungen schützen?

Unser Wohlbefinden und unsere Gesundheit stehen vor einigen Herausforderungen, so viel ist sicher. Anpassungen werden notwendig werden, beispielsweise, um sich ausreichend gegen Hitze und UV-Strahlung zu schützen, das bedeutet: Mehr Flüssigkeit zu sich nehmen, anstrengende Tätigkeiten nach Möglichkeit nur morgens und abends verrichten, Fenster nur morgens und nachts ganz öffnen und auf ausreichend Sonnenschutz achten.

Deutlich schwieriger wird es, wenn es um durch die Klimakrise bedingte psychische Beeinträchtigungen geht. Denn die Klimakrise kann als chronischer, ständig präsenter Umweltstressor beschrieben werden. Die Auswirkungen, die oft als (lebens-)gefährlich wahrgenommen werden, sind für den/die Einzelne/n nur schwer vorhersehbar und abschätzbar. Eine solche unbestimmte, andauernde Bedrohung – und die andauernde mediale Konfrontation mit diesem Thema kann das noch verstärken – führt zu Besorgnis, Angst, Disstress und depressiven Symptomen.[70] Sehr eindeutig haben wir das jetzt auch während der Corona-Krise erlebt. ÄrztInnen sollen darüber Bescheid wissen und berücksichtigen, dass man sich auf bevorstehende Probleme vorbereiten muss. Auch hier sind Vorbeugen und Vorbereitetsein das Wichtigste.

„Die Klimakrise kann als chronischer, ständig präsenter Umweltstressor beschrieben werden."

Es ist also völlig klar, dass es Anpassungsstrategien und Maßnahmen geben muss, um die Auswirkungen der erwarteten Klimaänderungen so gering wie möglich zu halten. Das darf im Umkehrschluss aber nicht dazu führen, dass der Klimaschutz vernachlässigt wird. Im Gegenteil: Es braucht gerade jetzt sehr große Anstrengungen, den Klimaschutz energisch voranzutreiben. Anpassungen sind sinnvoll und wichtig, aber offen gesagt auch limitiert, was die Fülle und das Ausmaß an Folgen für die Gesellschaft mit sich bringen.

Ganz grundlegend kann jede/r etwas tun und einen wertvollen Beitrag leisten. Von der Ernährung über die Mobilität bis zum Heizen. Dazu gibt es mittlerweile viele Ideen und Vorschläge (siehe Tipps am Kapitelende). Allerdings muss die Politik auch Rahmenbedingungen festlegen. Es geht daher beim Klimaschutz nicht nur um die Frage, inwieweit jede/r Einzelne mitmachen will, es geht auch darum, ob entsprechende Rahmenbedingungen geschaffen werden, die klimafreundliches Verhalten überhaupt ermöglichen. Solange etwa große Teile der ländlichen Bevölkerung ohne oder mit nur spärlicher Bahn- und Bus-Infrastruktur auskommen müssen, wird ein

Umsteigen vom Pkw auf klimafreundliche Alternativen wohl kaum möglich sein. Das muss sich rasch ändern.

Ganz besonders geht es darum, bereits unsere Kinder für ein umwelt- und klimaschonendes Leben zu sensibilisieren. Denn sie sind es, die sich früher oder später in einer Welt zurechtfinden müssen, in der wahrscheinlich nicht mehr an jeder Ecke Benzin bereitsteht, und der Strom nicht in unendlicher Menge selbstverständlich aus der Steckdose fließt.

Eine Hauptrolle in der Klimadiskussion hat in den vergangenen Monaten und Jahren Fleisch bekommen. Unter der umweltbewussten Bevölkerung ist es beinahe schon verpönt, Fleisch(fr)esser zu sein – hat Fleisch diese Rolle verdient?

Wir können durch unser Konsumverhalten und speziell durch unsere Ernährung sehr einfach dazu beitragen, das Klima zu schützen. Immerhin ist unsere Ernährung für ein Fünftel aller klimaschädlichen Treibhausgasemissionen in Österreich verantwortlich. Mit vielen kleinen Schritten – vom Einkauf über die Zubereitung und Lagerung bis hin zur Verwertung der Lebensmittel – können wir gemeinsam viel für den Klimaschutz tun.

In welcher Menge und Qualität wir Fleisch zu uns nehmen, ist eng an Fragen der ökologischen (und sozialen) Verträglichkeit unserer Lebensweise geknüpft. Mit (insbesondere industrieller) Fleischproduktion ist ein massiver Flächen- und Ressourcenverbrauch bei gleichzeitig hohem Einsatz von Düngemitteln und Pestiziden verbunden. Das trägt u.a. wesentlich zum Klimawandel und zum Verlust an biologischer Vielfalt bei – und das weltweit. Für den Futtermittelanbau gehen außerdem Flächen in großem Ausmaß verloren, die viel effizienter für die globale Ernährung genutzt werden könnten. In Zusammenspiel mit dem erwarteten Bevölkerungszuwachs auf fast zehn Milliarden bis 2050 wird der Druck auf natürliche Ressourcen weiter erhöht und die Ernährungssicherheit weltweit gefährdet.

Aber wenn wir schon dabei sind: Nicht nur die Umwelt, auch unsere Gesundheit leidet direkt unter übermäßigem Fleischkonsum. Insgesamt werden in Österreich durchschnittlich etwa 1,2 Kilo Fleisch pro Kopf und Woche verzehrt, die empfohlene Menge für Erwachsende liegt dagegen nur bei 300 bis 600 Gramm. Fleischreiche Ernährung begünstigt die Entstehung von Übergewicht, Diabetes und Herz-Kreislauf-Erkrankungen (Herzinfarkt, Schlaganfall). Auch ein erhöhtes Krebsrisiko geht damit einher: Für rotes Fleisch (Rind, Kalb, Schwein, Schaf, Ziege, Pferd) gilt ein Zusammenhang mit Darmkrebs nach Einschätzung der Internationalen Krebsforschungsagentur (IARC) als wahrscheinlich.

Mit der Reduktion des eigenen Fleischkonsums steht tatsächlich jeder und jedem von uns ein einfach umzusetzendes und vor allem wirksames Mittel zur Verfügung, von dem unsere Gesundheit, die Umwelt, das Klima sowie die soziale Gerechtigkeit und das Tierwohl profitieren.

So viel CO_2 verursachen unsere Lebensmittel pro Kilogramm

Quelle: Deutsches Ökoinstitut

Butter	Käse	Rind	Schwein	Fruchtgemüse
25,6 kg	8,1 kg	15,5 kg	4,2 kg	0,5 kg

Jetzt geht es uns in Österreich – was den Klimawandel angeht – verhältnismäßig gut, andernorts wird das wohl anders aussehen. Ganze Regionen könnten unbewohnbar werden. Was bedeutet das für uns alle? Wir können uns in Österreich ja nicht zurücklehnen und sagen, wir sind damit fein raus.

Neben den direkten und indirekten Gesundheitsfolgen gibt es auch viele Kombinationswirkungen. In Gegenden, wo Ernährungssicherheit und Wasserversorgung schon heute suboptimal sind, muss man davon ausgehen, dass etwa die regionale Temperaturerhöhung, kombiniert mit Trinkwasserverknappung, Bodenversalzung und Übernutzung zu Ernteausfällen und damit insgesamt zu einer prekären Ernährungssituation führen wird. Wenn sich die Welt weiterhin nicht anpasst, führt das zur Unterernährung besonders empfindlicher Bevölkerungsgruppen (Kinder, Frauen, Arme) – das wird verstärkt in Afrika und Südasien zu befürchten sein. Das kann die Lage in ganzen Regionen und Staaten – nicht nur politisch – destabilisieren.

Eine Folge des Klimawandels wird die weitere Abwanderung aus ländlichen Gebieten in die Städte sein – und auch Migrationsbewegungen nach Europa wird es geben. Migrationsfragen werden deshalb sehr stark an Brisanz gewinnen, was unter anderem in den südeuropäischen Ländern zu Konflikten mit Gewaltpotenzial führen könnte. Dabei sind Migrationsströme aufgrund umweltbedingter Einflüsse nichts Neues in der Menschheitsgeschichte, nur der Begriff „Klimaflüchtling" ist relativ neu und erst seit den 70er Jahren bekannt.

„Schätzungen zufolge ist für das Jahr 2050 von 200 Millionen Umweltflüchtlingen auszugehen."

Angaben des International Displacement Monitoring Centers zufolge haben im Jahr 2016 mehr als 24 Millionen Menschen wegen extremer Wetterlagen ihr Heim verloren. Wie hoch die Zahl der „UmweltmigrantInnen" künftig sein wird, ist jedoch aufgrund der Komplexität und Verschränkung der Faktoren nur bedingt vorhersagbar. Schätzungen zufolge ist für das Jahr 2050 von 200 Millionen „Umweltflüchtlingen" auszugehen – und das kann zur Destabilisierung ganzer Staaten oder Regionen und Ressourcenknappheit führen, was den neuen Migrationsdruck wiederum begünstigt. Ein Teufelskreis.

Auch innerhalb Österreichs könnte es verstärkt zu Migrationsbewegungen kommen, z. B. bedingt durch wiederholte Überschwemmungen bestimmter Gegenden.

Was man aber auch nicht vergessen darf: Der Klimawandel ist im Zusammenwirken mit anderen Faktoren einer der Haupttreiber für den globalen und lokalen Verlust biologischer Vielfalt, also der Vielfalt von Arten und Lebensräumen. Rund eine Million Tier- und Pflanzenarten sind laut einem aktuellen Zustandsbericht weltweit vom Aussterben bedroht, in Österreich steht jede dritte beurteilte Art auf der „Roten Liste". Da wir und unsere Gesundheit in hohem Maße von funktionierenden Ökosystemen abhängig sind – wir sprechen dabei auch von sogenannten Ökosystemleistungen –, hat auch das weitreichende Folgen: Landwirtschaft und Nahrungsmittelsicherheit, Arzneimittelherstellung, Filterung von Luft und Wasser und zahlreiche weitere Bereiche können durch den Rückgang der Biodiversität, der auch hierzulande drastisch ist, beeinträchtigt werden. Was man nicht vergessen darf: Intakte Ökosysteme tragen maßgeblich zur Klimaregulierung bei. Um unsere Lebensgrundlagen zu erhalten, sind daher umgehend gezielte, umfassende Maßnahmen zur Eindämmung der Biodiversitätskrise notwendig.

Sind wir und unsere Nachfahren überhaupt noch zu retten?

Ein ungebremster anthropogener Klimawandel – also ohne zusätzliche Maßnahmen zur Vermeidung von Emissionen – hätte bis zum Jahr 2100 einen Anstieg der Temperatur von 3–5°C im globalen Mittel und gewaltige Auswirkungen für die Menschheit zur Folge. Wir können daher nicht so weitermachen wie bisher.

Wenn wir nicht energisch eingreifen und wenn wir nicht einmal daran glauben, sind wir – oder besser gesagt: unsere Kinder und Enkel – sicher nicht zu retten. Die Coronakrise hat jedoch eines ganz deutlich gezeigt: Die Politik kann einiges bewegen und rasch und energisch unbequeme Entscheidungen treffen. Wird sie das auch hinsichtlich der Klimakrise tun können? Oder wird man sich nach der Coronakrise der Wirtschaft in allen Aspekten beugen?

„Die Lage ist ernst, aber nicht aussichtslos." Das gilt auch für diese unsere Situation.

WAS TUN?

WIE JEDE/R EINZELNE DIE WOHNUNG UND DEN KÖRPER MIT EINFACHEN MASSNAHMEN RELATIV KÜHL HALTEN KANN:

- [x] Fenster über Nacht öffnen und tagsüber geschlossen halten
- [ ] Fenster – wenn möglich – mit Rollläden ausstatten
- [ ] zusätzliche Wärmequellen im Haus vermeiden (z. B. auf Stand-By oder im Leerlauf befindliche Akkus)
- [ ] leichte, kleine Mahlzeiten essen
- [ ] viel trinken
- [ ] körperlich anstrengende Tätigkeiten nach Möglichkeit unterlassen oder in die Morgenstunden verlegen
- [ ] leichte, luftige Kleidung tragen, im Freien Kopfbedeckung als Schutz vor der Sonne
- [ ] außer Haus nach Möglichkeit überdachte und schattige Fußwege nutzen, gekühlte Einkaufszentren etc. aufsuchen bzw. bewaldete Gebiete bei Ausflügen in die Natur

JEDE/R KANN ZUM KLIMASCHUTZ BEITRAGEN!

☑ **Bewegen Sie sich.**
Legen Sie (kürzere) Wege öfter zu Fuß oder mit dem Fahrrad zurück. Wer zu Fuß geht oder mit dem Fahrrad fährt, tut nicht nur viel für den Klimaschutz, sondern auch für die eigene Gesundheit. Außerdem sparen Sie Geld und verbessern die regionale Luftqualität, da Sie die Stickstoffdioxid-, Feinstaub- und Ozonbelastung senken. Feinstaub und Ozon beeinträchtigen vor allem die Gesundheit von Kindern und älteren Menschen.

☐ **Sparen Sie Autofahrten und Flüge ein.**
Der motorisierte Verkehr ist einer der größten Verursacher des Klimawandels. Wer weniger mit dem Auto fährt, tut daher viel für den Klimaschutz. Benützen Sie für längere Strecke (wenn möglich) statt Auto oder Flugzeug die Bahn.

☐ **Essen Sie weniger Fleisch.**
Die Fleischproduktion belastet das Klima enorm, daher ist weniger Fleischkonsum ein sehr effektiver Beitrag zum Klimaschutz. Außerdem ist eine obst- und gemüsereiche Ernährung gesund. Klimafreundlich zu essen bedeutet: auf biologisch erzeugte, regionale Produkte achten, ebenso auf die Saison (keine Erdbeeren im Winter), frisch einkaufen und rasch verarbeiten.

☐ **Kaufen Sie mit Herz und Hirn.**
Wer nur das einkauft, was er/sie wirklich braucht, schont die Ressourcen unserer Welt. Geben Sie langlebigen und energieeffizienten Produkten den Vorzug. Informationen zur Auswahl klimafreundlicher und nachhaltiger Produkte finden sich in großer Zahl im Internet.

☐ **Halten Sie die Wärme im Haus.**
Achten Sie darauf, dass Sie für die Raumheizung möglichst wenig Energie verbrauchen und sorgen Sie dafür, dass die Wärme in den Räumen bleibt. Sinnvolle Maßnahmen sind Wärmedämmung, energieeffizientes Stoßlüften statt ständig gekippter Fenster und moderate Raumtemperaturen (19–22°C). Viele Wohnungen und Büros sind heute überheizt.
Steigen Sie, wenn möglich, auf erneuerbare Energien um.

- ☐ **Achten Sie auf den Wohnort.**
  Vor einem Umzug ist es sinnvoll, den neuen Wohnort auf gute Erreichbarkeit mit öffentlichen Verkehrsmitteln hin zu beleuchten. Sind die Wege zu Schule, Arbeitsplatz und Geschäften kurz? Bevorzugen Sie dichte Bebauungen, da sie energieeffizienter sind als alleinstehende Häuser.

- ☐ **Wie groß ist Ihr Fußabdruck?**
  Jede/r von uns hinterlässt mit jedem Schritt einen ökologischen Fußabdruck. Mit einem Footprint-Rechner können Sie berechnen, wie groß Ihrer ist. Außerdem finden Sie Vorschläge, die Ihnen helfen, den Fußabdruck zu verkleinern. – Einfach mal nach einem CO_2-Rechner im Internet suchen!

- ☐ **GEHEN SIE VORAUS!**
  Wer sich umweltbewusst und klimafreundlich verhält, ist ein positives Vorbild.

Glossar

Additive: Hilfs- oder Zusatzstoffe, die Produkten zugesetzt werden, um bestimmte Eigenschaften herbeizuführen oder zu verbessern.

Agrochemikalien: Chemikalien, die in der Landwirtschaft verwendet werden, etwa synthetische Düngemittel oder Pestizide („Pflanzenschutzmittel“).

Akute Wirkungen: Darunter versteht man Wirkungen, die innerhalb kürzester Zeit nach (einmaliger) Verabreichung bzw. Aufnahme eines chemischen Stoffes oder nach kurzfristigem Kontakt mit einer physikalischen Einwirkung (z. B. Strahlung) auftreten.

Biodiversität oder biologische Vielfalt: Vielfalt des Lebens. Sie umfasst die Vielfalt der Gene (Sorten von wildlebenden und genutzten Arten), der Arten (Tiere, Pflanzen, Pilze, Mikroorganismen) und der Ökosysteme (Lebensräume wie Gewässer oder Wald), sowie deren Wechselwirkungen.

Biosphäre: Das ist die Gesamtheit aller Schichten der Erde, die mit Lebewesen besiedelt sind.

Biozid: Chemikalien, die dazu dienen, Schadorganismen zu töten oder abzuwehren.

Chronische Wirkungen: Darunter versteht man langfristige Wirkungen, die erst nach längerer Zeit auftreten, wenn man einem Stoff (z. B. einer Chemikalie) oder einer anderen Belastung (z. B. Lärm) über Monate oder Jahre ausgesetzt war.

Endokrines System: Hormonsystem; endokrin aktive Substanzen: Stoffe, die auf das körpereigene Hormonsystem einwirken und dieses beeinflussen oder auch stören können.

Epidemiologische Studien: Beobachtungsstudien am Menschen unter realen Umweltbedingungen – im Gegensatz zu experimentellen Studien, die unter kontrollierten Bedingungen im Labor stattfinden.

Exposition: In der Medizin versteht man darunter das Ausgesetztsein eines Organismus gegenüber chemischen, biologischen oder physikalischen Umwelteinflüssen, die je nach Art, Intensität und Dauer der Einwirkung eine Reaktion im Organismus auslösen.

Halbwertszeit: Die Zeitspanne, in der die Hälfte einer strahlenden radioaktiven Substanz zerfallen ist und sich somit auch die radioaktive Strahlung halbiert hat.

Homöostase: Gleichgewicht der Körperfunktionen; alle Prozesse im Organismus sind stabil und stehen im Einklang.

Human-Biomonitoring: Werkzeug der gesundheitsbezogenen Umweltbeobachtung. Bevölkerungsgruppen werden hinsichtlich ihrer inneren Belastung mit Schadstoffen aus der Umwelt untersucht. Dazu werden in einem möglichst repräsentativen Teil der Bevölkerung Proben von Körperflüssigkeiten wie Blut oder Harn gesammelt und die Proben auf ihren Gehalt an Schadstoffen untersucht.

Kontaminiert, Kontamination: Damit ist die „Verunreinigung" oder „Verschmutzung" – zumeist mit Schadstoffen – gemeint.

Latenzzeit: Der Zeitraum zwischen Reiz und Reaktion, also etwa die Zeit zwischen dem Ausgesetztsein gegenüber einem Stoff und dem Auftreten einer körperlichen Reaktion bzw. einer Erkrankung.

Metaboliten: Zwischenprodukte in einem Stoffwechselvorgang.

Mikroorganismen: Kleinstlebewesen, die meist nur aus einzelnen Zellen oder kleinen Zellverbänden bestehen.

Neurologische Erkrankungen: Krankheiten des zentralen (Gehirn und Rückenmark) und peripheren Nervensystems (u.a. Nervenzellen, die durch den ganzen Körper verlaufen).

Pestizid: Oberbegriff für chemische Stoffe bzw. Stoffkombinationen, die unerwünschte Organismen abtöten sollen.

Phthalate: Verbindungen der Phthalsäure mit verschiedenen Alkoholen, sogenannte Weichmacher, die vor allem für Kunststoffe eingesetzt werden, um diese weich und elastisch zu machen.

Plazentaschranke: Gewebefilter, der den mütterlichen Blutkreislauf vom Blutkreislauf des Kindes bzw. Fötus trennt, wodurch der Übertritt von verschiedenen im Blut enthaltenen Substanzen (z. B. Sauerstoff, Immunglobuline) ermöglicht oder verhindert wird.

Reproduktion: Vermehrung, geschlechtliche Fortpflanzung.

Rezeptoren: Zellen oder Zellbestandteile (Proteine), die auf bestimmte Reize reagieren und Signale weiterleiten.

Sensibilisierung: Dabei bildet der Organismus, der Körper, nach dem Kontakt mit einem Fremdstoff (z. B. einem Allergen) Antikörper gegen diesen Stoff. Kommt es erneut zu einem Kontakt mit diesem Stoff, kann es, muss es aber nicht, zu einer allergischen Reaktion kommen.

Toxizität, toxisch: Bedeutet Giftigkeit und beschreibt die Eigenschaft eines chemischen Stoffes.

Wirkungsschwelle oder Schwellenwert: Damit ist die Konzentrationsgrenze gemeint, unterhalb derer es, wenn man einem Stoff lange ausgesetzt ist, zu gesundheitlichen Beeinträchtigungen kommt.

Literatur

Kapitel 1

Dehaut A, Cassone, AL, Frère L, Hermabessiere L, Himber C, Rinnert E et al. (2016): Microplastics in seafood: benchmark protocol for their extraction and characterization. Environ. Pollut. 215:223–233.

Geyer R, Jambeck JR, Law KL (2017): Production, use, and fate of all plastics ever made. Science Advances. 3:e1700782.

Habert R et al (2014) Concerns about the widespread use of rodent models for human risk assessments of endocrine disruptors. Reproduction 147:R119–R129.

Hutter H-P, Kundi M, Hohenblum P, Scharf S, Shelton JF, Piegler K, Wallner P (2016): Life without plastic: A family experiment and biomonitoring study. Environ Res. 150:639-644.

Karami A, Golieskardi A, Keong Choo C, Larat V, Galloway TS, Salamatinia B (2017): The presence of microplastics in commercial salts from different countries. Sci. Rep. 7:46173.

Rajapakse N, Silva E, Kortenkamp A (2002): combining xenoestrogens at levels below individual no-observed-effect concentrations dramatically enhances steroid hormone action. Environmental Health Perspectives 110:917–921.

Sinja Rist S, Almroth BC, Hartmann NB, Karlsson TM (2018): A critical perspective on early communications concerning human health aspects of microplastics. Science of the Total Environment 626:720–726.

Swan SH et al. (2006): Prenatal phthalate exposure and anogenital distance in male infants. Environ Health Perspect. 114:A88-A89.

UNEP (2016): Marine debris: understanding, preventing and mitigating the significant adverse impacts on marine and coastal biodiversity. Secretariat of the Convention on Biological Diversity, Montreal.

Kapitel 2

Abarikwu SO, Akiri OF, Durojaiye MA, Adenike A (2015): Combined effects of repeated administration of Bretmont Wipeout (glyphosate) and Ultrazin (atrazine) on testosterone, oxidative stress and sperm quality of Wistar rats. Toxicol Mech Methods 25:70-80.

Ackermann W, Coenen M, Schrödl W, Shehata AA, Krüger M (2015): The influence of glyphosate on the microbiota and production of botulinum neurotoxin during ruminal fermentation. Curr Microbiol 70:374-82.

Bundesinstitut für Risikobewertung (2009): Kinder sind keine kleinen Erwachsenen. Bundesinstitut für Risikobewertung (BfR). Presseinformation 15/2009 vom 6.7.2009: https://www.bfr.bund.de/de/presseinformation/2009/15/kinder_sind_keine_kleinen_erwachsenen-30129.html

Bundesinstitut für Risikobewertung (BfR) (2015): Fragen und Antworten zur gesundheitlichen Bewertung von Glyphosat. FAQ des BfR vom 24. Juli 2015. http://www.bfr.bund.de/cm/343/fragen-und-antworten-zur-gesundheitlichen-bewertung-von-glyphosat.pdf

Bundesinstitut für Risikobewertung (2016): Fragen und Antworten zur Bewertung des gesundheitlichen Risikos von Glyphosat. FAQ des BfR vom 1. März 2016

Coupe RH, Capel PD (2015): Trends in pesticide use on soybean, corn and cotton since the introduction of major genetically modified crops in the United States. Pest Manag Sci. 72:1013-22.

Dallegrave E, Mantese FD, Oliveira RT, Andrade AJ, Dalsenter PR, Langeloh A (2007): Pre- and postnatal toxicity of the commercial glyphosate formulation in Wistar rats. Archives of Toxicology 81:665-673.

Damalas CA, Eleftherohorinos IG (2011): Pesticide exposure, safety issues, and risk assessment indicators. Int J Environ Res Public Health 8:1402–1419.

De Roos AJ. Zahm SH. Cantor KP. Weisenburger DD. Holmes FF. Burmeister LF. Blair A (2003): Integrative assessment of multiple pesticides as risk factors for non-Hodgkin's lymphoma among men. Occupational & Environmental Medicine 60:E11.

Forgacs AL, Ding Q, Jaremba RG, Huhtaniemi IT, Rahman NA, Zacharewski TR (2012): BLTK1 murine Leydig cells: a novel steroidogenic model for evaluating the effects of reproductive and developmental toxicants. Toxicol Sci 127:391-402.

Gasnier C. Dumont C. Benachour N. Clair E. Chagnon MC. Seralini GE (2009): Glyphosate-based herbicides are toxic and endocrine disruptors in human cell lines. Toxicology 262:184-91.

Greim H, Saltmiras D, Mostert V, Strupp C (2015): Evaluation of carcinogenic potential of the herbicide glyphosate, drawing on tumor incidence data from fourteen chronic/carcinogenicity rodent studies. Crit Rev Toxicol 45:185-208.

Gress S, Lemoine S, Séralini GE, Puddu PE (2015): Glyphosate-based herbicides potently affect cardiovascular system in mammals: review of the literature. Cardiovasc Toxicol 15:117-26.

Guyton KZ, Loomis D, Grosse Y, El Ghissassi F, Benbrahim-Tallaa L, Guha N, Scoccianti C, Mattock H, Straif K (2015): International Agency for Research on Cancer Monograph Working Group, IARC, Lyon, France. Carcinogenicity of tetrachlorvinphos, parathion, malathion, diazinon, and glyphosate. Lancet Oncol 16:490-491.

Hernández-Plata I, Giordano M, Díaz-Muñoz M, Rodríguez VM (2015): The herbicide glyphosate causes behavioral changes and alterations in dopaminergic markers in male Sprague-Dawley rat. Neurotoxicology 46:79-91.

International Agency for Research on Cancer (IARC) (2015): Volume 112: Some organophosphate insecticides and herbicides: tetrachlorvinphos, parathion, malathion.

Jayasumana C, Paranagama P, Agampodi S, Wijewardane C, Gunatilake S, Siribaddana S (2015b): Drinking well water and occupational exposure to Herbicides is associated with chronic kidney disease, in Padavi-Sripura, Sri Lanka. Environ Health 14:6.

Kier LD (2015) Review of genotoxicity biomonitoring studies of glyphosate-based formulations. Crit Rev Toxicol 45:209-218.

Koller VJ, Fürhacker M, Nersesyan A, Mišík M, Eisenbauer M, Knasmueller S (2012): Cytotoxic and DNA-damaging properties of glyphosate and Roundup in human-derived buccal epithelial cells. Arch Toxicol 86:805-13.

Krüger M, Shehataa AA, Schrödla W, Rodloff A (2013): Glyphosate suppresses the antagonistic effect of Enterococcus spp. on Clostridium botulinum. In: Anaerobe, Band 20, S. 74-78.

Kurenbach B, Marjoshi D, Amábile-Cuevas CF, Ferguson GC, Godsoe W, Gibson P, Heinemann JA (2015): Sublethal exposure to commercial formulations of the herbicides dicamba, 2,4-dichlorophenoxyacetic acid, and glyphosate cause changes in antibiotic susceptibility in Escherichia coli and Salmonella enterica serovar Typhimurium. MBio 24;6(2). pii: e00009-15.

Meftaul IM, Venkateswarlu K, Dharmarajan R, Annamalai P, Asaduzzaman M, Parven A, Megharaj M (2020): Controversies over human health and ecological impacts of glyphosate: Is it to be banned in modern agriculture? Environ Pollut. 263(Pt A):114372

Mesnage R, Bernay B, Séralini GE (2012): Ethoxylated adjuvants of glyphosate-based herbicides are active principles of human cell toxicity. Toxicology pii:S0300-483X(12)00345-9.

Mesnage R, Defarge N, Spiroux de Vendômois J, Séralini GE (2014): Major pesticides are more toxic to human cells than their declared active principles. Biomed Res Int 2014:179691.

Office of Environmental Health Hazard Assessment (2017): Glyphosate. https://oehha.ca.gov/proposition-65/chemicals/glyphosate

Okonya JS, Kroschel J (2015): A cross-sectional study of pesticide use and knowledge of smallholder potato farmers in Uganda. Biomed Res Int. 2015:759049.

Perry MJ, Layde P (1998): Sources, routes, and frequency of pesticide exposure among farmers. Journal of Occupational & Environmental Medicine 40:697-701.

Rueda-Ruzafa L, Cruz F, Roman P, Cardona D (2019): Gut microbiota and neurological effects of glyphosate. Neurotoxicology 75:1-8.

Sammons RD, Gaines TA (2014): Glyphosate resistance: state of knowledge. Pest Manag Sci. 70:1367-77.

Seok SJ, Park JS, Hong JR, Gil HW, Yang JO, Lee EY, Song HY, Hong SY (2011): Surfactant volume is an essential element in human toxicity in acute glyphosate herbicide intoxication. Clin Toxicol (Phila) 49:892-9.

Seralini GE. Clair E. Mesnage R. Gress S. Defarge N. Malatesta M. Hennequin D. de Vendomois JS (2012): Long term toxicity of a Roundup herbicide and a Roundup-tolerant genetically modified maize. Food & Chemical Toxicology 50:4221-31.

Shelton JF, Geraghty EM, Tancredi DJ, Delwiche LD, Schmidt RJ, Ritz B, Hansen RL, Hertz-Picciotto I (2014): Prenatal residential proximity to agricultural pesticides and neurodevelopmental disorders in the CHARGE study. Environmental Health Perspectives 122:1103-1109.

Slager RE, Simpson S, LeVan D, Poole J, Sandler D, Hoppin J (2010): Rhinitis Associated with Pesticide Use Among Private Pesticide Applicators in the Agricultural Health Study. J Toxicol Environ Health A. 73:1382-1393.

Universitat Wien, Bundesministerium für Frauen und Gesundheit (2017): Österreichischer Ernährungsbericht 2017 ISBN 978-3-903099-32-6

Vincent K, Davidson C (2015): The toxicity of glyphosate alone and glyphosate-surfactant mixtures to western toad (Anaxyrus boreas) tadpoles. Environ Toxicol Chem 34:2791-2795.

You MJ, Shin GW, Lee CS (2015): Clostridium tertium bacteremia in a patient with glyphosate ingestion. Am J Case Rep 16:4-7.

Kapitel 3

Bundesministerium für Gesundheit (2014): Aluminium. Toxikologie und gesundheitliche Aspekte körpernaher Anwendungen. ISBN 978-3-902611-79-6.

Darbre P, Mannello F, Exley Ch (2013): Aluminium and breast cancer: Sources of exposure, tissue measurements and mechanisms of toxicological actions on breast biology. Journal of Inorganic Biochemistry 128:257-261.

Graber G (2006): Quecksilber in Lebensmitteln unter besonderer Berücksichtigung der Belastung von Fischen und Meeresfrüchten. Diplomarbeit Uni Wien (2006).

Igbokwe IO, Igwenagu E, Igbokwe NA (2019): Aluminium toxicosis: a review of toxic actions and effects. Interdisciplinary Toxicology 12:45-70.

Ibrahim D, Froberg B, Wolf A, Rusyniak DE (2006): Heavy metal poisoning: clinical presentations and pathophysiology. Clinics in Laboratory Medicine 26: 67-97.

International Agency for Research on Cancer (IARC) (2006): Inorganic and organic lead compounds. IARC Monographs on the evaluation of carcinogenic risks to human, Vol. 87. Lyon, France: WHO, IARC.

Rahman MA, Rahman MS, Uddin MJ, Mamum-Or-Rashid ANM, Pang MG, Rhim H (2020): Emerging risk of environmental factors: insight mechanisms of Alzheimer's diseases. Environ Sci Pollut Res Int. 27:44659-44672.

World Health Organisation (2010): Action is needed on chemicals of major public health concern. Public Health Environ. 1–4.

World Health Organization (2019): Lead poisoning and health. https://www.who.int/newsroom/fact-sheets/detail/lead-poisoning-and-health

Kapitel 4

Brokamp C, Strawn JR, Beck AF, Ryan P (2019): Pediatric psychiatric emergency department utilization and fine particulate matter: a case-crossover study. Environmental Health Perspectives 127: 097006-1.

de Hartog JH, Boogaard H, Nijland H, Hoek G (2010): Do the Health Benefits of Cycling Outweigh the Risks? Environ Health Perspect 118:1109-1116.

Deutsche Gesellschaft für Pneumologie und Beatmungsmedizin e.V. Schulz H, Karrasch S, Bölke G, Cyrys J, Hornberg C, Pickford R, Schneider A, Witt C, Hoffmann B (2018): Atmen: Luftschadstoffe und Gesundheit. ISBN: 978-3-9817734-4-6.

European Environment Agency (2020): Air quality in Europe – 2020 report. No 09/2020; Luxembourg; ISBN 978-92-9480-292-7.

Hoek G, Krishnan RM, Beelen R, Peters A, Ostro B, Brunekreef, B, Kaufman J (2013): Long-term air pollution exposure and cardio- respiratory mortality: a review. Environmental Health 12:43.

Hutter H-P, Moshammer H, Wallner P, Brandl M, Kundi M (2006): Gesundheitliche Belastungen beim Autofahren. Internistische Praxis 46:921-928.

Power MC, Weisskopf MG, Alexeeff SE, Coull BA, Spiro A, Schwartz J (2011): Traffic-related air pollution and cognitive function in a cohort of older men. Environmental Health Perspectives 119:682-687.

Ranft U, Schikowski T, Sugiri D, Krutmann J, Krämer U (2009): Long-term exposure to traffic-related particulate matter impairs cognitive function in the elderly. Environmental Research 109:1004-1011.

Umweltbundesamt (2018): Neun Fragen und Antworten zum Diesel. https://www.umweltbundesamt.de/themen/neun-fragen-antworten-diesel

World Health Organisation IARC (2012): Diesel engine exhaust carcinogenic. Press Release 213.

World Health Organisation (2013a): Health Risks of Air Pollution in Europe – HRAPIE Project. Bonn: WHO Europe, 2013.

World Health Organisation (2013b): Review of Evidence on Health Aspects of Air Pollution – REVIHAAP. Technical Report. Copenhagen: WHO Regional Office for Europe, 2013.

World Health Organisation (2016): Ambient (outdoor) air quality and health. Fact sheet. Updated September 2016. http://www.who.int/mediacentre/factsheets/fs313/en/

Kapitel 5

Aiello AE Larson EL, Levy SB (2007): Consumer antibacterial soaps: effective or just risky? Clin Infect Dis 45:S137-S147.

Dhillon GU, Surinder Kaur S, Pulicharla R, Brar S, Cledón M, Verma M, Surampalli RY (2015): Triclosan: Current status, occurrence, environmental risks and bioaccumulation potential. Int. J. Environ. Res. Public Health, 12, 5657-5684.

Giuliano CA, Rybak MJ (2015): Efficacy of triclosan as an antimicrobial hand soap and its potential impact on antimicrobial resistance: a focused review. Pharmacotherapy 35:328-36.

Haftenberger M, Laußmann D, Ellert U, Kalcklösch M, Langen U, Schlaud M et al. (2013): Prävalenz von Sensibilisierungen gegen Inhalations- und Nahrungsmittelallergene. Ergebnisse der Studie zur Gesundheit Erwachsener in Deutschland (DEGS1). Bundesgesundheitsbl 56:687-697.

Kim SH, Koh SB, Lee CM, Kim C, Kang DR (2018): Indoor Radon and lung cancer: estimation of attributable risk, disease burden, and effects of mitigation. Yonsei Med J. 9:1123-1130.

Wallner P, Tappler P, Muñoz U, Damberger B, Wanka A, Kundi M, Hutter H-P (2017): Health and wellbeing of occupants in highly energy efficient buildings: a field study. International Journal of Environmental Research and Public Health 14:314.

Wallner P, Muñoz-Czerny U, Tappler P, Wanka A, Kundi M, Shelton JF, Hutter H-P (2015): Indoor environmental quality in mechanically ventilated, energy-efficient buildings vs. conventional buildings. International Journal of Environmental Research and Public Health 12:14132-14147.

World Health Organization, International Agency for Research on Cancer (IARC) (1988): Manmade mineral fibres and radon. IARC Monographs on the evaluation of carcinogenic risks to humans, Vol. 43, IARC, Lyon.

World Health Organization (2009): WHO handbook on indoor radon: a public health perspective. Hrsg.: H Zeeb, F Shannoun; ISBN 978 92 4 154767 3.

World Health Organization (2009): WHO guidelines for indoor air quality: dampness and mould. WHO Regional Office for Europe, Copenhagen.

Kapitel 6

Adams JA, Galloway TS, Mondal D, Esteves SC, Mathews F (2014): Effect of mobile telephones on sperm quality: a systematic review and meta-analysis. Environmental International 70:106-112.

Al-Serori H, Ferk F, Kundi M, Bileck A, Gerner Ch, Mišík M, et al. (2018) Mobile phone specific electromagnetic fields induce transient DNA damage and nucleotide excision repair in serum-deprived human glioblastoma cells. PLOS ONE 13:e0193677.

Andrzejak R, Poreba R, Poreba M et al. (2008): The influence of the call with a mobile phone on heart rate variability parameters in healthy volunteers. Industrial Health 46:409-417.

AUVA-Versicherung (2016): ATHEM-2: Untersuchung athermischer Wirkungen elektromagnetischer Felder im Mobilfunkbereich. Forschungsbericht. AUVA Report-Nr. 70. https://www.auva.at/cdscontent/load?contentid=10008.632122&version=1471593261

Betzalel N et al. (2018): The human skin as a sub-THz receiver – Does 5G pose a danger to it or not? Environmental Research 163:208-216.

Bortkiewicz A, Gadzicka E, Szymczak W (2017): Mobile phone use and risk for intracranial tumors and salivary gland tumors - A meta-analysis. International Journal of Occupational Medicine and Environmental Health 30:27-43.

Cardis E, Armstrong BK, Bowman JD, Giles GG, Hours M, Krewski D, et al. (2011): Risk of brain tumours in relation to estimated RF dose from mobile phones: results from five Interphone countries. Occup Environ Med 2011; 68(9):631-640

Ciaula AD (2018): Towards 5G communication systems: are there health implications? International Journal of Hygiene and Environmental Health 221:367-375.

Dowdell EB, Clayton BQ (2018): Interrupted sleep: College students sleeping with Technology. Journal of American College Health 67:640-646.

Interphone Study Group (2010): Brain tumour risk in relation to mobile telephone use: results of the INTERPHONE international case-control study. Int J Epidemiol 39:675-694.

Kostoff RN, Heroux P, Aschner M, Tsatsakis A (2020): Adverse health effects of 5G mobile networking technology under real-life conditions. Toxicology Letters 323:35-40.

Kundi M, Hutter H-P (2009): Mobile phone base stations – effects on wellbeing and health. Pathophysiology 16:123-135.

Li DK, Yan B, Li Z, Gao E, Miao M, Gong D et al. (2010): Exposure to magnetic fields and the risk of poor sperm quality. Reprod Toxicol 29:86-92.

Liu K, Li Y, Zhang G, Liu J, Cao J, Ao L, Zhang S (2014): Association between mobile phone use and semen quality: a systemic review and meta-analysis. Andrology 2:491-501.

McClelland IS, Jaboin JJ (2018): The radiation safety of 5G Wi-Fi: Reassuring or Russian Roulette? International Journal of Radiation Oncology Biology Physics 101:1274-1275.

Neufeld E, Kuster N (2018): Systematic derivation of safety limits for time-varying 5G radiofrequency exposure based on analytical models and thermal dose. Health Physics. 115:705-711.

orf.at (2017, 21. April): Gericht erkennt Tumor durch Handy als Berufskrankheit an. https://orf.at/v2/stories/2388217/, abgerufen am 18.12.2020.

Russell CL (2018): 5G wireless telecommunications expansion: Public health and environmental implications. Environmental Research 165:484-495.

Simkó M, Mattsson M-O (2019): 5G wireless communication and health effects—A pragmatic review based on available studies regarding 6 to 100 GHz. Int. J. Environ. Res. Public Health 16:3406.

Sokolovic D, Djordjevic B, Kocic G et al. (2015): The effects of melatonin on oxidative stress parameters and dna fragmentation in testicular tissue of rats exposed to microwave radiation. Advances in Clinical and Experimental Medicine 24:429-436.

Szmigielski S (2013): Reaction of the immune system to low-level RF/MW exposures. Science of the Total Environment 454/455:393-400.

Tas M, Dasdag S, Akdag MZ, Cirit U, Yegin K, Seker U, et al. (2014): Long-term effects of 900 MHz radiofrequency radiation emitted from mobile phone on testicular tissue and epididymal semen quality. Electromagn Biol Med 33:216-222.

Vijayalaxmi, Scarfi M (2014): International and national expert group evaluations: biological/health effects of radiofrequency fields. International Journal of Environmental Research and Public Health 11:9376-9408.

Wallace J, Selmaoui B (2019): Effect of mobile phone radiofrequency signal on the alpha rhythm of human waking EEG: A review. Environmental Research 175:274-286.

Wang J, Su H, Xie W, Yu S (2017): Mobile phone use and the risk of headache: A systematic review and meta-analysis of cross-sectional studies. Scientific Reports 7:12595.

World Health Organization (2014): Elektromagnetische Felder und öffentliche Gesundheit: Mobiltelefone "Electromagnetic fields and public health: mobile phones" FactSheet N°193 (October2014) https://www.who.int/peh-emf/publications/facts/FS193_German_Aug2015.pdf?ua=1

World Health Organization (2016): IARC Monographs evaluate drinking coffee, maté, and very hot beverages. Press Release N° 244. https://www.iarc.fr/wp-content/uploads/2018/07/pr244_E.pdf

Kapitel 7

Babisch W (2002) Physikalische Einflussfaktoren Teil 1: Lärm. In: Beyer A, Eis D (Hrsg.) Praktische Umweltmedizin, Band 2: Klinik, Methoden, Arbeitshilfen. Springer, Heidelberg.

Bundesministerium für Umwelt, Naturschutz und nukleare Sicherheit (BMU)(2019): Wie umweltfreundlich sind Elektroautos? Eine ganzheitliche Bilanz. https://www.bmu.de/fileadmin/Daten_BMU/Pools/Broschueren/elektroautos_bf.pdf

Europäische Umweltagentur (EUA) (2020): Environmental noise in Europe - 2020. EEA Report No 22/2019. ISSN 1977-8449

Österreichischer Arbeitsring für Lärmbekämpfung (2011): ÖAL-Richtlinie Nr. 6/18 Die Wirkungen des Lärms auf den Menschen. Beurteilungshilfen für den Arzt. ICS: 17.140.30; Ausgabe 2011-02-01.

Österreicher Arbeitsring für Lärmbekämpfung (2008): ÖAL-Richtlinie Nr. 3 Blatt 1. Beurteilung von Schallimmissionen im Nachbarschaftsbereich. ICS 13.140; 1. Ausgabe, März 2008.

Statistik Austria (2017): Umweltbedingungen, Umweltverhalten 2015. Ergebnisse de Mikrozensus 2015.

World Health Organization HO (2011): Burden of Disease from Environmental Noise Quantification of healthy life years lost in Europe. ISBN: 978 92 890 0229 5.

Kapitel 8

APCC 2014: Österreichischer Sachstandsbericht Klimawandel 2014 (AAR14). Austrian Panel on Climate Change (APCC), Verlag der Österreichischen Akademie der Wissenschaften, Wien, Österreich, 1096 Seiten. ISBN 978-3-7001-7699-2.

APCC 2018: APCC Special Report Gesundheit, Demographie und Klimawandel (ASR18) Austrian Panel on Climate Change (APCC), Verlag der ÖAW, Wien, Österreich, 978-3-7001-8427-0.

Bastin JF, Clark E, Elliott T, Hart S, van den Hoogen J, et al. (2019): Understanding climate change from a global analysis of city analogues. Plos one 14:e0224120

Hutter H-P, Moshammer H, Wallner P (2017): Klimawandel und Gesundheit: Auswirkungen. Risiken. Perspektiven; Medizinische Universität in Kooperation mit dem Manz-Verlag (ISBN 978-3-214-07803-4).

Hutter H-P, Kundi M, Moshammer H, Haas W, Weisz U, Niederkrotenthaler Th, Wallner P (2011): Anpassungsmaßnahmen zur Reduktion von Klimawandel-induzierten Gesundheitsrisiken in Österreich: Schwerpunkt Extremwetterereignisse. Prävention und Gesundheitsförderung 3:164-171.

Hutter H-P, Moshammer H, Wallner P, Leitner B, Kundi M (2007): Heatwaves in Vienna: Effects on mortality. Wiener Klinische Wochenschrift 119:223-227.

National Oceanic Atmospheric Administration (NOAA) (2020): Global Climate Report - Annual 2019. https://www.ncdc.noaa.gov/sotc/global/201913

Robine JM, Cheung SL, Le Roy S, van Oyen H, Herrmann FR (2007): Report on Excess Mortality in Europe During Summer 2003. EU Community Action Programme for Public Health: Grant Agreement 2005114.

Reser JP, Morrissey SA, Ellul M (2011): The threat of climate change: psychological response, adaptation, and impacts. In: Climate change and humanwell-being. Springer, SpringerHeidelberg. Pp 19-42.

Watts N, Amann M, Arnell N, Ayeb-Karlsson S, Belesova K, Boykoff M, et al. (2019): The 2019 report of The Lancet Countdown on health and climate change: ensuring that the health of a child born today is not defined by a changing climate. Lancet 394:1836–78.

Anmerkungen

1 Rajapakse et al. 2002
2 Habert et al. 2014
3 Swan et al 2006
4 Hutter et al. 2016
5 Geyer et al. 2017
6 UNEP (2016)
7 z. B. Okonya & Kroschel 2015
8 Shelton et al. 2014
9 BfR 2015, Greim 2015, Kier 2015
10 Meftaul 2020, Vincent 2015, Mesnage et al. 2012, 2014, Seok 2011
11 De Roos 2003
12 Gress 2015
13 IARC 2015, Guyton 2015
14 Hernández-Plata 2015
15 Jayasumana 2015
16 Sammons 2014
17 Coupe 2015
18 IARC 2015, Guyton 2015
19 z. B. Koller 2012
20 OEHHA 2017
21 Abarikwu 2015, Forgacs 2012, Gasnier 2009
22 Seralini 2012
23 Paganelli 2010, Dallegrave 2007
24 Kurenbach 2015
25 Rueda-Ruzafa 2019 You 2015, Ackermann 2015, Krüger 2013
26 z. B. Kloke et al. 1984
27 UNEP 2019
28 https://eur-lex.europa.eu/LexUriServ/LexUriServ.do?uri=OJ:L:2008:173:0006:0009:DE:PDF
29 EEA 2020
30 DGP 2018, WHO 2016, 2013a,b
31 DGP 2018
32 WHO 2012
33 Umweltbundesamt 2018
34 Wallner et a. 2015, 2019
35 Haftenberger et al. 2013
36 WHO 2009
37 Schmid et al. 1996
38 Giuliano u. Rybak 2015, Aiello et al. 2007
39 Dhillon et a. 2015
40 WHO IARC 1988
41 Kim et al. 2018, WHO 2009
42 Kundi & Hutter 2009
43 Interphone Study Group 2010, Cardis et al. 2010
44 Kostoff et al. 2020, Simkó u. Mattsson 2019
45 AUVA et al. 2016
46 WHO 2014
47 orf.at, 21.4.2017
48 WHO 2016
49 WHO 2014
50 Wang et al. 2017, Kundi u. Hutter 2009
51 Wallace u. Selmaoui 2019, Danker-Hopfe et al. 2019
52 Szmigielski 2013
53 Sokolovic et al. 2015
54 Adams et al. 2014, Liu et al. 2014
55 Andrzejak et al. 2008
56 Bortkiewicz et al. 2017
57 Al-Serori et al. 2018, Vijayalaxmi u. Scarfi 2014
58 z. B. Tas et al. 2014, Li et al. 2010
59 Dowdell u. Clayton 2019
60 Mikrozensus 2015, Statistik Austria 2017
61 EUA 2020
62 ÖAL 2011
63 ÖAL 2011
64 WHO 2011
65 ÖAL 2008, 2011
66 Namork et al. 2006
67 Schober u. Behrendt 2008
68 Buters et al. 2008
69 Hamaoui-Laguel et al. 2015
70 Reser et al. 2011

Wir danken ...

... allen voran Stefanie Jaksch und Martin Scheriau, die uns prompt mit offenen Armen in die Kremayr & Scheriau-Buchfamilie aufgenommen, an unsere Idee geglaubt und uns ihr Vertrauen geschenkt haben.

... unserem Lektor Paul Maercker, der sich geduldig durch hunderte Tippfehler kämpfen musste, unsere Texte großartig überarbeitet und uns vor Überlängen bewahrt hat.

... dem gesamten Verlagsteam für die Unterstützung in dieser besonders herausfordernden Zeit.

... Sheila Ehm für die Gestaltung des Buchs, unseren Illustratoren Angelika Monetti und Matthias Zimmermann und an Yannick Kurzweil, der uns mit seinen Fotokünsten in Szene gesetzt hat.

HANS-PETER HUTTER

Bedanken möchte ich mich bei ...

... **Judith Langasch,** die vom ersten Moment an begeistert meinen Enthusiasmus für dieses Buch geteilt hat. Ihre Ideen, ihre Verlässlichkeit und ihr top professionelles Herangehen haben unsere Zusammenarbeit zu einer reinen Freude gemacht.

... meinem Mentor, Lehrer und väterlichen Freund **Michael Kundi.** Er verkörpert nicht nur den Prototypen eines Wissenschaftlers mit einem unvergleichlichen Auffassungsvermögen. Seine humorvolle, liebenswerte und bescheidene Art macht ihn zu einer Ausnahmeerscheinung par excellence. Es war für mich mein großes Glück, bei diesem Genie lernen zu dürfen. Er hat mein wissenschaftliches Denken maßgeblich geprägt. Und ohne ihn wären weder dieses Buch noch meine wissenschaftliche Laufbahn möglich gewesen.

... **Peter Wallner.** Dafür, dass er meine Gedanken und wissenschaftlichen Überlegungen mit seinem ausgeprägten Gefühl für Sprache häufig in geordnete Bahnen bringt, er meine Vergesslichkeit mit seinem Gedächtnis ausgleicht und wir vieles gemeinsam lustig finden können, was den umweltmedizinischen Alltag deutlich erträglicher macht.

... **Hans Moshammer,** meinem jahrelangen wissenschaftlichen Wegbegleiter für seine hohe fachliche Kompetenz, mit der er meine Arbeit stets unterstützt.

... **Michael Poteser** für seine prompte Bereitschaft, meine Arbeit mit klugen Gedanken zu unterstützen.

... **Kathrin Lemmerer,** meiner unersetzbaren Mitarbeiterin, die fachliche und soziale Kompetenz, Verlässlichkeit, Sorgfalt und Enthusiasmus für unsere Forschungsfelder in sich vereint.

... **Peter Tappler,** für die jahrelange hochfachliche Begleitung durch die Welt der Innenräume, seinen ansteckenden Elan und die Kraft, Visionen umzusetzen, die er mit mir - seitdem wir uns kennen - teilt. Und nicht zuletzt für unsere Freundschaft.

... **meinen Eltern,** für ihre lebenslange unermüdliche Unterstützung. Sie haben mir die Voraussetzungen mitgegeben, dass ich trotz meines Dranges zum Herumtoben doch mich zum Lernen hingesetzt und meinen Wissensdurst entwickelt habe. Sie sind die Besten. Das gilt auch für meinen kleinen Bruder.

... **Gerda Preiss.** Danke, dass du mir die Zeit gegeben hast, mich meinem Buch und meinen anderen Spompanadeln zu widmen. Danke, dass du meine unbändige innere Unruhe entschuldigst und verstehst ... so könnte ich noch Vieles aufzählen. Du bist meine größte Stütze. Ohne dich hätte ich das alles niemals geschafft.

JUDITH LANGASCH

Mein Dank geht an...

... **Hans-Peter Hutter.** Dafür, dass er mich an diesem sommerlichen Freitagvormittag im „rosa Büro" gefragt hat, ob ich dieses Buch mit ihm schreibe, für die unglaublich vielen Dinge, die ich auch während des Verfassens gelernt habe und die perfekte Zusammenarbeit.

... **die Universität Wien,** die mich fachlich überhaupt erst in die Lage gebracht hat, an so einem Buch mitwirken zu können. Allen voran Michael Kundi und Marco Vetter, die mir ein Verständnis für Statistik, wissenschaftliches Arbeiten und Studien mitgegeben haben.

... **Andrea Ferstel,** die mir von der ersten Sekunde das Gefühl gegeben hat, dass es wichtig ist, dieses Buch zu schreiben.

... meine Eltern, die mich – egal welchen Weg ich eingeschlagen habe – immer unterstützt haben und ganz objektiv betrachtet wohl meine größten Fans sind.

... **Christine Erntl,** die mich seit 20 Jahren in absolut jedem Kapitel meines Lebens begleitet.

... **Yannick Kurzweil.** Und zwar nicht nur hier, sondern an jedem einzelnen Tag. Danke, dass du an meiner Seite bist und an mich glaubst, dass du mich auffängst, wenn ich zweifle – und auf mich und meine Arbeit noch stolzer bist als ich.

www.kremayr-scheriau.at

ISBN 978-3-7015-0632-3

Schutzumschlaggestaltung (unter Verwendung eines Shutterstock Papier-Texturhintergrunds von Pattern image), Satz und typografische Gestaltung: Sheila Ehm

Grafiken Innenteil: Angelika Monetti, Matthias Zimmermann

Lektorat: Paul Maercker

Druck und Bindung: Finidr, s.r.o., Czech Republic